크리스천 인문학

읽을수록 재미있는 그리스도인의 눈으로 보는 세계사

읽을수록 재미있는 그리스도인의 눈으로 보는 세계사

크리스천 인문학

샤르트르 남수랑 장미창(South transept rose window)

도서출판 한글

머리말

필자는 대학에서 경제학을 전공하였다. '전공'이라는 단어가 쑥스러울 정도로 그냥 맛을 보는 수준이었던 것 같다. 그러면서 동시에 역사학 분야의 강의를 가끔 수강하곤 하였다. 역사 강의는 과거의 사건들에 생명력을 불어넣는다는 의미에서 나에게 매우 흥미롭게 다가왔다.

그 후 시간이 흘러 강산이 변할 정도의 기간 이후에 신학이라는 낯선 분야에 문을 두드리게 되었다. 공부를 하여 보니 참 재미가 있었다. 공부의 동기야 여러 가지가 있을 수 있지만 아무튼 나에게 신학은 재미있는 학문으로 다가왔다. 물론 신앙의 여정도 빠트릴 수 없지만, 신학은 여러 분야 모두 흥미를 돋우기에 충분하였다.

국내 신학교에 이어 곧바로 스코틀랜드로 날아가 공부를 지속하였다. 꿈에도 생각하지 않았던 지구 반대편에서 신학을 공부하니 더더욱 재미가 있었다. 유명 저서들과 논문을 읽으며 이렇게 글로도 신의 존재를 증명할 수 있구나 라고 감탄하며 때론 밥 먹는 것도 잊은 채 연구를 계속하였다.

신학은 종합학문이라는 생각이 든다. 그중에서도 교회사 또는 역사신학은 여러 분야를 포함하는 그야말로 오지랖이 너무 넓은 학문 중의 하나이다. 또한 다른 분야를 공부하기 위해서 기본적으로 알아두어야 하는 기초 과목 중 하나이기도 하다.

강의를 하면서 필자가 중점을 두는 것은 늘 그 시대적 상황과 배경을 이해하고 이를 염두에 두고 사건을 전개해 나아가야 한다는 원칙이다. 이는 어찌 보면 매우 당연한 말로 들리겠지만 종종 우리가 당시 시대 상황을 잊고 그야말로 지나간 이야기로 그저 남의 이야기처럼 말한다면 우리와 전혀 관계없는 현실성 없고 다른 세상에서 벌어진 사건으로만 인식될 것이다.

잘못하면 고리타분하고 따분하게만 들릴 수 있는 과거의 이야기에 활기를 불어넣을 수 있는 것은 그 당시로 돌아가서 이해하는 것이다. 그러면서 동시에 현재의 입장에서 다시 생각해 본다면 시간의 흐름 속에 나타나는 역사의 연속성과 반복성 그리고 교훈 점을 찾을 수가 있고 나아가 미래를 바라보는 혜안(慧眼)을 가질 수도 있을 것이다.

본서는 이러한 배경과 의도 하에 저술되었다. 필자가 강의 시 학생들에게 꼭 들려주고 싶었던 이야기들이 들어 있고, 이를 간간히 연재하였던 신문에 올린 시리즈를 취합하고 교정하여 책으로 출간하게 되었다.

따라서 본서는 신학에 관심이 있는 자, 내지는 신학을 하고 있는 자, 또한 신학을 준비하고 있는 자들뿐만이 아니라 신학에 관심이 없다 하더라도 일반 역사에 조금이라도 관심이 있는 독자가 읽기에 적합한 책이라고 필자로서 말하고 싶다.

그리고 무엇보다도 필자의 '공부는 재미가 있어야 한다'라는 기본 원칙에 맞는 서적이 되길 바란다. 아무리 어려운 일이라도 재미가 있으면 금세 완수하고 성취할 수 있기 때문이다.

2024년 3월
저자 이병선

프롤로그

우리는 세월의 흐름 속에서 특정시대 몇 년도 라는 시간적 개념과 세계 속 아시아 대한민국의 어느 장소라는 공간적 개념 속에 '나'라는 존재의 의미를 가지고 서 있다.

지금의 내가 서 있는 자리는 하나님께서 천지창조하신 이후 우리의 선조들이 서 있었던 곳이고 또 우리의 후손들이 서야 할 자리이다. 인류의 역사는 어느 날 갑자기 급작스럽고 획기적으로 발전하였다기보다는 우리 선조들이 이룩하여 온 그 공력의 토대 위에 우리의 노력이 더하여 조금씩 또 조금씩 점진적 발전 속에서 오늘에 이르게 되었다.

역사를 바라보는 시각의 근본인 역사철학에는 '거인의 어깨 위에 올라타다'(Standing on the shoulders of giants)라는 표현이 있다. 이는 과거에 이루어 놓은 발견 또는 발전을 토대로 더 낳은 미래를 바라보고 진리를 탐구한다는 의미라고 이해한다.

현재는 과거를 바탕으로 존재하며 또 현재의 나는 이런 토대를 바탕으로 미래를 계획하고 바라볼 수 있는 것이다.

프랑스 북부 샤르트르르라는 도시에 위치한 샤르트르 교회당(Cathédrale Notre-Dame de Chartres)은 13세기에 완성된 고딕양식 건물로 하나님의 영광을 나타내는 웅장함을 자랑하고 있다. 이 샤르트르교회의 남쪽 수랑 상단에는 장미 모양의 원형 스테인글라스가 있고 그 바로 아래 여러 개의 수직 스테인글라스 창에는 4명의 구약의 선지자들(이사야, 예레미아, 에스겔, 다니엘)이 보인다. 그들 각각의 어깨 위에는 신약의 4복음서 저자들(마태, 마가, 누가, 요한)이 올라타 메시아이신 그리스도를 바라보고 있다.

이 스테인글라스 창에 묘사된 구약의 선지자들은 거인의 모습으로 나타나는데 반해 신약 복음서 저자들은 그보다 작은 사이즈로 묘사되며 이는 거인의 어깨에 올라탄 난장이의 모습으로 보이기도 한다. 이 신약의 복음서 저자들은 비록 몸집은 작더라도 거인들 즉 구약의 선지자들이 늘 말해 왔지만 그들은 정녕 보지 못한 메시아를 보고 있는 것이다.

기독교의 역사를 논하며 이를 어떠한 시각으로 바라볼 것인가는 매우 중요한 사안이다. 주제별 현상을 바라봄에 있어 이를 어떤 눈으로 볼 것인지는 역사적 사관에 있어 매우 중요한 문제임에 틀림없다.

역사를 바라보는 사관은 개인의 정체성과 신분을 결정하기도 한다. 예를 들어 최근 일어나고 있는 이스라엘과 팔레스타인의 분쟁 문제는 매우 첨예한 긴장을 내포한 사안이다. 이를 이스라엘에 우호적인 눈으로 바라보느냐 아니면 팔레스타인 민간인의 희생을 염려하는 눈으로 바라보느냐에 따라 매우 다른 모습으로 개인에게 다가올 수 있기 때문이다.

이처럼 역사를 바라보는 사관은 그 해석에 있어 매우 중요한 영향을 끼치며 개인의 정체성까지 연결이 되기 마련이다. 그러나 역사의 접근에 있어 나에게 유리한 사실들만을 취하거나 역사적 사실들을 나만의 왜곡된 시각으로 받아들이고 묘사한다면 이는 사실의 객관성을 해치게 되고, 나아가 다른 사람들과의 대화가 불가능해지기도 한다.

그러므로 역사는 과거로부터의 교훈을 받아들이고 일반적이고 보편적인 사실들을 나의 균형 잡힌 시각으로 바라볼 때 미래를 내다볼 수 있는 혜안을 가질 수 있게 될 것이다. 우리 모두는 오늘도 우리 주위의 사건들을 나의 시각으로 그 해석과 함께 바라보고 있으며 그러기에 우리 모두는 역사의 한 모퉁이에 서 있는 관찰자이기도 하다. 그럼 지금부터 태초의 과거로부터의 시간여행을 떠나 보도록 한다.

목 차

1.
태초에 말씀이

우리가 살고 있는 이 세상, 그리고 더 넓게 나아가 온 우주가 언제 어떻게 시작되었는지 라는 질문은 누구나 한 번쯤 생각해 보고 또 궁금해하는 주제이다. 이에 대하여 과학을 바탕으로 하는 일반적 접근법과 크리스천으로서 성서에 입각한 연대 추정 방법이라는 두 가지의 접근 방법으로 나누어 볼 수 있다.

일반적 접근 방법으로는 과학자들이 탄소연대측정법 등 다양한 도구와 방법을 통하여 이를 밝히려고 노력하고 있다. 19세기 덴마크의 고고학자 크리스티안 위르겐센 톰센(Christian Jürgensen Thomsen, 1788-1865)은 덴마크 국립박물관의 수집 유물들을 분류하기 위하여 선사시대를 석기시대, 청동기시대, 그리고 철기 시대로 구분하는 세 시대 체계(three-age system)를 제안하였고, 이는 당시 혁신적인 방법으로 환영을 받았다. 하지만 이 방법은 유럽과 지중해 지역을 제외한 다른 지역에 적용하는 데에는 다소 기술적 문제가 있다.

인류의 기원에 대하여 과학자 내지 진화론자들은 현인류로 간주되는 호모 사피엔스(Homo Sapiens)의 기원을 약 20-25만 년 전으로 추정하고 있다. 또한 지구의 생성에 대하여 영국 케임브리지 대학교의 스티브 호킹 박사는 빅뱅 이론으로 설명하지만 아직 명확한 진리라고 말할 수는 없으며, 그 나이에 대하여 일반적으로 약 45억 년으로 추정하고 있다. 그렇다면 크리스천들이 절대 진리의 원천으로 믿는 성경은 과연 무어라 이야기를 하고 있을까?

인류역사의 시작 나아가 우리가 살고 있는 이 세상의 창조에 대하여 모세오경의 첫 번째 책인 창세기 1장에는 '태초에 하나님이 천지를 창조'하는 장면이 나온다. 이때가 언제였는지에 대하여 정확히 말하기는 어렵지만 중세 한 학자는 이를 성서적 연대기를 바탕으로 추정하였다.

17세기 아일랜드 주교였던 제임스 어셔(James Ussher, 1581-1656)는 창세기 1장의 하루를 문자적 하루(24시간)와 동일시하여 하나님께서 이 세상을 창조한 날짜를 추정하였는데, 그에 의하면 기원전 4,004년 10월 22일 오후 6시에 천지가 창조되었다는 것이다. 그러나 교회를 다니고 있는 크리스천 독자라 할지라도 이를 사실로 받아들이기에는 주위에 걸림돌이 많아 보이는 게 사실이다.

〈아담의 창조〉 미켈란젤로, 시스틴채플, 1508-1512.

 19세기말 영국의 고생물학자 리처드 오웬 경(Sir Richard Owen, 1804-1892) 은 화석으로 발굴된 한 거대한 포유류를 '끔찍한 파충류'를 의미하는 공룡(Dinosaur)이라 명명하였고 그 활동 시기는 약 2.4억 년 전으로 추정하였다.

 역사를 논하는 본 시리즈에서 시작부터 창조론과 진화론의 충돌에 대하여 논하는 것은 그리 좋은 주제는 아니지만 그 시작을 이야기하려면 한 번쯤 집고 넘어가야 하는 것이고, 또 역사 시리즈의 그 마지막도 이 창조와 진화의 문제로 다시 돌아오기 마련이다. 성서적 해석에 의한 연대추정은 사실 신학자들 간에도 그 방법론과 주장이 매우 다르다. 이를 다 설명할 수는 없지만 어셔 주교가 한 방법대로 창세기의 하루를 문자적으로 받아들이고 이에 근거하여 지구의 나이를 약 6천 년이라는 주장을 '젊은 지구론'이라고 부르는데 이는 현대 신학자들의 주장들 중 지구의 나이가 가장 짧은 경우에 해당된다.

 그러나 일단 여기서 창조론과 진화론의 논의는 접어두고 비 크리스천 독자들을 배려하고 보편적 그리고 인문학적 접근이라는 의미에서 일반적 역사 고찰의 눈으로 인류 문명과 성서의 이야기를 풀어 나가 보도록 한다.

2.

인류문명의 시작

이전 회에서 이야기한 창조론과 진화론의 충돌 문제를 떠나 일단 우리 인간의 문명 발전에 관하여 눈을 돌려보기로 하자. 인류의 문명 발전 단계를 논하다 보면 어쩌면 두 이론 사이에서 발생하는 시간적 충돌의 문제가 풀릴 수도 있다는 희망을 걸어 보기도 한다.

인류 문명은 물과 토지가 있는 비옥한 지역을 따라 생성되었다. 그렇다고 처음부터 농경사회가 이루어진 것은 아니다. 세계적으로 네 개의 강을 중심으로 하는 비옥한 지역에서 문명의 발생을 볼 수 있는데, 이는 이집트의 나일강, 메소포타미아의 유프라테스와 티그리스강, 인도의 인더스와 겐지즈강, 그리고 중국 황하를 중심으로 서서히 문명이 등장하였다.

이집트 나일강 문명은 강의 흐름이 남에서 북으로 흐르는 아주 특이한 방향을 유지하고 있고, 매년 홍수로 범람하는 강변은 비옥한 토양이 조성되었다. 따라서 이곳으로 사람들이 모여들고 부락이 자연스레 형성되었다. 홍수로 인한 범람은 정기적으로 일어났기에 예견할 수가 있어 사람들은 이를 잘 이용하며 생활하였고 상형문자를 사용해 기록을 남기었다.

이 상형문자가 의미하는 바를 근세 시기까지 잘 파악하지 못하였으나 1798년 나폴레옹이 이집트 원정에 나서며 로제타스톤을 발견함으로 그 판독이 본격적으로 이루어졌다.

이집트문명 하면 그 특징을 나타내는 것으로 보통 피라미드와 상형문자 등을 기억하지만, 이보다 더욱 그 성격을 나타낼 수 있는 요소가 있다면 영성 또는 영혼에 관한 관심이라고 말 할 수 있겠다. 우리에게 친숙한 투탕카멘의 황금마스크는 9세에 이집트의 왕 파라오에 즉위하여 제대로 소신껏 정치를 해보지 못하고 19세에 단명한 투탕카멘(Tutankhamun, R.

투탕카멘의 황금마스크, 카이로 국립이집트박물관

1334-1325 BC)의 얼굴 모양을 하고 있다. 이처럼 고대 이집트 왕들의 미라에는 자신들의 모습을 담은 마스크가 대부분 같이 남겨 있다. 그들은 영혼 불멸의 사상을 가지고 있었기에 사후 언젠가 영혼이 자신의 몸인 미라에 돌아올 경우 어느 것이 자신의 몸인지 알아보게 하는 것이 이런 황금 마스크를 만들었던 이유들 중 하나였다고 한다.

이집트인들은 자연현상을 신화를 통하여 설명하였으며, 왕(파라오)은 태양신 레(Re)의 아들로 인식되었다. 범람하는 나일강의 물을 조절하는 신적인 능력의 원천인 신성을 파라오는 소유하고 있다고 이들은 믿었고, 이는 왕을 신적 숭배의 대상으로 보고 또한 정치와 종교의 밀착이라는 현상을 자연스레 불러 왔다.

이런 요소들은 역사의 순환 현상으로 곧 지중해를 중심으로 일어날 로마와 아주 유사성을 시사하고 있다. 또한 이집트인들의 높은 영적 관심은 훗날 기독교에도 영향을 미치는데, 알렉산드리아를(이 도시는 시기적으로 후대인 기원전 331년 알렉산더 대제에 의해 세워짐) 중심으로 하는 알렉산드리아 학파(그리스도의 신성을 중시하는 기독교 분파)와 콥틱기독교를 낳았다. 이에 대한 자세한 이야기는 후에 차분히 풀어가도록 한다.

한편 인도 지역은 인더스강을 중심으로 정착생활이 시작되며, 모헨조다로로 대표되는 도시계획이 이 문명의 특색 중 하나이다. 북구로부터 이동을 시작한 아리아인들이 BC 15세기경 인도에 도착하자 인도 문명의 중심은 갠지즈강과 그 남부로 이동하였고, 이들은 점차 정착하며 인도 특유의 신분제도인 카스트제도를 뿌리내렸다.

중국은 황하를 중심으로 기원전 3천 년경 한족의 조상들이 농경, 목축 생활을 시작하였고 토기를 만들며 점차 도시 국가로 발전해 나아갔다.

그러나 우리가 문명지역들 중 가장 먼저 눈여겨보아야 하는 곳은 유프라테스와 티그리스강을 중심으로 발생한 메소포타미아 문명으로서 이곳은 세계 4대 문명 중 가장 오래된 기원을 이야기하고 있다.

3.

히브리인의 출발 메소포타미아 문명

메소포타미아 문명은 티그리스강과 유프라테스강 유역인 현재 이라크 지역 메소포타미아 평원을 기반으로 시작되었다. '비옥한 초승달 지역'이라고 불리기도 하는 이 지역은 그리스어로 '강 사이의 땅'이라 의미로 메소포타미아(Mesopotamia)라고 불렀다. 강 사이의 땅이기에 비옥하기도 하였지만 물의 불규칙한 범람으로 이를 지배하려면 관개 및 배수 시설이 필요하였다. 이런 물의 관리에 능한 수메르인이 이 지역에 출현한 것은 기원전 약 3,800년경으로 4대 문명 중 가장 오래된 기록을 가지고 있다.

이 메소포타미아 문명은 인류 최초로 바퀴를 발명하여 운송 및 전쟁에 사용하였고, 쐐기 모양의 표식으로 된 설형문자를 만들어 사용하였다. 학자들은 이 설형문자가 페니키아인들의 알파벳으로 전승되었으며 이는 오늘날 알파벳의 원조라고 주장하기도 한다.

메소포타미아 문명 중 우르(Ur)라는 도시를 눈여겨 볼 필요가 있다. 우르는 해당 문명 초기인 기원전 3,800년경부터 그 기원을 찾을 수가 있으며 기원전 26세기에는 도시국가를 이루었다. 우르는 원래 페르시아 만으로 흘러 들어가는 유프라테스강의 하구에 위치하였으나 시간이 흐르며 해안선의 변화로 상당히 내륙에 위치해 있다. 이 도시가 바로 구약성경 창세기에 등장하는 갈대아 우르일 가능성이 매우 높다. 이곳은 기원전

21~20세기 경 약 6만 5천 인구를 가진 세계 최대의 도시였다고 한다.

이 지역에는 달의 신을 섬기는 풍습이 있었는데 이는 지구라트 (Ziggurat)라는 유적을 통하여 알 수 있다. 이 지역에 우르 남무(Ur-Nammu)라는 강력한 자가 왕이 되면서 수메르인들이 마음 놓고 살게 되었고, 왕은 그의 위엄을 지구라트를 건설함으로 자랑하였는데, 지구라트는 수메르 신화 중 달의 신인 난나를 기리는 여러 층으로 쌓아올린 탑 모양의 신전이다.

일부 역사학자는 이 지구라트가 창세기 11장에 나오는 바벨탑을 지칭한다고 하지만 꼭 그렇다고 확정하기는 어렵다. 오히려 바벨탑은 이 지역에 일찍이 발달된 수학과 천문학의 관심을 나타낸다고도 할 수 있다. 고

우르의 판넬(Standard of Ur), 영국 대영박물관

대 바빌로니아 당시 발견 된 우주의 행성은 토성(Saturn)까지 이었으며 태양과 달, 그리고 행성들을 바탕으로 1주일 요일 체계가 이 지역에서 시작된 것은 우연이 아닐 것이다. 예수 탄생 시 동방박사가 별의 움직임을 보며 찾아오는 모습은 페르시아 지방인 이곳 출신의 사신일 가능성을 말하고 있다.

이 곳 우르에서 아브람이 데라로부터 태어났고, 데라는 그의 아들 아브람과 자부인 사래 그리고 막내 하란을 통해 얻은 손자인 롯을 데리고 가나안으로 가고자 우르를 떠난다.(창 11) 이들 일행이 현 튀르키예(Turkey)의 남부에 위치한 하란(인명과 혼동하지 말 것)에 이르러서 데라가 세상을 떠나고, 아브람에게 여호와 하나님께서 축복의 언약을 내리시는데, 이때가 아

일랜드 주교 제임스 어셔의 연대 추정에 의하면 BC 2090년이다.

어셔의 연대 추정이 정확히 맞는다고 할 수는 없다 할지라도, 아브람의 탄생지인 우르가 실존하는 당시 문명의 한 도시였으며 또 당시 이 지역 지도자였던 우르 남무와의 시대적 일치성, 그리고 그가 세운 지구라트와 창세기 11장의 바벨탑의 상관성 등은 아브람의 실제성 나아가 창세기의 역사성을 확연히 뒷받침하고 있다.

또한 창조론과 진화론의 충돌 문제에 있어, 지구의 나이가 가장 짧은 '젊은 지구론'의 근거인 어셔 주교의 연대 추정을 기준으로 살펴본다 하더라도, 구약성경의 창세기를 바탕으로 하는 창조론은 과학자들이 표현하는 '터무니없는 설화'가 결코 아님을 말하고 있다. 세계 4대 문명 중 가장 오래된 서구 문명의 요람 메소포타미아 평원과 그곳 한 중간에 나타난 도시 우르의 시발은 기원전 3,800년경이기에 어셔가 주장하는 창조의 해 기원전 4,004년과도 모순되지 않기 때문이다.

하지만 이는 확실한 과학적 검증이 따르지 않았고 또 창조론으로 인한 연대 측정 방법도 여러 가지이기에, 이쯤에서 아직 풀리지 아니한 창조론과 진화론의 논쟁 이야기를 접도록 하자. 우리는 여기서 4대강 문명 중심의 사관(史觀)이 창조사관과 부딪히지 않는다는 소극적이지만 단정적 결론을 가지고 다음 이야기로 옮겨가도록 한다.

우르의 판넬: BC 2,600년 경 작품으로 왕의 묘에서 발견되었다. 전쟁을 묘사하고 있는 최초의 모자이크 판넬. 당나귀가 이끄는 통나무 4륜 전차와 당시 병사들의 모습을 표현 하고 있다. 아래 부분은 전차의 전투장면, 중간 부분은 보병 전투장면, 상부는 승리 후 왕의 대열과 포로를 나타내고 있다.

4.

팔레스타인과 헤브라이인

이집트 문명과 메소포타미아 문명 사이의 교량 역할 내지는 완충 역할을 하는 지역이 있었으니, 이곳이 바로 팔레스타인 지역이다. 동으로는 유프라테스강과 아라비아 사막, 남쪽의 시나이 사막, 서쪽의 지중해 그리고 레바논 산맥이 북쪽을 둘러싸고 있는 이 지역은 작은 문명의 중심지이기도 하지만 교량 역할이라는 지리적 위치로 내륙 및 해양 교역이 활발하였고 또 외부의 침입이 많은 위험을 동시에 가지고 있다. 여리고 및 여러 내륙 초기 정착지에서 문명이 시작되었으며 가나안 사람들에 의하여 도시가 세워져 생활 터전이 되었다.

헤브라이인(히브리인)들이 이곳에 나타난 것은 구약 성서에서 언급하듯 아브라함 족장 일행이 우르로부터 이주한 이후부터이다. 이때부터 헤브라이인들이 출애굽하여 '약속의 땅'인 가나안에 돌아오는 기원전 약 1400년까지 그 역사적 기록으로는 이스라엘의 역사서인 구약성서를 제외하고는 확실한 자료가 희박한 편이다.

구약성서에 의하면 여호와 하나님의 축복 언약에도 불구하고 아브람과 사래 사이에 아브람이 팔십육 세가 되기까지 자식이 없자 이에 조급한 사래가 그의 여종 하갈을 통하여 자식을 얻고자 한다. 하갈은 자신의 신분이 여종이었지만 주인인 사래에게 불가능해 보이는 잉태를 자신이 하게 되자 여주인 사래를 멸시하였다. 이렇게 아브람에게서 첫 번째 아들인 이스마엘이 태어난 것이다.

그러나 아브라함이 백세에 이르러 사라(하나님의 언약과 함께 아브람과 사래의 이름이 아브라함과 사라로 바뀜: 창 17)로부터 이삭이 태어나고, 이삭이 젖을 떼는 날 이를 기념하는 잔치에서 이스마엘이 이삭을 희롱하자, 이에 화가 난 사라가 아브라함에게 하갈과 이스마엘의 추방을 요구하였고 결국 이들은 쫓겨난다. 육신적으로 이스마엘이 장자였으나 하나님의 예언과 축복은 이삭에게 향하였기에 이스마엘과 이삭 형제는 장래를 같이 할 수 없었다. 하루아침에 내쫓긴 모자는 사막에서 죽을 고비를 넘기었고, 그의 후손들은 이후 동방에 주로 거주하였다.

이슬람 종교를 가지고 있는 아랍인들은 자신들이 '장자' 이스마엘의 후손으로 구약성경은 유대인에 의해 조작되었기에 자신들이야말로 아브라함의 약속의 자녀라고 주장한다. 사라와 하갈의 이야기에서 보듯 여성은 역사적으로 중요한 순간에 결정적 역할을 하곤 한다. 이슬람의 생성에 관한 부분은 후에 중세사에서 다시 자세히 언급하도록 한다.

이후 히브리인들은 요셉이라는 자가 애굽의 총리가 되고(약 BC 1886) 모세의 인도 하에 출애굽하여 홍해를 건너 '약속의 땅'인 가나안에 도착한다. (역사의 인문학적 해석이기에 성서의 이야기를 모두 나열하기보다는 신약이전 시기에 관하여는 중요 부문만 스케치 한다.) 모세의 출애굽은 시기상 이집트 제18왕조 아멘호텝 2세 치하였을 가능성이 높다. 히브리인들이 팔레스타인으로 돌아오는 BC 1400년 이전까지 가나안의 도시들은 이집트 신왕국(Egyptian Empire)의 봉토로 이집트의 지배적 영향을 받고 있었다.

그 이전 아브라함은 자신의 목숨을 보전하고자 그랄 왕 아비멜렉에게 자신의 아내 사래를 들여보낸 일이 있을 정도로 이스라엘 민족의 이 지역에 대한 세력이 취약하였었다. 그러나 그들은 출애굽 이후 가나안의 도시들을 공격하여 정복사업을 이루었는데, 이는 당시 이집트가 해적 집단인 필리스틴인들의 침입으로 이 지역에 영향력을 발휘할 틈이 없었기 때문이기도 하다. 결론적으로 이스라엘 민족의 약속의 땅 입성 이후 더 이상 고대 이집트왕국의 영향력은 이 지역에서 사라지게 된다.

이 부분에 대한 역사적 증거, 즉 히브리인들이 이집트에서 종살이를 하고 모세의 지도하에 탈애굽한 사건의 역사적 흔적으로는 이집트 왕 람세스 2세의 비문과 메르넵타의

메르넵타 전승비(Merneptah Stele), 이집트 박물관, 카이로 이집트 메르넵타 왕의 전장에서 승리를 다루고 있는 비문. 기원전 1,208년 세워진 것으로 추정. '이스라엘'이란 명칭이 성경 외 최초로 이 전승비에서 언급 되고 있다.

전승비에 하비루(Habiru) 또는 이스라엘이라는 단어가 언급되어 당시 히브리인들의 존재를 알리고 있다.

5.
하나님의 선택된 백성

히브리인 또는 이스라엘 민족에게는 그들 고유의 정체성(identity)이 있었다. 이는 자신들이 하나님에 의하여 선택되었다는 선민사상(先民思想)으로 하나님으로부터 축복을 받은 민족이라는 믿음이다. 이스라엘 민족의 역사에서 이러한 선민사상은 분명 아브라함의 축복으로부터 시작하지만 그 결정적 사건으로는 시내산에서 하나님으로부터 직접 받은 언약(10계명)이 그 역할을 하여 왔다.

그들에게 시내산 사건은 자신들을 '하나님의 백성'으로 확실히 여기게 하였을 뿐만 아니라 그 이후 그들의 역사를 이해함에 있어 기준이 되는 관점을 제공하였다. 시내산의 언약에 근거하여 자신들에게 무슨 일이 일어나든 하나님과 하나님의 백성 사이의 관계라는 관점으로 사건들을 돌아보았고, 이를 통하여 모든 것을 설명하려 시도한 것이다.

출애굽 이후 가나안에 들어가는 과정도 이런 관점에서 이해하고 행동으로 옮기었다. 그러기에 그들에게는 눈앞에 놓인 객관적 사실들보다는 항상 하나님과의 관계와 믿음이 훨씬 중요한 모티브가 되어 왔다.

모세가 가나안 땅 탐지를 위해 보낸 12명 중 여호수아와 갈렙만이 땅을 정복할 수 있다는 긍정의 보고를 하였다. 그들이 사십 일 동안 탐지하고 돌아왔을 때 매우 기름진 땅이기에 그 과실이 어찌나 실하든지 포도

한 송이 달린 가지를 베어 두 명이 장대 막대기에 꿰어 멜 정도였다. 하지만 그 외 다른 정탐꾼들은 가나안 사람들이 매우 강하고 거대한 네피림의 후손이기에 이길 수 없으며 심지어 땅이 거주민을 삼키는 저주의 땅이라고까지 보고하였다. 결국 이 부정적 시각의 10명은 재앙으로 말미암아 모두 죽고 여호수아와 갈렙만이 생존한다.(민 13-14)

여호수아가 여리고에 보낸 두 명의 정탐꾼은 라합이라는 기생의 집에 머물게 되고, 여리고가 이스라엘 민족의 차지가 될 것이라는 사실을 예견(또는 신의 간택에 의한 예지)한 라합은 이들을 숨겨주고 후에 가족의 목숨 보존을 약속 받았을 뿐만 아니라 라합 자신을 통한 메시아의 계보를 이어주는 복을 받게 된다.

이스라엘 백성이 언약궤를 메고 요단강을 건널 때에는 흐르던 물이 멈추어 마른 땅으로 건너가는 이적이 나타나기도 하였고, 그들이 여리고 성을 정복할 때에는 전투가 아닌 성을 도는 행위를 통하여 칠 일째 성벽이 무너지며 성을 정복하게 된다.(수 6) 이처럼 이스라엘 민족에게 가장 중요한 요소는 눈앞에 보이는 사실 또는 현상이 아닌 하나님의 약속에 대한 믿음과 순종하는 그들의 꾸준한 행위를 통하여 그 약속의 성취로 승화시키는 것이었다.

히브리 민족이 가나안 땅을 정복 후 12지파별로 영토를 분배받은 기원전 1400년부터 1,043년까지 360여 년간 이들은 사사(士師)라는 지도자시대를 맞이한다. 이 시대의 이스라엘 민족은 하나님으로부터 도피와 사사를 통한 신과의 관계회복이라는 패러다임의 연속을 나타내고 있다. 이들은 여호와 하나님을 버리고 다른 신들을 섬김으로 신은 그들에게 재앙을 내리고 또 타민족으로부터 어려움을 당하였다. 성경 기록자는 이를 여호와께서 가나안 전쟁을 알지 못하는 이스라엘을 시험하려 블레셋 다섯 방백, 가나안, 시돈, 히위 사람들 일부를 남겨주었다고 기록하고 있다.

아말렉과의 전투에서 아론과 훌의 도움으로 손을 올리는 모세. 존 밀래스, 1871.

사사들을 통하여 하나님의 개입으로 위기를 탈출한 이스라엘 민족은 신기하게도 곧 하나님을 잊고 바알이나 모압, 블레셋 사람들의 신을 섬기어 스스로 주께 죄를 범하였으며, 이로 말미암아 어려움에 처하게 되면 그들은 하나님께 구원을 요청하며 간구하고 이에 또 다른 사사가 하나님의 허락으로 이들을 구해내는 패턴이 반복되고 있다.

그리고 사사들의 행위 또한 당시 주위 족장들이나 병사들의 일반적인 행태가 아닌 하나님의 간섭에 의한 특이한 현상들이 나타난다. 기드온이 미디안과의 교전을 앞두고 용사들을 선발할 때 그 기준은 물을 마실 때 개처럼 혀로 물을 핥는 자들로 이에 삼백 명을 정하였다.

입다는 기생의 아들로 내쳐진 자였으나 암몬 자손과의 싸움에 선발되며 명예를 회복하는 기회가 오자, 입다 자신은 전쟁에서 승리 후 문 앞에서 첫 번째로 영접하는 자를 번제로 드리겠다고 서원한다. 전쟁에서 승리하고 돌아오는 자신을 맞은 자는 다름 아닌 자신의 무남독녀였지만, 입다는 딸에게 두 달간 애곡의 기간을 허락하고 마침내 돌아온 그녀를 번제로 드렸다. 이 모든 것은 사사 시기 이스라엘 민족의 모든 행위가 하나님과의 특별한 관계에 있음을 증언하고 있다고 말할 수 있다.

하지만 이 민족과 미래의 유대-기독교 전통에 하나님과의 관계적 차원에서 더욱 크게 영향을 끼친 사건이 있었으니, 그것은 자신들이 왕을 선발하여 나라를 세워간 왕조체제이다.

6.

사울과 다윗

이스라엘은 아브라함 이후 족장 또는 지도자들에 의하여 하나님과의 관계가 이어져 왔고 또 하나님은 이들을 사용하여 그분의 방향대로 민족을 이끄시고 어려움에서 구하셨다. 이런 이스라엘 민족이 기원전 1043년경 갑자기 왕이 다스리는 왕국의 모습으로 변모한 것에는 나름 이유가 있었다.

가나안 땅에 들어온 이후 이스라엘은 하나님이 세우신 사사를 통하여 그들을 인도하였지만 백성들은 이런 신정정치(theocracy) 체제가 아닌 왕이 다스리는 왕정을 원하였던 것이다. 주위 강력한 왕정 국가들을 보았을 때 이스라엘 민족들은 주위 국가들의 중앙집권제와 이에 따르는 막강한 군사력을 부러워하였던 것이다. 또 한 가지 이유는 사무엘이 늙어 후임이 필요하자 그 행위가 올바르지 못한 자신의 아들을 후임으로 세우려 하고 이에 백성들은 이를 원치 않았으며 주위 열방과 같이 왕을 세워줄 것을 요구하였다(삼상 8). 그런데 주목해야 하는 사항은 이스라엘 사람들이 자신들의 왕을 세우는 행위가 하나님 앞에 죄스러운 것임을 이미 알고 있었다는 사실이다(삼상 12).

선지자 사무엘은 베냐민 지파 기스의 아들 사울을 기름 부어 지도자로 세웠고, 이어 사울은 길갈에서 왕으로 정식 등극하였다. 이제 왕국이 된 이스라엘은 다섯 개의 행정구역으로 나누어 다스렸으며 규모가 비교적 작았고 아직 적극적 확장을 하지 못하던 상태였다. 사울은 왕이 된 후 모압, 암몬 자손, 에돔, 소바의 왕들, 그리고 블레셋 등 주위 적들과의 싸움에서 승리하여 이스라엘 민족을 약탈자들로부터 보호하는 역할을 수행하였다.

이러던 사울왕에게 아말렉과의 전쟁에서 문제가 발생하였다. 모든 소유를 멸하라는 여호와의 명령을 어기고 좋고 기름진 양과 소 등 일부 소유를 남겨둔 것이다. 이 장면에서 그 유명한 "순종이 제사보다 낫다"라는 구절이 나온다. 사울은 하나님의 명이 아닌 사람의 생각으로 행한 자신의 잘못을 깨닫고 사무엘을 통하여 용서를 구하려 한다. 그러나 사무엘은 이에 응하지 않고 돌아가려하자 사울왕은 사무엘을 잡으려다 그의 겉옷자락을 찢고 마는데, 이는 그의 앞으로 운명을 예고하는 듯하다(삼상 15).

사울왕은 사무엘을 잡으려다 그의 겉옷자락을 찢고 만다

사무엘은 이미 하나님으로부터 버림받은 사울 대신 이새의 아들 중 한 명을 기름 부으려 그의 집에 찾아가고 형제들 중 용모와 신장이 큰 형들보다 막내인 다윗을 택한다. 당시 성경 저자가 설명한 대로 '사람은 외모

를 보거니와 여호와는 중심을 보기에' 간혹 우리의 예상을 뛰어 넘는 일
들이 믿음의 역사에 나타나곤 한다.

다윗을 공격하는 사울왕, 호세 레오나르도 작

사울왕과 다윗이 처음 만나는 계기는 다윗이 사울을 위하여 수금을 타
는 자로 발탁될 때 이루어지며, 이는 사울에게 악신이 들어와 그를 번뇌
하게 하여 그 치료의 한 방법으로 수금 타는 자를 불러온 것이었다. 이
상황에서의 '악신'을 성경기록자는 여호와가 부리신다고 표현을 함으로써,

이 '악신'이란 표현은 이스라엘의 유일신 사상과 상충되지 아니하며 오히려 이런 '잡신'은 여호와의 조정 하에 있음을 명시하고 있다.

다윗이 사울왕과 더욱 긴밀 또는 소위 애증의 관계가 이루어지는 것은 다윗이 골리앗을 물리치고부터이다. 블레셋과 이스라엘 간의 전장에서 골리앗이란 자가 나타나 1:1 싸움을 청하였고, 사울과 온 이스라엘 사람이 이를 두려워하는 상황이었다. 다윗이 전장에 나간 형들을 만나러 나갔다가 골리앗의 외침을 우연히 듣고 그는 골리앗과의 싸움을 원하였다. 골리앗은 신장이 약 3미터 거인인 반면 다윗은 어린 소년이었기에 사울왕은 어린 소년의 출전이 내키지 않았으나 결국 다윗의 소원대로 그를 골리앗의 상대로 허락한다.

다윗의 용모를 보고 비웃는 골리앗을 향해 다윗은 물매로 돌을 던져 그의 이마를 명중시켜 넘어뜨리고 곧 골리앗의 칼로 그의 머리를 벤다. 이 다윗과 골리앗의 싸움은 후대 유대민족과 크리스천들에게 앞날에 펼쳐질 적들과 위대한 미래를 예고하는 듯하다.

다윗이 골리앗을 때려잡음으로 이스라엘은 전투에서 승리하게 되고 이때가 되어서야 사울은 다윗의 출신가문을 다시 물으며 자신의 곁에 있기를 권한다. 그러나 사무엘이 다윗을 이미 기름 부은 상황 하에서 사울왕과 다윗의 관계가 순조로울 수만은 없었다. 다윗이 전장에서 연전연승하자 백성들이 외치는 "사울의 죽인 자는 천천이요 다윗은 만만이라"라는 환호는 사울에게 짙은 질투심을 불어 넣었다.

7.

다윗왕조

사울왕과 다윗의 인연은 그리 아름답게 진행되지 않았다. 질투심이 차오른 왕은 기회가 올 때마다 다윗을 죽이려 하였다. 또한 딸 미갈을 다윗에게 아내로 주면서도 자신의 사위가 블레셋과의 전쟁에 나아가 죽기를 바랐다.

반면 다윗은 사울왕을 죽일 기회가 몇 번 있었으나 그때마다 결코 왕을 해하지 아니하고 사울의 겉옷을 베거나 창과 물병 등 소유물만을 가지고 간다. 이는 하나님의 기름 부음을 받은 자를 결코 치면 안 된다는 다윗의 신념과 믿음의 행동이었고, 하나님의 것을 경하게 여기지 않는 그의 행동은 다윗왕조의 복을 가져온 본보기이다.

사울왕의 운명은 길보아 전투에서 다하였다. 블레셋군대를 두려워한 사울에게 하나님이 응답하지 않으시자 그는 변장하고 신접한 여인을 찾는다. 이 전쟁에서 죽을 것을 예언 받은 사울왕은 길보아에 돌아와 블레셋에 쫓기자 자신의 칼로 스스로 목숨을 끊는 슬픈 말로가 이스라엘 초대왕의 운명이었다.

기원전 일천년경 다윗은 사울에 이어 이스라엘 제2대 왕위에 오른다. 사울에 비하여 다윗은 영토가 더 넓은 이른바 광역 팔레스타인 지역을 다스리게 된다. 그는 40여 년의 통치기간을 대부분 전쟁으로 지냈고 연전연승으로 북으로 하맛과 유프라데스강 상류까지 이르렀으며 남으로는 가데스 바네아와 엘랏을 포함하는 지역을 확보하였다.

다윗왕은 많은 자손을 두게 되지만 사울의 딸 미갈로부터는 자녀를 얻지 못한다. 이는 여호와의 법궤를 다윗 성으로 옮길 때 다윗이 제사장의 옷 에봇을 입고 춤을 추었으며 이때 왕은 너무 기쁜 나머지 자신의 하체가 드러나기도 하였다. 이런 남편의 행동을 미갈이 심중에 그를 업신여기고 책망하였기 때문이다.

어느 날 다윗은 왕궁 지붕을 거니 던 중 건너편 가옥에서 밧세바라는 여인이 목욕을 하는 장면을 보고 그녀에게 반하여 은밀히 궁으로 불러 그녀와 동침한다. 밧세바는 자신의 부정함을 스스로 깨끗이 하고 집에 돌아왔다 하는데 어떻게 스스로를 깨끗이 하였는지는 성경에서 자세히 설명하고 있지 않다. 그러나 문제가 생겼다. 이 단 한 번의 동거로 밧세바는 임신을 한 것이다. 이에 밧세바는 왕에게 자신에게 아기가 생겼다고 전하였다. 한마디로 책임지라는 말이다.

이 다윗 왕과 밧세바 간의 희대의 불륜을 다윗은 전장에 나가 있는 밧세바의 남편 우리아를 불러들여 자신의 처와 잠자리에 들게 함으로써 다윗과의 잠자리 결과로 생성된 뱃속 아기의 신분을 희석시키려는 계획을 세웠다. 그러나 우리아라는 병사는 우직한 자라 전우들이 전쟁터에 있는 상황에서 자신은 편안히 집으로 돌아가 먹고 잘 수가 없다고 주장한다. 그런 우리아를 다윗은 궁전에서 잔뜩 취하게 만들어 집으로 가도록 유도하였으나 계속 귀가를 거부하였다.

결국 다윗이 그의 불륜을 덮을 묘안으로서는 우리아를 죽이는 것뿐이었고 이는 그의 충신 요압장군을 통하여 우리아를 적진 깊숙이 침투하게하여 전사하도록 만든다. 전사한 우리아를 장사지내고 밧세바는 자연스레 다윗의 궁으로 들어와 부인대열에 합류한다.

　다윗은 여러 부인들을 통하여 수명의 아들들을 얻었으나 후대를 이을 적절한 인물이 쉽게 정해지지 않았다. 다윗이 아히노암을 통하여 얻은 맏아들 암논이 배 다른 누이 다말을 좋아해 강제로 부적절한 관계를 행하자, 다말의 오빠인 압살롬은 잔치를 열어 암논을 살해한다.

　압살론 역시 다윗의 사랑을 받은 왕자였으나 반역을 일으키고 아버지 군대와의 전투에서 상수리나무에 걸려 결국 살해당한다. 다윗이 나이가 들어 늙은 몸을 보하고자 젊은 여인 아비삭을 들이고 또 학깃을 통하여 난 아도니아가 왕이 되고자 일어나니 이건 분명 밧세바에게는 절대 위기의 순간이었다.

　이런 순간에 선지자 나단의 역할로 밧세바는 아들 솔로몬을 왕으로 세울 것을 다윗을 찾아가 확약받고 드디어 사독 제사장을 통하여 왕에 오른다. 역사의 추진은 남자와 군대의 힘으로 이루어지지만 그 방향은 역시 여자가 키를 쥐고 있음을 다시 한 번 보여주고 있다.

이스라엘 우표에 나타난 다윗왕

텔단석(Tel Dan Stele), 이스라엘박물관, 예루살렘

　이 텔단석이 이스라엘 북부지역에서 1993년 발굴되기 전까지만 하더라도 일부 역사학자들이 다윗왕조에 대한 역사적 사실성에 대하여 의문을 품어왔었다. 이 비석에는 아람어로 다윗가(House of David) 단어가 나타나며 이는 성경 외의 역사자료에서 처음으로 다윗왕조를 언급한 사료이다.

8.

솔로몬의 지혜

솔로몬은 사독 제사장에 의하여 다윗에 이은 이스라엘 왕으로 기름부음을 받는다. 솔로몬이 일천 번제를 드린 후 꿈속에 하나님이 나타나셔서 그에게 무엇을 원하느냐 물으시니 솔로몬은 다른 무엇보다도 지혜를 구하였다. 지혜의 왕 솔로몬의 등장은 이스라엘 역사에 찬란한 번영의 시대를 가져왔다.

이런 이유에서인지 그로부터 약 2700년 후 대영제국에서는 독일 출신의 음악가 헨델이 조지 2세의 대관식을 앞두고 새로운 영국 왕이 왕관을 쓸 때 사용할 음악을 작곡하는데 그 제목이 '사독 제사장'(Zadok the Priest)이며 이후로 지금까지 영국 국왕의 대관식에서 연주되고 있다.

솔로몬의 지혜 예화로 두 여인이 아기를 두고 재판하는 장면은 역사상 명판결의 표본으로 회자되기도 한다. 이 두 여인은 모두 평범한 사람이 아닌 창기였다. 비록 매춘녀라 하더라도 자식에 대한 사랑에는 남다름이 없으며, 선한 자와 악한 자의 대립, 그리고 극적으로 이들의 명암이 솔로몬의 지혜로 갈라지는 장면은 이후 영원히 우리에게 훌륭한 지혜의 예화로 남아 있다.

이런 현명한 솔로몬이었기에 그가 치리하던 시기는 그야말로 태평성대를 맞는다. 국가는 인구의 증가와 삶의 풍요로움을 동시에 누렸고 주위 나라들을 다스림으로서 부와 명예가 한꺼번에 몰리었다. 솔로몬은 또한 자연 관찰과 생물에 대하여 뛰어난 지식을 소유하여 후대 아리스토텔레스보다 앞선 자연과학의 선구자라고 이해되기도 한다.

솔로몬의 판결. 피터 루벤스 작 1617년, 코펜하겐 스타텐스박물관

솔로몬의 치적 중 꼭 언급해야 할 것이 있다면 성전건축이다. 그의 아버지 다윗 왕이 이루지 못한 성전을 솔로몬은 최고급 재료로 완성을 한 것이다. 두로 왕 히람은 부친 다윗 왕과 절친한 관계였기에 솔로몬이 레바논의 백향목을 구할 때 적극 협조하였다. 성전건축을 위하여 양국의 사람들이 공동으로 작업을 하였고 솔로몬은 두로 사람들에게는 후한 삯을 지불하였음이 성경에 기록 되어 있다. 이렇게 하여 단단하고 고급목재인

백향목은 일단 바다를 통해 운반하고 또 뗏목으로 엮어 200여 킬로미터의 거리인 예루살렘으로 들어와 7년간의 공사를 거쳐 성전을 완성하게 된다. 성전 낙성식에서 희생으로 드린 소가 이만 이천이고 양이 십이만이란 숫자만 보아도 그 규모를 가히 짐작할 수가 있다.

시바의 여왕이 솔로몬의 지혜를 시험코자 왕궁을 방문하였는데, 시바의 여왕은 솔로몬의 현명한 답변과 건축물들을 보고 그에게 매료되었다. 여왕은 그 누구보다도 많은 예물을 드렸고 솔로몬도 돌아가는 왕비에게 많은 선물을 주었다. 혹 있을 법한 솔로몬과 여왕과의 로맨스 이야기는 성경에는 나타나 있지 않다.

그러나 전승에 의하면 시바의 여왕이 예루살렘을 방문하였을 때 이들 사이에 모종의 애정 사건이 발생하였고 그래서 이들 사이에 아들이 탄생하게 되는데 그가 바로 에티오피아 왕국을 세운 메네리크 1세라는 것이다. 또 메네리크가 소년시절 예루살렘에서 자랐으며 성궤를 에티오피아로 가져와 이것이 현재 악숨(Aksum)교회에 보관되어 있다는 전설같이 이야기가 전해지는데, 에티오피아 교회는 이를 사실로 믿고 성궤를 매우 소중하게 보관하고 있다. 이는 아마도 주위 이슬람의 탄압에 에티오피아 교회가 유대적 친밀관계를 강조하여 나온 결과일 수도 있다고 역사학자는 논한다. 주지하는 바와 같이 성궤는 현재 실존된 상태이며 많은 자들이 이를 찾아 나서기도 한다.

여기서 다시 한 번 이스라엘 민족의 정체성이 유일하신 하나님과의 특별한 관계에서 시작되었다는 것을 언급해야만 하는 사건이 발생한다. 성전봉헌 후 솔로몬에게 하나님이 나타나 다른 신을 섬기지 말라고 경고하신 일이 있었다. 결코 다른 신을 섬기지 않을 것 같던 솔로몬도 그에게 수많은 이방 여인들이 생기며 문제가 발생한다.

〈시바 여왕의 방문〉 에드워드 포인터, 1890.

　그에게는 약 일천 명의 부인이 있었으며 이들은 여러 지역 출신이었기에 솔로몬은 그들이 가져온 이방 신들을 위한 신당을 짓도록 하락하였다. 과거 사사시대에는 다른 신들을 섬기다 번번이 원수의 손에 놓이게 되었고 사울왕은 접신한 여인을 찾는 타락을 보였으나 다윗왕은 한분 하나님만을 섬기었다. 그러나 그의 아들 솔로몬은 수많은 여인들로 인한 이방신들의 숭배에 빠지게 되며 이에 대한 하나님의 질책은 나라의 분열이란 매우 뼈아픈 결과를 초래하게 된다.

9.

왕국의 분열과 엘리야 선지자

기원전 930년경 예루살렘 외곽에서 느밧의 아들 여로보암이 한가히 길을 가고 있던 중 선지자 아히야가 기다렸다는 듯 그를 불러 세웠다. 아히야는 갑자기 옷을 찢어 열두 조각을 내더니, "이스라엘이 이 찢어진 옷처럼 될 것인데 그중 열 지파는 당신 여로보함이 다스리게 될 것이오"라고 말하는 것이었다.

이는 솔로몬이 다른 신들을 섬기는 영적 타락으로 인한 이스라엘 민족에게 내린 뼈아픈 예언이었다. 이런 예언을 전해 들은 솔로몬은 대노하였고, 이에 신변에 위협을 느낀 여로보암은 이웃 이집트로 피신하였다.

솔로몬 사후 그의 아들 르호보암은 북부 10지파로부터 왕으로 인정받기 위하여 세겜으로 올라갔을 때, 백성들은 솔로몬왕 시절 많은 부역으로 시달린 상황이라 새로운 왕이 되실 분은 이를 줄여달라고 호소하였다. 하지만 르호보암은 자신의 젊은 친구들과 상의한 후 말하길 "내 부친은 채찍으로 다스렸으나 나는 전갈로 다스리리라"라는 예상외의 답변으로 지파 장로들을 매우 실망시켰다.

이에 북부 10지파는 여로보암을 왕으로 옹립하여 '이스라엘 왕국'을 세웠고 르호보암 왕자는 유다와 베냐민지파를 중심으로 나라를 이어가니 이것이 '유다 왕국'이다. 이리하여 통일 왕국의 시대가 끝나고 남과 북 각각의 분열 왕국의 시대가 이어지지만 아쉽게도 그 각각의 역사는 오래 유지되지 못하였다.

북방의 이스라엘 왕국과 남방의 유다 왕국 시기에 많은 선지자들이 하나님으로부터 멀어진 이스라엘 민족을 회개시키는 이야기들이 있지만 그 중 선지자 엘리야의 활약은 이스라엘 민족의 역사 속 어두운 시절 악에 대한 통쾌한 승리로 독자들을 시원하게 해 주고 있다. 북 이스라엘의 아합왕(재위 BC 874~853)은 두로왕 엣바알의 딸 이세벨을 아내로 맞아 영적 혼탁을 야기했다. 성서에 아합왕은 바알을 조금만 섬겼다고만 기록하고 있지만 이세벨의 이교도성은 왕으로 하여금 애매한 절충주의에 빠지게 하였고, 이러한 시기에 엘리야는 한 분 하나님의 신앙을 회복코자 고분분투하였다.

엘리야는 아합왕과 이세벨을 피하여 그릿 시냇가에 거하자 야훼께서 까마귀를 통하여 음식을 공급함으로써 그를 보전한다.(왕상 17) 우리에게 까마귀는 그다지 반가운 조류가 아니나 서양에서는 길조로 통한다. 중세 수도원 운동의 대표자라 볼 수 있는 베네딕트의 경우에도 독이 들어 있는 빵을 까마귀가 어디선가 갑자기 날아와 물어감으로써 그의 생명을 구하는 역할을 한다.

물론 베네딕트의 경우 전설적 이야기이긴 하지만 까마귀는 엘리야와 베네딕트 수도사 모두에게 생명과 관련된 중요한 역할을 하고 있다.

엘리야는 또한 사르밧 과부의 집을 방문하여 매우 가난한 집임에도 불구하고 자신을 위한 떡을 만들 것을 요구한다. 과부는 자신이 너무 빈곤하여 집에 남아있는 가루와 기름을 가지고 한 끼를 먹고 죽을 정도이다라고 하소연하자 선지자는 자신을 위하여 떡을 만들면 그 재료가 소진되지 아니하고 지속될 것이라 말한다. 이에 과부는 떡을 만들었고 그리고 여러

사르밧 과부의 아들을 되살리는 선지자 엘리야, 루이스 헤르센트 작

날 음식을 취하였으나 가루와 기름 재료가 없어지지 아니하는데, 이는 훗날 예수 그리스도의 오병이어 이적을 예고하는 듯하다.

우리의 믿음이 없을지라도 하나님께 옮기는 실천적 태도는 응답으로 보상을 받기 마련이다.

무엇보다 선지자 엘리야의 최고 활약은 갈멜산에서 바알신과 아세라 목상 신을 섬기는 선지자 850명과의 대결에서 그들을 통쾌하게 이기고 모두 죽이는 장면이다(왕상 18-19). 누구의 기도가 불을 내려 번제물을 태우는지 양쪽의 대결에서 수백 명의 바알제사장의 기도에도 결코 응답이 없었으나 엘리야의 기도에 하늘에서 불이 내리었고 모든 바알의 선지자를 사로잡아 기손 시내에서 처단하였다.

이런 세기의 대결에서 승리한 엘리야였으나 이세벨이 무서워 그는 또 피하는 신세가 되고 로뎀나무 아래에서는 자신의 생명을 거두어 달라고까지 하는 약한 모습을 보인다. 이런 엘리야에게 하나님은 천사를 통하여 음식을 공급하는데 이렇게 여러 번 음식을 공급하는 걸 보면 아마도 엘리야는 먹는 것에 약한 성품을 소유하였나 보다. 엘리야는 그의 제자 엘리사가 보는 가운데 하늘로 올라가고 신적 능력이 육상 계주 선수의 바통 터치처럼 후임자에게로 이전한다.

10.

요나

요나는 이스라엘 북왕국 여로보암 2세 때 활동한 선지자로 우리에게 재미있는 이야기와 교훈을 남겨주고 있다. 역사신학을 다루는 필자가 그 역사성에 있어 문제가 있어 보이는 요나의 이야기를 다루는 것은 이런 역사성 문제에도 불구하고 요나서의 문학적 아름다움과 신학적 중요성 그리고 산문체 내러티브로서 그 메시지의 상징적 의미 때문이다.

어느 날 요나에게 하나님께서 니느웨(Nineveh)로 가서 회개를 외치라고 명하신다. 니느웨는 티그리스강 동편 현 이라크 북부에 위치한 도시로 기원전 612년 아시리아와 격동 이전까지는 세계 최대의 도시였기에 성경에서도 '큰 성읍'이라 표현하고 있다. 그러하기에 이곳 니느웨는 세상을 상징하고 요나서에 나오는 유일한 히브리인 선지자 요나는 후에 오실 메시아를 의미한다고 해석하기도 한다.

하나님의 이러한 명령에 요나는 어쩐지 그곳이 가기 싫었다. 그야말로 악이 가득한 도시 니느웨, 가장 번성하였으나 온갖 죄악이 만행하는 도시로 가서 하나님이 요구하는 회개의 기회를 제공하는 것조차 요나의 입장에서는 싫었던 모양이다. 그는 이를 피해 해안도시 욥바로 내려가 뱃삯을 지불한 정식 승객으로 다시스로 가는 배에 오른다.

하지만 하나님이 이를 보고 가만 둘 리가 없다. 심한 폭풍우가 배를 삼킬 듯이 휘몰아치고 배가 난파의 지경까지 다다르나 요나는 태연히 배의 밑층에서 잠을 잔다. 이 재앙의 원인을 가리고자 승선한 사람들이 제비를 뽑자 요나로 밝혀진다. 이 제비뽑기는 성경에서 땅을 분배할 때나 에스더서의 한 장면 등 여러 차례 나오고 있고, 이는 하나님의 개입을 의미한다. 우연이든 필연이든 제비뽑기의 결과는 그 결과 그대로 받아들이는 충실함이 성경 전체에서 반영되고 있음을 주목해야 한다.

목숨이 위태로운 풍랑의 주범이 요나임이 밝혀지고 그는 바다에 버려지지만 하나님이 예비하신 큰 물고기의 뱃속에 들어가 삼일 동안 있다가 나오게 된다. 사실성이 떨어지는 이 부분이 요나서의 역사성을 의심케 하는데, 어떤 면에서는 모세나 여호수아, 엘리야의 이적들에 비하면 삼일 동안 물고기의 배속에 있다가 생존한 이야기는 신앙이 아닌 일반적 시각으로 보더라도 그 신비성이 덜하다고 할 수도 있겠으나 그 신비로움은 여전하다.

아무튼 물고기가 토하여 육지로 나온 요나에게 하나님은 다시 니느웨로 가라고 명하시자 이번에는 순종할 수밖에 없었다. 니느웨는 큰 도시였기에 도시를 돌기에 삼일이 걸리나 요나는 한나절 회개를 요구하며 외치고 이에 주민들은 놀랍게도 회개한다. 더구나 직접 메시지를 듣지 않고 간접적으로만 전해 들은 니느웨의 왕은 온 성에 사람은 물론 짐승까지도 회개하라고 명령한다. 더욱 요나를 당황하게 만든 일은 하나님이 그들의 회개기도를 받으시고 사십 일 만에 니느웨 성이 무너지리라는 재앙을 거두셨다는 사실이다.

아마도 요나에게 니느웨는 단순한 이방 민족이 아닌 자신의 조국에 대하여 끊임없이 악하고 잔인한 일을 행한 제국이었기에 이런 민족에게 하나님께서 연민을 가지고 계시다는 사실이 그를 참지 못하게 만들었고, 급기야 그는 하나님께 자신의 생명을 취하라고 생떼를 쓰고 만다.

또한 성의 미래가 어떻게 될지 아직 궁금한 요나는 성 밖에서 초막을 치고 기다리는 사이 하나님께서 박 넝쿨을 준비하여 그늘이 지게 되고 이에 시원하게 되자 요나는 심히 기뻐한다. 그러나 이런 기쁨도 잠시, 벌레가 박 넝쿨을 씹어 없애고 뜨거운 동풍과 햇빛에 힘들어지자 그는 또다시 스스로를 죽는 게 낫다고 하며 하나님께 생떼를 쓴다.

요나 선지자. 미켈란젤로의 시스티나 천장화 일부.

아마도 요나는 하나님을 신뢰하지만 복잡한 성격을 가지고 있음이 틀림없었고 이런 주인공의 성격은 요나서를 매혹적이고 내용적으로도 풍성히 만들고 있다. 그런 요나에게 하나님은 "수많은 니느웨의 영혼이 박넝쿨보다도 못하느냐?"라는 부가 의문문으로 설득 내지 가르침을 주고 있다.

본 요나의 이야기를 예수 그리스도께서는 직접 언급하시며 자신의 삼일 만의 부활을 예고하셨기에 이는 요나서의 역사성에 근거를 더하고 있다. 또한 거대한 도시 니느웨(세상)에 회개를 요구(복음전파)함으로써 훗날 전 세계를 통한 선교를 예고하고 있다.

예수께서 요나의 이적을 말하신 다음 이어지는 메시지는 다음과 같다: "누구든지 등불을 켜서 움 속에나 말 아래 두지 아니하고 등경 위에 두나니 이는 들어가는 자로 그 빛을 보게 하려 함이니라"(눅 11:33).

11.

북왕국의 멸망

북방의 이스라엘 왕국과 남방의 유다왕국은 초기 싸움을 거듭하였다. 그러나 이스라엘 아합왕과 유다의 요사파테왕은 동족 간 분쟁이 무익함을 깨닫고 동맹을 맺은 후부터는 비교적 우호적 관계를 유지하였으며, 주위 강대국들도 서로 간 세력의 균형을 유지함으로써 당분간 메소포타미아-팔레스타인 지역은 평화를 유지할 수 있었다. 그러나 아시리아가 이 지역 새로운 패권자로 등장하면서 두 왕국에 위기가 온다.

메소포타미아 지역에서 꾸준히 성장해온 아시리아제국은 필레세스 3세 때 시리아를 탈환하고 종교적으로는 자신을 아슈르신과 바벨론의 주신인 마르두크의 대리자로서 신적 위엄을 갖추려 하였다. 그들이 사마리아를 공격한 것은 살만에셀 5세(재위 BC 727-722) 통치기였고, 북방 이스라엘 왕국의 마지막 왕은 호세아(재위 BC 732-722)였다.

아시리아는 필레세스 재임 시부터 이스라엘을 괴롭히고 각 지파들을 여러 곳에 흩어져 살게 하였기에, 이스라엘 왕국이 호세아 재임 시에는 이전 에브라임 지파와 서부 므낫세 지파의 영유지 정도만 남아 있을 정도로 이미 축소된 상황이었다. 그러나 아시리아에 후임 살만에셀이 왕이 되자 호세아는 이스라엘이 독립국가로서의 위상을 되찾으려는 노력의 일환으로 이집트 왕 소(So)와 연맹을 맺은 후 아시리아에 바치던 공물을 보내

49

지 않았다.

성경에 나오는 소왕은 역사적으로 불확실한 인물로 실제로 상대한 이집트왕은 22대 왕조 오소르콘 4세일 가능성이 높으며, 호세아는 당시 국제 정세를 정확히 판단하지 못하고 이집트의 우의적 관계를 확대 해석 한 듯하다. 군사를 이끌고 이스라엘에 들어온 살만에셀은 호세아 왕을 잡아 감금하였다. 사마리아 성은 이런 왕이 없는 상황에서도 자체적 방어로 잘 버티어 냈지만 결국 난공불락의 요새로 보이던 사마리아도 3년간 끈질긴 항전 끝에 식량의 부족으로 결국 아시리아에게 함락되고 만다. 이는 기원전 722년에 발생된 사건으로 북 이스라엘은 영원히 다시 일어나지 못하였다. 같은 해 아시리아의 살만에셀이 죽자 사르곤 2세가 즉위하여 이스라엘 민족 즉 북방에 거하던 10지파를 흩뜨리는 작업을 완성한다.

그는 이스라엘 사람들을 자신의 아시리아 영토로 끌어다가 살게 하였고, 자신의 넓은 영토인 시리아와 바빌론 지역에서 주민들을 데려다 사마리아 지역 여러 성읍에 정착하여 살게 하였다.(왕하 17) 이런 이유로 유대 민족은 이후로 사마리아인들을 동일한 이스라엘 민족으로 여기지 않았고 '쿳팀'(쿳타에서 온 사람들)이라 하는 경멸적인 이름으로 불렀다.

북왕국에 거주하던 10지파는 '잃어버린 10지파'란 용어로 자주 회자되고 있으며, 이는 역사적으로 위에서 언급한 아시리아의 필리세스 3세, 살만에셀 5세, 사르곤 2세의 3세대에 걸친 왕들의 합작품이라 볼 수 있다. 북왕국 10지파의 향후 거취는 사실 미스터리로 남아 있다. 신약시대 이에 대한 언급으로는 누가복음에서 선지자 안나는 아셀 지파 사람이라는 언급이 단 한번 있을 뿐이다.

그 후 '잃어버린 10지파'에 관한 이야기로는 수세기 후에 10지파의 복귀 또는 다시 나타남을 메시아의 재림사상과 연결되는 문학의 형태로 나타나기도 하고, 세계에 퍼져 살고 있는 일부 그룹들이 10지파의 후손으로 주장하기도 하지만(브리튼 원주민, 아메리카 원주민, 일본인 등) 여전히 미지수로 남아 있다. 이 잃어버린 10지파에 대하여는 지금도 여전히 흥미를 끌고 있기에 역사적 환상소설의 주제로도 자주 채택되곤 한다.

북왕국의 중심지였던 사마리아는 왕국의 멸망 후 헬레니즘 시대를 맞이하여 그리스 문명이 들어오고 로마 시대에는 초대 황제 아우구스투스가 헤롯을 유대 분봉왕으로 삼아 다스리게 하였다(이에 대한 자세한 설명은 추후에 다시 언급). 헤롯대왕은 사마리아를 아우구스투스 황제를 기리기 위하여 그 이름을 세바스테(Sebaste: 왕의 이름 뜻함)로 명명하고 그가 추진하던 건축사업을 이곳 사마리아에도 이방 신전을 포함해 수많이 수행하였다. 이런 이유로 유대인들은 사마리아를 지나치지도 못할 천박한 도시로 여겼고 사마리아인들과는 절대 상종을 하지 아니하였다.

하지만 AD 30년경 예수의 공생애가 시작되었을 때 유대인들도 대부분 의심하였던 예수의 그리스도이심을 사마리아 여인을 알아보았고, 강도를 만나 죽게 된 행인을 제사장이나 레위인은 모른 체 지나갔으나 선한 사마리아인은 그를 도왔다는 예화로 예수는 복음의 세계적 확장을 선포하고 있다.

BC 9세기 북왕국 이스라엘과 남왕국 유다의 대략적 경계를 나타내는 지도

12.
남왕국 유다의 멸망

남방 유다 왕국의 운명도 북방 이스라엘 왕국과 마찬가지로 주변국 이집트와 바벨론 왕국의 세력 사이를 방황하면서 그 끝을 다하게 된다. 바빌론의 나보폴라사르(Nabopolassar)는 기원전 612년에 과거 찬란했던 바빌로니아 왕국의 계승자임을 자처하며 신바빌로니아 왕국을 세웠고, 605년경 이집트에 결정적 승리를 거두는 동시에 아시리아의 지배하에 있던 시리아와 팔레스타인을 정복하였다. 이들이 유다 왕국을 멸망시킨 시기는 2대왕인 느브갓네살 2세(재위 BC 605-562) 통치 시기였다.

유다 왕 여호야김은 신바빌로니아의 느부갓네살에게 환심을 사며 상하 관계인 국제적 봉신 관계를 유지하였으나, 3년 만에 반기를 들고 조공을 바치지 아니하였다. 이에 신바빌로니아는 유다로 진격해 왔고 사치와 방탕 그리고 우상숭배로 날을 보내던 왕은 전장에서 사로잡혀 쇠사슬에 결박된 채로 바빌론으로 잡혀가고 죽임을 당하였다. 여호와김의 아들 여호야긴이 BC 598년 왕이 되었고 이제 국제 정세는 신바빌로니아의 세력이 이집트 국경 내까지 위협하는 상황이었다.

여호와긴은 이집트에 국사적 원조를 기대하였으나 이집트왕은 유다에 도움을 줄 상황이 전혀 되지 못하였다. 느부갓네살이 예루살렘으로 쳐들어오자, 여호와긴 재위 석 달도 안 되어 도성은 항복하고 왕은 포로가 되었다. 지도층 인사들은 물론 대장장이, 용사들을 엄청난 노획물과 함께 바벨론으로 끌려가야만 했고, 이때 솔로몬의 성전에 있던 금장식을 모두 빼앗기고 몹시 가난한 자들만이 나라에 남게 되어 되었다. 신바빌로니아는 해외 인재들을 전쟁이라는 수단을 동원하여 잡아 와 사회에 안착시키는 정책을 폈고 이에 유다의 수많은 인재와 백성들이 바벨론으로 끌려가게 된 것이다.

신바빌로니아 왕국 느브갓네살은 여호와긴의 삼촌 시드기야를 유다왕으로 삼고 충성을 약속 받지만 평화가 그리 지속되지는 못하였다. 근동지역의 패권을 놓고 이집트와 신바빌로니아 왕국은 또 싸움을 하였고, 시드기야는 선지자 에레미야의 자제요청에도 불구하고 에돔, 모압, 암몬, 두로, 시돈과 모의하여 바벨론에 반기를 들었다. 이에 시드기야 재위 9년만인 BC 588년에 느브갓네살은 다시 예루살렘을 청소하러 진격한다. 이에 이집트의 26왕조 파라오 아프리스(Apries, 일명 호브라)는 군대를 보내지만 바벨론 군대에게 어이없게 패하였고, 예루살렘은 약 30개월간의 항전 끝에 식량의 부족으로 무너진다.

마침내 성벽이 파괴되자 이 무너진 틈 사이로 유다의 왕과 그 군사들이 벌판으로 도망하였고 이에 바벨론 군대가 그 뒤를 쫓았다. 여리고 평지에 이르러 유다 군사들이 자신들의 목숨을 보존코자 흩어지매 왕과 식솔들이 잡히게 되었다. 느부갓네살이 이끄는 바벨론 군대에 의하여 시드기야의 아들들은 그의 면전에서 살해당하고, 시드기아 자신은 두 눈이 뽑히었으며 쇠사슬에 묶힌 채 바벨론으로 끌려가고 만다. 참으로 처참한 유다왕국 마지막 왕의 모습이었다.

히브리 민족의 북왕국 이스라엘과 남왕국 유다의 멸망 과정은 구약성경의 열왕기와 역대기에 잘 기록되어 있다. 이 책들은 역사서로 남·북왕조의 흥망성쇠에 대하여 잘 기술하고 있지만 그 멸망의 원인에 대하여도 정확히 기술하고 있다. 지도자들이 야훼 하나님을 섬기지 아니하고 이방 신을 섬긴 것 바로 그것이 이들 왕국의 멸망 원인이며 그 시초이자 결말의 요인 제공 그 자체였다.

예루살렘 약탈하는 느브갓네살 군대. 10세기 카탈로니아 문서

북왕조 초대왕이었던 여로보함 시기부터 하나님을 버리고 금송아지 신상을 만들어 외식하였으며 자신의 아들이 죽었어도 우상숭배를 그치지 않았다. 남왕국 유다도 마찬가지로 아세라 여신에게 경배 드리며 예루살렘 성전 앞에 별의 신들을 위한 제단을 만드는 등 하나님을 섬기는 일과는 다른 곁길로 꾸준히 가고 말았다. 수많은 선지자들이 하나님께 돌아와야 한다고 설득과 경고의 메시지를 전파하였지만 이는 항상 잠시 듣는 척만 하였고 여전히 하나님과 반대되는 길로 갔음을 역사서는 기록하고 있는 것이다.

신바빌로니아 왕국 느브갓네살에 의한 남왕국 유다의 멸망은 모세를 통하여 하나님이 주신 언약과 율법으로 결속된 신앙 공동체가 무너지는 듯 보였다. 다윗왕의 염원이었던 성전이 솔로몬왕 시대에 건축을 완성하였지만 느브갓네살왕의 군대는 이를 완전히 허물어 버렸고, 이를 제 1차 성전파괴라고 한다. 히브리 민족은 다시 이방인의 노예 또는 방랑자의 생활로 돌아가 바벨론 강가에 앉아 시온을 생각하며 하염없이 울었다 (시 137). 이스라엘의 역사는 여기서 끝나는 듯 보였지만 느브갓네살을 통해 영적으로 타락한 유다왕국을 멸망시킨 하나님은 다른 방법으로 자신의 백성들을 역사 속에서 지속적으로 이끌어 오셨고 그 끈을 놓지 않았던 것이다.

유다 왕국의 멸망으로 비벨론으로 끌려가는 이스라엘민족. 제임스 티솟 작.

13.

바빌론 강가에 앉아

By the rivers of Babylon there we sat down. Yeah we wept when we remembered Zion.

이는 필자가 팝송을 좋아하던 고등학교 시절인 1978년에 독일 출신 (정확히는 당시 서독) 보니 엠이란 혼성그룹이 발표한 디스코 풍의 노래 Rivers of Babylon이다.

이 싱글앨범은 유럽과 미국 등 전 세계적으로 선풍적 인기를 끌었고 영국에서는 싱글앨범으로서는 지금까지 최다 판매고를 기록하고 있다.

그런데 이 노래의 작사자는 20세기 사람이 아닌 시편 작가이며, 시기적으로는 약간 모호하지만 포로시기 후로 추정되는 기원전 약 6-5 세기의 글이다.

바빌론으로 끌려간 하나님의 백성들인 유대 민족은 비참한 생활을 하였다. 과거 요셉에 의하여 이집트로 간 이스라엘 민족이 이집트 파라오 밑에서 종살이 하던 때와는 시대적 차이만 있을 뿐이지 별반 다를 바가 없었다. 바빌론은 당시 세계 최대의 도시였고 인류 역사상 인구 20만 명에 도달하는 최초의 도시였다. 이 도시에는 고대 7대 불가사의 중 하나인 '공중 정원'이 있었다.

바벨론에 있는 느브갓네살왕의 공중 정원 상상도

느브갓네살왕의 부인 아뮈티스는 이웃 메디아 출신이었고 그곳은 동산과 식물이 있는 비교적 자연 환경이 좋은 지역이었다. 그러나 바빌론의 사막기후로 부인이 이에 적응을 어려워하자 왕은 궁전 안에 인공 동산을 만들어 흙을 채우고 나무를 심었으며 물을 동산 꼭대기까지 끌어올려 밑으로 흘르게 하였는데, 멀리서 보면 마치 공중에 떠 있는 것같이 보여 공중 정원(Hanging Gardens) 이라고 부른다. 이를 묘사한 그림에는 배경에 바벨탑 모양의 건축물이 같이 등장한다. 현 이라크 지역의 과거 유물로 이런 바벨탑 모양의 건물들이 종종 나타나곤 하는데, 이는 바벨탑의 역사적 증거라기보다는 이 지역이 천문학적 관측에 관심이 많았음을 증거하고 있다.

바빌론에 끌려간 유대인들 중 다니엘은 이국 환경과 이에 따르는 영적 어려움을 잘 이겨내고 자신을 포로로 잡아간 왕의 궁전에서 활약한 이야기로 유명한 인물이다. 이런 인물의 특색은 지속되는 방랑 생활 속에서 끈질긴 생명력과 총명한 인재로 비추어지는 유대인의 전형적 모습으로 그려지기도 한다.

다니엘은 느브갓네살왕과의 영적 싸움에서 이방 신과 우상 앞에 굴하지 않는 모습을 보여주며 신적 도움으로 위기에서 탈출하는 모습을 보여주고 있다. 그는 자신을 이방 왕의 진미와 포도주로 더럽히지 않았고 금으로 만든 신상에 결코 절하지 아니하였다. 다니엘의 세 친구들은 뜨거운 용광로에서도 천사와 함께 살아남았고 다니엘 자신 사자굴 속에 던져졌으나 전혀 피해를 입지 아니하였다.

다니엘은 꿈과 많은 관련을 가지고 있다. 성경에는 요셉이 바로의 꿈을 해석해주는 장면을 비롯하여 꿈에 관한 많이 이야기가 나오고 있고 다니엘도 이런 꿈과 관련된 인물들 중 하나이다. 느브갓네살왕의 꿈을 두 번씩이나 해석해 줌으로써 다니엘은 왕으로부터 깊은 신임을 받을 뿐 아니라 이로 인하여 왕은 '다니엘의 하나님'을 찬양한다. 우리는 우리의 행실로 우리가 섬기는 하나님이 영광 받도록 해야 한다.

벨사살왕은 신바빌로니아 왕국 마지막 왕인 나보니두스의 아들이며 아버지 아래에서 위임통치를 하였다. 벨사살은 용사로서는 훌륭한 장군이었지만 정치에는 그리 밝지 못하였다. 어느 날 벨사살은 일천 명이나 되는 많은 사람들을 위해 잔치를 벌이다가 느브갓네살이 유다왕국을 멸할 때 성전을 허물며 가져온 금과 은으로 된 잔을 가져오라 명한다. 아마도 잔치의 흥이 점차 익어가자 궁에서 가장 귀하다고 여겨지는 명품을 가져와 여기에 술을 마시려는 왕의 생각이었을 것이다.

그러나 이 잔들은 예루살렘 성전에서 사용하였던 거룩하고 귀한 물건

벨사살의 축제. 렘브란트 작, 런던 국립미술관.

으로 이렇게 결코 다루어져서는 안 되는 성스러운 물품이었다. 수많은 후궁들과 궁녀들 그리고 귀족들과 함께 왕은 성스러운 잔에 술을 마시고는

그들도 잘 알지 못하는 금, 은, 동, 철, 목, 석으로 만든 신들을 찬양하는 행태에 빠진다. 그러나 이런 타락하고 흥청거리는 순간도 잠시였고 벨사살왕은 갑자기 소스라치게 놀란다. 벽에 글자가 써지는데 촛대 반대편을 보니 사람의 손가락만이 나타나 글을 쓰는 것이었다.

왕은 너무나 놀라 얼굴이 창백해지고 또한 다리를 사시나무 떨듯 부딪힐 정도로 놀랐다. 왕은 누구든 이 벽에 의문의 손에 의하여 쓰인 글자를 해석할 자를 찾으나 박사, 점성가, 술사 등 아무도 이를 해석하지 못하였다. 결국 이를 해결한 것은 왕후의 추천으로 불려온 다니엘이었다.

대왕 느부갓네살도 여러 어려움을 겪으며 하나님의 존귀함을 깨달았으나, 벨사살은 이를 깨닫지 못하고 성물에 술을 먹는 행태를 부렸으니 '메네 메네 데겔 우바르신 יסרפו לקת אנמ אנמ'이란 단어를 통하여 나라가 곧 멸망하고 메데와 바사 양편으로 나누어질 것이란 해석을 다니엘이 설명하였다. 이런 다니엘의 해석에 왕은 높은 직의 상징인 자색 옷을 입히고 금으로 치장케 하였지만 다니엘은 이에 만족해하지 않았으며, 그날 밤 벨사살은 숨을 거두고 말았다.

이 시기 동쪽에서는 바사왕국(페르시아)이 강성해졌으며 바사의 다리우스대제는 바빌론에서도 국내외 사정상 인기를 끌었고 신바빌로니아는 곧 멸망하게 된다.

14.

포로의 귀환

"이스라엘 자손들을 그 열조에게 준 그들의 땅으로 인도하여 들이리라"(렘 16:15). 예레미야 선지자의 예언대로 바빌론으로 끌려갔던 유대 백성들은 팔레스타인 고국의 땅으로 돌아오게 되었다. 유다를 멸망시킨 신 바빌로니아 왕국은 중원을 장악하는가 하였지만 한 세기도 못 채우는 90여 년 만에 바사왕 고레스에게 멸망하고 만다(BC 539).

일부 바빌론 사람들은 고레스를 비록 적이지만 '해방자'라 부르기도 하였으며, 그는 키루스 2세(Cyrus II of Persia) 또는 키루스 대제(Cyrus the Great)라 불리기도 하는데 고레스 원통(Cyrus Cylinder)에는 '세계 사방의 왕'이라고도 기록되어 있다. 훗날 헬레니즘의 영웅 알렉산더 대제도 고레스를 추앙하고 왕의 행적을 답습하였다고 할 만큼 영향력이 큰 인물이다. 바사국(페르시아) 고레스(Cyrus) 원년(BC 538)에 왕은 유대인들에게 고향으로 돌아가 성전을 재건하라는 칙령을 내렸고, 이는 유대인의 입장에서 본다면 예언의 현실화이자 하나님의 인도하심이었다.

이스라엘 백성들은 약 70여 년간의 포로생활을 청산하고 귀환하지만 한꺼번에 대이동을 한 것은 아니었다. 각처에 흩어져 살던 이들은 각기 자기 의사에 따라 3차에 걸쳐 고국 행에 오르는데, 이들은 그간 타향에 정착을 하였기에 일부는 계속 이방에 살기도 하였으며 이는 유다 디아스포라(Diaspora)를 형성하게 된다. 고향으로 돌아오는 그들에게는 귀향의 기쁨과 동시에 황폐한 예루살렘의 재건이라는 과업이 기다리고 있었다.

유대인들이 포로기간 동안 그들의 신분 성을 유지할 수 있었던 것이 있다면 그건 바로 자신들이 하나님의 백성으로 하나님으로부터 받은 언약을 지키며 언젠가 고향에 돌아가 성전에서 하나님께 예배를 드리는 소망이었다. 1차로 귀환한 스룹바벨은 학개와 스가랴 선지자 그리고 예수아의 도움을 받으며 성전을 재건하여 봉헌하고 유월절을 지킨다. 이 성전을 일명 스룹바벨 성전이라 부르기도 하며 이때부터를 제2성전시대로 구분한다.

학사 에스라에 의한 제2차 귀환은 BC458년경에 있었고, 이때 율법에 따라 유일신 신앙을 확립하는 신앙 부흥 운동이 활발히 전개되었다. 그는 포로 시대 열악한 환경에서도 평생 모세의 율법을 연구하였는데, 1차 귀환 발생 후 80년 만에 아닥사스다왕 7년차에 2차 귀환이 허락되었다. 그가 보기에 당시 직면한 문제는 다른 민족과의 통혼을 통하여 민족인식이 약화된 점으로, 그는 이를 매우 우려하였다. 그리하여 그는 더 이상의 혼혈을 방지하기 위하여 이방인과 결혼한 사람들의 아내를 돌려보내기까지 하였다. 하나님의 나라를 다시 회복하기 위한 노력으로 그는 하나님과 하나님의 백성 사이 매개점인 언약사상과 율법을 가르침으로 역사 속 하나님의 인도하심과 자신들의 신분(identity)을 확인하도록 하였다. 그래서 역사가들은 유대민족의 민족의식이 에스라 시기부터 확고히 서게 되었다고 보기도 한다.

3차 귀환 시 지도자는 바사왕 아닥사스다의 신임을 받던 느헤미야로 그는 왕이 마시는 술에 독이 들어 있는지를 점검하는 자였으며, 이 직무는 바빌로니아 왕궁에서 꽤 높은 직책에 해당하였다. 그는 예루살렘으로 돌아간 사람들로부터 성벽과 성문 등이 제대로 세워지지 않는다는 소식을 들은 후 하나님께 자신에게도 기회를 달라고 금식하며 기도를 하였다. 그의 슬픈 얼굴을 본 바사왕은 무슨 일인지를 물었고 자신의 희망을 고한 느헤미아는 마침내 귀환의 허락을 얻었으며 돌아가는 길을 적들로부터 보호받도록 군사적 도움까지도 받았다. 느헤미야는 마지막으로 고국으로 돌아가고자 하는 유대민족을 이끌고 귀향길에 올랐으며, 이는 2차 귀환 후 13년 만인 BC444년에 이루어졌다.

고레스 원통 (영국 대영박물관 소장)

고레스왕(키루스대제)의 치적이 적혀 있는 이 점토로 된 원통에는 왕이 잡혀온 사람들을 귀환시키고 성전을 회복케 함으로(비록 '유대인'이라고 명시하고 있지 않지만) 바빌론 전체 시민들의 생활을 향상시켰다고 적혀 있다.

바사국 유대 총독으로 부임한 그는 예루살렘 성곽 재건에 힘을 기울였다. 성벽 재건 시 사마리아로부터 온 반대자들에 맞서 옆구리에 칼을 차고 때론 전투를 하며 성벽을 재건한 끝에 52일 만에 완성하였다. 성벽의 완공은 거룩하고 구별된 나라로서 이스라엘의 재건을 의미하기도 한다.

1차 귀환 이후 2차 귀환 사이에 유대민족이 위기에 처한 상황을 페르시아의 왕비가 된 에스더가 민족을 구하며 '부림절'이라는 절기를 탄생시키기도 하는데 이는 구약성경 '에스더'서에 자세히 나와 있다. 당시 총리 하만이 유대민족을 모두 죽이려는 음모를 꾸미자 왕비인 에스더는 3일간의 단식 후 왕에게 하만의 음모를 폭로하고 백성을 구한다.

이는 하나님께서 비록 귀환하지 않는 백성들일지라도 그들을 사랑하시고 보호하시는 자상하신 하나님의 사역과 섭리를 그리고 있다. 에스더의 "죽으면 죽으리라"(에 4:16)라는 일사각오의 신앙심은 독자들로 하여금 마음의 중심을 곧게 세우게 한다. 에스더의 역사적 발생 연대에 대하여 요세푸스는 에스더 사건이 3차 포로귀환 이후에나 발생한 사건이라고 주장한다.

하나님의 백성들이 이처럼 멀고 먼 타향에서 돌아와 나라를 재건하고 율법으로 미래를 위한 훈련을 하고 있을 때 세계의 문명은 어떤 방향으로 돌아가고 있었는지 눈을 돌려 살펴보기로 한다.

15.

문명의 이동(그리스 문명)

지금까지는 인류의 탄생으로부터 문명의 기원이라 할 수 있는 4대강 중심의 문명사를 살펴보았고 이와 함께 이집트와 메소포타미아 사이에서 생존하면서 선민사상을 가지고 있었던 고대 이스라엘 민족의 역사를 주위 국제 정세와 함께 고찰하였다.

이렇게 4대강을 중심으로 전개된 고대 문명의 중심이 점차 유럽이라는 낯선 장소로 이동을 하였으니 이의 시초는 다름 아닌 그리스 문명이다. 4대강문명과 유럽과의 접촉점은 페르시아와 그리스 폴리스(도시국가) 간에 있었던 페르시아 전쟁에서 발생하였다.

그리스 문명은 펠로폰네소스 반도라는 유럽의 모퉁이에서 시작되었고, 이는 인류 문명사에 지대한 공헌을 하고 있어 지금도 우리는 그 영향력 하에 살고 있다고 할 수 있을 것이다. 그리스의 소도시들은 각각 법과 군대를 소유하며 독특한 도시국가(폴리스) 체제를 유지하고 있었다.

대표적 도시국가로는 아테네, 테베, 스파르타, 코린토스 등 약 200여 개의 폴리스가 운영되고 있었는데, 펠로폰네소스 지역은 평야지역이 드문 산악과 해상지역으로 이루어졌기에 이런 작은 규모의 많은 도시국가가 탄생할 수밖에 없었다. 이 폴리스들 중 아테네와 스파르타, 그리고 해상의 미케네가 그리스 문명의 주도적 역할을 하였다.

아테네의 경우 구성원들은 아크로폴리스 언덕 옆에 아고라라는 광장에 모여 국사를 의논하고 돌을 이용하여 투표를 하는 등 민주주의 제도의 시초 형태를 일찍이 가지고 있었다. 민중(데모스:demos)들로 구성된 시민단의 대표인 평의회가 정무를 맡음으로써 시민이 평등하게 국정에 참여하는 민주주의 즉, 민중이 권력을 갖는 체계였다. 이는 후에 로마의 민주정치 체제를 추구하는 원로원제도에 영향을 주었다.

아테네 시민들은 그들의 수호신이라 여기는 아테나여신을 모시기 위하여 파르테논 신전을 기원전 5세기에 건설하였다. 도리스식 건축양식(그리스의 기둥 모양에 따르는 분류)의 파르테논(처녀의 집이라는 뜻) 신전은 고대 그리스뿐만 아니라 고전 건축 예술의 최고봉으로 간주된다. 황금비율 디자인의 파르테논 신전은 유네스코 세계문화유산 1호이며 유네스코 심벌이 바로 이 건물을 아이콘화한 것이다.

아테네 파르테논 신전

스파르타는 강력한 군사훈련 내지 교육체계인 '스파르타식 교육'으로 유명하다. 이에는 그럴만한 이유가 있었다. 스파르타 자체가 이들을 구성하는 도리아인이 펠로폰네소스 반도에 침입하여 원주민들을 정복하면서 생성된 도시 국가였고, 정복자들은 더 많은 인구의 노예와 지역주민을 다스려야 하였기에 스파르타 지배층의 자녀들을 철저하게 강력한 지도자로 키워야만 했기 때문이다. 허약한 갓난아이들은 버려졌으며 아이가 7살이 되면 공동 교육소에서 엄격한 육체적 훈련과 애국적 교육을 받아야 하였다. 이렇게 장성한 스파르타인들은 나라를 위해서라면 언제든지 목숨을 버릴 각오가 되어 있었고 국가의 명령이 아닌 자의로 폴리스를 떠나면 탈주자로 사형을 당하기도 하였다.

이 외에도 코린토스, 미케네 등 수많은 도시국가들이 있었고 이런 폴리스들을 하나로 묶을 수 있었던 이벤트가 있었으니 이것이 곧 올림픽제전이다. 펠로폰네소스 서쪽에 위치한 올림피아의 제우스 신전에서 4년마다 열리는 올림피아 제전에는 모든 그리스 민족이 참가하였기에 이는 그리스 민족연합의 중심이 되는 역할을 하였다. 5일간의 체전기간 동안 각 경기의 우승자에게는 월계수관이 수여되는데, 월계수는 아폴로 신을 상징하기에 (그리스 신화 : 다프네를 사랑한 아폴로가 그를 구애하며 쫓아오자 다프네는 도망을 가다 월계수로 변함) 이 월계수관을 만들기 위해서는 양친이 생존한 아이가 금으로 만든 칼로 월계수 가지를 잘라 이를 사용하여야 했다. 이 월계수관은 후에 그리스문화를 그대로 받아들인 로마시대에 전장에서 승리하고 돌아오는 개선장군의 머리에 영광스럽게 올려지기도 한다.

올림픽 제전은 기원전 776년부터 시작하여 꾸준히 지속되었으며 로마시대까지 지속되다가 제국의 기독교 국교화 이후 이를 중지하게 된다. 이는 올림픽 제전에는 그리스의 신들을 숭배하는 의식이 포함되어 있었기에 기독교 국가에서 용납할 수 없었다. 하지만 19세기 이러한 제례의식을 생략한 근대 올림픽이 부활한다.

그리스 문명은 다른 문명들과 마찬가지로 여러 신들을 모시고 제사를 드리는 다신교 숭배 사상을 가지고 있었다. 이미 언급한 바와 같이 유일신 사상은 오직 유대인들만이 가진 독특한 문화이다. 그런데 그리스 신들의 모습에는 독특한 면이 있었다. 신들이 가족 구성원으로 이루어진 것이다. 이는 이집트의 신들과도 비슷하다 할 수 있겠지만 더 독특한 점은 신이 인간의 모습을 하고 있다는 점이다.

다른 지역의 신들은 대부분 동물의 모양이나 반인반수(半人半獸)의 모습을 하고 있다. 그러나 그리스인들은 그들이 섬기는 신들을 자신들과 똑같은 인간의 모습으로 형상화하였고 또 그 신들 간에는 인간들과 똑같은 의

지와 욕망, 심지어 사랑까지 나누는 희로애락이 있었다. 이러한 그리스 신들의 인간적인 모습은 후에 이 헬레니즘이 유대의 헤브라이즘과 접목을 이룰 때 묘한 공통점으로 떠오르

기도 한다. 이에 대한 자세한 이야기는 기독교 사상 초기 편에서 다시 논하기로 한다.

그리스 신들 중 최고의 신은 제우스이다. 재미있는 점은 제우스도 크로노스와 레아라는 부모 사이에서 태어난 신이다. 이러한 그리스 신화는 호메로스와 헤시오도스에 의하여 기원전 8세기경 기록되었으며, 이에 의하면 아버지 크로노스는 레아가 낳은 모든 아이들을 집어 삼키는데 레아가 제우스를 낳은 후 아이를 숨기고 돌덩이를 강보에 싸주자 크로노스는 이것도 집어삼킨다.

제우스는 장성하여 아버지로부터 지금까지 집어삼킨 모든 아이들이 구출하고 이들은 올림포스 산에 신들의 거점을 마련한다. 제우스는 이웃 티탄족을 무찌르고 메티스와 결혼해 딸을 낳는데 이 딸은 이미 성장한 상태로 전사의 신으로 태어나는 아테나이며 그가 바로 아테네의 수호신이다.

최고의 신 제우스는 헬레니즘 우상숭배의 대표적 신으로 후에 그리스가 팔레스타인을 정복 후 예루살렘 성전에 제우스 상을 세우기도 한다. 제우스의 아들 헤라클레스는 신화의 인물들 중 최고의 영웅으로 이상적 남자의 상으로 간주되기도 한다. 그래서 헤라클레스의 상은 남성다운 근육과 강한 의지의 모습을 하고 있기에 첫눈에 알아보기 쉬울 정도이다. 그의 신비로운 죽음과 부활 이야기는 후에 예수그리스도를 상징한다고 하는데 이는 좀 모호한 면이 있으나 세계문명의 공통점이란 면에서 인문학적으로 주목할 만하다.

아기 헤라클레스가 계모가 보낸 뱀을 제압하는 장면, 카피톨리네박물관, 로마

16.

그리스신화
(트로이전쟁)

그리스신화를 언급하는 것이 크리스천 인문학 강의에서 다소 이질감으로 여겨질 수가 있다. 그러나 기독교가 유대교적 근간에서 발생하였고 (최소한 역사적 전개의 측면에서) 특히 신구약 중간기에 유대인에 끼친 헬레니즘(그리스 문명의 확산)의 영향력은 지대하였기에 헬레니즘의 뿌리라 할 수 있는 그리스신화를 아는 것은 후에 나타날 기독교역사 전체의 문맥을 이해하는데 도움이 된다. 이는 마치 외국인이 한국을 이해하려면 한국이라면 누구나 알고 있는 춘향전, 홍길동전 등을 알아야 한국문화를 알 수 있는 바와 마찬가지이다.

수많은 그리스신화 중 두 가지만을 언급한다면 트로이전쟁과 오디피우스 설화라고 필자는 생각한다. 트로이전쟁사는 기원전 750년경 호메로스의 서사시 일리아스(Ilias)와 오디세이(Odyssey)에 나오는 전설적 이야기로 기원전 13세기에 있었던 미케네인의 트로이전쟁을 극화한 내용이다.

이는 신화로 간주되지만 19세기 독일의 고고학자 슐라이만(Heinrich Schliemann, 1822-1890)에 의하여 그 유적이 발견된 이후 이 전쟁이 실제로 발생한 역사적 사실로 일부 받아들여지기도 한다. 트로이전쟁이 신화이건 역사적 사건이던 트로이 전쟁사는 우리가 꼭 알고 넘어가야 하는 서양의 고전임에 틀림없다.

그리스 신화는 주로 신들의 이야기로 되어 있으며 여기에 인간의 중요성은 그리 크게 다루지 않고 있다. 신화에 의하면, 세상에 사람들이 너무 번성하여 혼잡하여지자 대지의 여신은 사람들을 너무 많이 짊어지게 되어 제우스신을 찾아가 인간의 짐을 덜어 달라고 요구하였고 이에 제우스는 많은 인간들을 한꺼번에 처리하기 위하여 트로이전쟁을 구상하였다.

불화의 여신 에리스는 신들의 세계에서 늘 인기가 없었고 아킬레스의 부모가 되는 펠레우스왕과 바다의 요정 테티스의 결혼식에 초대를 받지 못하였다. 이에 에리스는 골탕을 먹일 작정으로 '가장 아름다운 이에게'라고 적힌 황금사과를 연회장 안으로 집어 던졌다. 여기에 있던 세 여신들 (제우스의 아내 헤라, 전쟁의 여신 아테나, 미의 여신 아프로디테)은 누가 가장 아름다운지 제우스에게 물었으나 그는 결코 여자의 미모를 직접 비교하는 경솔한 행동을 하지 않았고 트로이 근처에 가면 양치기가 있으니 그가 판단해줄 거라고 책임을 미루었다.

그 양치기는 트로이의 왕자 파리스로, 예전에 파리스로 인하여 트로이가 멸망할 거라는 예언이 있었기에 그는 궁궐을 나와 양치기를 하고 있었다. 세 여신은 파리스를 찾아가 자신을 뽑아준다면 어떻게 하겠다는 각자의 조건들을 이야기하였고, 자신을 선택하면 세상에서 가장 아름다운 여인을 주겠다고 약속한 아프로디테에게 파리스는 황금사과를 주고 만다.

당시 세계 제일의 미녀는 제우스의 딸이자 스파르타의 왕비였던 헬레네였고, 아프로디테는 황금사과의 대가로 이들이 맺어지도록 인간의 일에 개입한다. 파리스는 곧 트로이의 평화사신으로 그리스로 가게 되었고 스파르타에서 헬레네를 보자마자 첫눈에 반한 파리스는 그를 유혹하여 트로이로 데려온다. 이에 그리스는 헬레네를 빼앗긴 메넬라오스와 그의 형 미케네의 왕인 아가멤논을 중심으로 아카이아 연맹을 형성하고 50척의 배와 수만 군대가 보복을 위하여 집결하였다.

예전 헬레네가 처녀시절 많은 영웅들이 그녀의 미모에 빠져 결혼을 원하자 '누구든 헬레네가 선택한 자를 우리는 지지한다.'라는 서약이 있었고, 이 서약의 효력과 함께 왕비를 빼앗김은 그리스 전체의 수치로 여기었기에 아카이아 연맹의 수만 군대는 트로이로 향하였다. 그러나 이들은 그리스에서 에게해 건너편 트로이(지금의 튀르키예 서부 해안)로 가는 바닷길을 몰라 엉뚱한 곳에 상륙하여 어이없이 실패하고 만다.

그 후 8년이 지나 아가멤논은 다시 군대를 모으는데 성공하고 다시 트로이를 향하는데 이번에는 순풍이 불지 않았다. 이에 예언자의 말대로 아가멤논은 자신의 딸을 제물로 바치는 비싼 대가를 치르고는 순풍을 얻어 트로이에 도착해 전쟁이 시작되었다. 그러나 아카이아 연맹과 트로이의 싸움은 올림포스의 신들이 양편으로 나뉘어 제각기 어느 한쪽을 후원하였기에 쉽게 승부가 나질 않았다.

헬레네가 파리스와 도망한 지 10년이 지나고 두 나라간 싸움이 지속되던 어느 날 그리스군 진영에 무서운 질병이 돌았다. 총사령관 아가멤논이 소유한 여종 크리세이스를 그의 부친이 돌려 달라 하였고 이를 거절하자 부친인 신관(神官)의 기도로 아폴로 신이 질병을 내린 것이다. 마침 아킬레스 장군이 아가멤논에게 여종을 돌려주어야 한다는 말을 전하러 오자 아가멤논은 아킬레스의 여종을 자신에게 달라는 조건을 내걸었고, 어이없는 아킬레스는 자신의 여종을 내어주며 앞으로 전장에 나가지 않겠다고 선언한다.

명장 아킬레스가 빠진 그리스 군은 연전연패하였고 이에 아킬레스의 친구 파트로클로스가 아킬레스의 갑옷을 입고 나아가 트로이와 싸웠다. 아킬레스가 다시 전장에 나온 줄 아는 그리스군은 사기충천하여 전세를 잡았으나 파트로클레스는 트로이의 용장 헥토르에게 전사하고 만다. 친구의 죽음을 애통해 하던 아킬레스는 다시 직접 전투에 참여하였고 헥토르를 죽이고는 죽은 시체를 전차에 매달고 트로이 성벽을 달렸다. 이후로

헥토르의 시체를 전차에 매달고 달리는 아킬레스

많은 군사들이 죽었고 아킬레스마저 파리스가 쏜 화살에 발목 힘줄을 맞아 허무하게 전사한다(지금도 가장 약한 부분을 '아킬레스 힘줄'이라 칭함).

오랜 전쟁으로 지친 그리스군은 오디세우스의 계략에 따라 거대한 목마를 만들어 그 안에 군사들을 숨기고는 거짓 퇴각을 하였다. 동시에 시논이란 자는 거짓 투항을 하며 트로이인들에게 설명하기를 이 목마는 아테나여신에게 바친 것으로 이 목마를 크게 만든 이유는 만일 목마가 트로이 성으로 들어가면 트로이 함락이 불가능하기 때문이라고 거짓 고하였다. 이에 트로이 사람들은 시논의 말을 믿고 성벽을 부수고 목마를 들이려 하였고, 트로이의 사제 라오콘은 목마를 성안에 들일 경우 저주가 올

트로이 목마의 입성. 지오바니 티에폴로, 1760. 런던국립미술관

것을 경고하였다.

이때 바다의 신 포세이돈이 두 마리의 독사를 보내 라오콘과 두 아들을 물어죽었다 (라오콘 군상). 드디어 목마가 트로이 성안에 안치되었고 사

람들은 술과 춤의 잔치를 벌인 후 곯아떨어지자 횃불 신호를 기점으로 목마 안에 숨어 있던 병사들과 돌아온 그리스군은 트로이를 쉽게 함락하였다. 남자는 죽이고 여자와 아이들은 노예로 삼았다.

파리스의 심판. 루벤스 1632~3 작. 런던 국립미술관. 세계 최초의 미인대회라 할 수 있는 신화를 작품화하였다. 누드모델이 금지되었던 당시 루벤스는 자신의 아내를 모델로 하여 각도만 다르게 스케치함으로써 세 여신을 표현하였다.

헬레네는 스파르타로 보내져 남편이자 왕인 메넬라오스 앞에 끌려 나오고, 메넬라오스는 배신과 질투로 헬레네를 죽이려 하지만 벌거벗은 우윳빛 피부의 헬레네 가슴을 보자 그에 매료되어 결국 그녀의 발밑에 꿇어앉고 만다.

사랑과 전쟁, 질투와 보복, 인간의 의지와 운명의 장난 등 모든 요소가 들어 있는 트로이전쟁사는 기원전 8세기 작품이지만 지금까지 수많은 인용과 후대에게 이야기의 넓은 지평을 제공함으로 인류에게 인간 자신에

라오콘과 두 아들, 일명 〈라오콘 군상〉. 로마 바티칸 박물관.
헬레니즘 최고의 예술작품들 중 하나로 인간 고통의 전형적 아이콘이다.

대하여 스스로 돌아보게 만드는 서양 고전 중의 고전이다.

강의 요점 : 신화로 보는 인간의 역사에 개입한 신들의 전쟁, 트로이.
기원전 8세기 작품이나 수많은 인용과 이야기의 넓은 지평 제공으로 인
류에게 인간 자신에 대하여 스스로 돌아보게 하는 서양 고전 중의 고전.

17.

페르시아 전쟁사

이스라엘 민족을 바벨론의 노예 생활로부터 해방시킨 바사왕 고레스 즉, 페르시아의 키루스대제(Cyrus the Great)는 수많은 업적을 이루며 30년간 통치하였고, 그의 아들 캄비세스는 아버지 때부터 숙원이었던 이집트를 정복하였으며, 3대 왕 다리우스 1세(재위 BC 552 - 486)는 인도 인더스강에서 에게해 북방까지 이르는 지역을 정복하며 페르시아 최고의 전성기를 누렸다.

행정조직 정비와 주요 도로 건설로 효율적 통치가 가능하여졌고 넓은 지배 지역을 속주로 나누어 총독을 파견하고 속주의 민족들에게는 언어와 풍습을 존중하는 관용 정책을 폈다. 이러한 광범위한 제국의 포용 정책은 그 후 판헬레니즘의 알렉산더대제와 로마의 팽창정책에서 그대로 답습되었다.

페르시아는 소아시아에 자리 잡고 있던 이오니아 폴리스들을 차례로 정복하였다. 페르시아의 지배하에 있던 폴리스들은 자유를 빼앗기고 무역 활동이 억제 당하자 밀레투스 폴리스를 중심으로 페르시아에 대항하였고 아테네가 이를 지원하였다. 이에 페르시아는 그리스 본토를 공격하여 두 진영 간 큰 전쟁이 발생하였으니, 이것이 페르시아전쟁이며 이 전쟁을 계기로 세계 문명의 중심이 중동에서 유럽으로 이동하게 된다.

페르시아의 다리우스 1세는 사위를 총사령관으로 보내어 그리스를 섬멸하려 하였으나 폭풍우를 만나 함선 300여 척이 파손되고 만 명이 넘는 군사가 물에 빠지는 등 참사로 일단 원정을 중단하였다. 2년 후 페르시아군은 잘 발달된 함선을 타고 20만 대군이 아테네 북동쪽 41.6km에 위치한 마라톤 평원에 도착하였다. 페르시아군의 입장에서 넓은 평원이 대군의 페르시아 기병에게 유리하다고 판단하였기 때문이다.

이에 비하여 아테네는 시즌의 문제로 스파르타의 지원을 받지 못하고 홀로 싸워야하였기에 병력의 규모는 3대 1로 불리한 상황이었다. 어쩌면 싸워야 질게 빤한 전투로도 보였다. 이때 의기소침하여 있는 병사들에게 데미스클레스가 소리쳤다.

"우리들의 사랑하는 아테네를 자유의 도시로 지켜내든지, 항복하여 시민들을 모두 노예로 만들든가는 모두 여러분의 생각에 달려 있다. 여러분은 항복하여 노예가 되기를 원하는가?"

그의 웅변은 항복을 주장하던 장군들을 굳은 각오로 일어서게 만들었고 총지휘관으로 밀티아데스가 선정되며 전열을 가다듬었다.

밀티아데스는 소수의 병력을 적진에 보내 페르시아 군을 안심하게 하고는 골짜기에서 매복하였다가 평원에 페르시아 군이 몰아닥치자 주공격 부대를 중앙이 아닌 양 날개에 배치하여 빠르게 양측에서 협공하였다.

이 전략으로 페르시아군은 그들이 자랑하는 궁수들과 기병대의 전력이 힘을 발휘하지 못하였고 이에 따라 가족과 조국을 지키려는 소수의 아테네군은 페르시아군 6,400명을 전사시키고 완전한 승리를 거두었다. 아테네군은 192명의 손실만 있을 뿐이었다.

바닷가에 정박한 배를 타고 도망하는 페르시아 군을 지켜보던 밀티아데스장군은 페이디피데스를 불렀다. 그는 전에 스파르타에 도움을 구하러 보냈던 전령으로 240km를 이틀에 완주한 경력이 있었다. 밀테스 장군은 페이디피데스에게 최대한 빨리 달려가 아테네 군사들이 마라톤전투에서 승리하였다고 전하라고 명한다. 그리고 페르시아 해군이 반도를 돌아 아테네로 쳐들어올지 모르니 이에 대비하라는 말도 전하라고 하였다. 이에 전령은 죽을힘을 다하여 쉬지 않고 달려 아테네에 도착하여 "네니케 카멘(νενικήκαμεν) : 우리가 이겼다"라는 메시지를 남기고 숨을 거두었다.

이어서 마라톤전투에서 승리한 아테네 군사들도 도시를 지키려 서둘러 복귀하였고, 페르시아 군대는 아테네를 향하여 항해하였으나 전열이 가다듬어지지 않아 일단 본국으로 퇴각하였다(BC 490). 이 승리의 소식을 전한 이야기를 기원으로 근대 올림픽에서 42.195km를 달리는 마라톤 경기가 시작되었다(정확히는 1908년 제4회 런던올림픽부터).

다리우스 1세는 이집트의 반란 등 내부 문제로 다시 군대를 보내지 못하고 다음 왕인 크세르크세스는 기원전 480년 30만 대군을 이끌고 직접 원정에 참여하였다. 이 3차 그리스 – 페르시아전쟁에는 그리스 폴리스들의 연맹이 형성되어 페르시아를 대적하였고 그중 주목할 만한 전투가 있었으니 스파르타 군대와 페르시아 군이 대치한 테르모필레전투이다.

그리스 연합군은 일단 테르모필레 협곡에서 페르시아군을 저지하며 근처 아르테미지움 해협에서 페르시아해군을 격파한다는 작전을 세웠다. 스파르타의 왕 레오니다스는 테르모필레('뜨거운 문'이라는 의미)라는 해안의 좁은 협곡에서 자신의 친위대 300명을 포함한 7천 명의 병사를 거느리고 진을 쳤다. 이에 비하여 페르시아군은 15만의 대군이 그리스로 들어가는 유일한 길목인 이 협곡에 집결하였다.

테모르필레 협곡은 지형이 험난하여 동쪽은 험한 바다 서쪽은 벼랑으

마라톤전투에서 페르시아 진영으로 뛰어드는 그리스 군단. 월터 크레인. 책 삽화

로 전차 한 대가 간신히 지날 수 있는 좁은 길이 3,200미터나 뻗어 있는
천연의 요새였다.

페르시아군은 4일간 정찰을 한 후 그리스군의 세력이 대단치 않음을 알고 5일째 공격을 개시해 왔다. 페르시아의 크세르크세스왕은 좁은 길을 통과하여야 하였기에 소수의 군사만을 보낼 수밖에 없었고 그리스군은 이를 잘 막아내었다. 페르시아의 궁수단이 후방에서 화살을 쏘아대자 수많은 화살로 하늘을 가릴 정도였고 이를 보며 스파르타의 왕은 "페르시아군의 화살이 태양을 가려 우리가 그늘에서 시원하게 싸움을 할 수 있으니 얼마나 감사한가!"라고 하였다고 한다.

싸움이 이틀간 별 진전 없이 진행되었고 페르시아군의 병력 손실이 계속되던 상황에서 3일째 이상한 일이 발생하였다. 에피아르테스 라는 돈에 눈이 먼 농부가 페르시아군을 찾아와 그리스군 후방에 이르는 숨은 지름길을 알려준 것이었다. 역사는 영웅의 이름과 함께 배반자의 이름도 영원히 기억한다.

베반자에 의하여 페르시아군이 전후방 양측에서 공격해 오자 스파르타왕 레오니다스는 대부분의 그리스군을 안전한 남쪽으로 대피시키고 테모르필레 협곡 사수를 결의한다. 그러나 왕과 300명의 친위대는 전장에서 절대 후퇴하지 않는 스파르타의 정신을 지키며 장렬히 전사하였고, 역사학자 헤로도투스는,

"그들은 마지막까지 손에 칼이 있는 자들은 칼로 이도 없는 자들은 맨손과 이빨로 저항하였다"

라고 기록하였다. 후에 이 싸움터에는 다음과 같은 글이 새겨진 비석이 세워졌다.

'나그네여, 가서 스파르타인에게 전하라. 우리들은 조국의 명령을 지켜 여기 잠들었노라'고.

이 테모르필레 전투는 고대에서 현대에 이르기까지 국토를 지키려는

애국적 전사들의 표본이 되어 왔고, 수적 열세에도 불구하고 훈련과 장비 등을 잘 이용하여 효율적 군사작전을 이끄는 아이콘이 되었다.

고대 술잔에 나타난 그리스 보병(우측)과 페르시아 전사(좌측)와의 싸움. 아테네 고고학 박물관

이후 그리스 군은 살라미스 해전에서 3:1 의 숫자적 열세에도 불구하고 페르시아 해군을 물리쳤고 플라타이아이 평원전투를 끝으로 20년간의 페르시아전쟁은 그리스의 승리로 끝난다. 페르시아는 패전 후 세력이 점차 약해졌고, 이에 비하여 그리스는 아테네를 중심으로 델로스 동맹이 형성되어 확고한 기반을 바탕으로 문화, 예술, 학문의 전성기를 맞게 되었다.

18.

그리스인의 신화적 인문주의와 종합학문인 철학

그리스인들은 신 중심의 시각적 세계관을 가지고 있었다. 인간은 이미 존재하고 있는 세계에 적응하며 살아야 하는 생명체 중 하나이고 이들은 훨씬 강한 능력을 지닌 신들의 힘에 의지하며 일상생활을 헤쳐 나가야 한다는 개념이 팽배하였다. 이런 이유로 그리스 신화 속 인간의 탄생에 관한 부분은 그리 중요하지 않게 느낄 정도로 묘사되고 있다.

인간 창조에 관해서는 제우스가 만든 금, 은, 청동의 인간들이 나타났다가 사라지고 철로 만들어진 인간이 현재 살고 있다고 함으로서 일종의 퇴행적 진행을 그리고 있다. 그러다 프로메테우스('먼저 생각하는 사람'이라는 의미)신이 진흙으로 인간을 만들고 생명의 숨결을 불어넣었으며 이들이 철을 다루도록 인간에게 불을 전해 준다. 제우스는 이런 금지된 행동을 한 프로메테우스에게 화가나 그를 코카서스 산중의 절벽에 매달고 독수리로부터 간을 쪼아 먹히는 형벌을 내린다. 프로메테우스는 불사신이었기에 밤이 되면 간이 회복되고 낮에는 독수리에게 간을 쪼아 먹히는 영원히 반복되는 형벌을 받게 되다가 후에 헤라클레스에 의해 구출된다.

이뿐만 아니라 제우스는 프로메테우스가 사랑하는 인간들에게 더 엄한 벌을 주기 위하여 여자를 창조하는데(프로메테우스는 남자만을 창조함) 이는 인류 최초의 여성인 판도라이다. 판도라의 몸은 대장간의 신 헤파이스토스가 만들고 미의 여신 아프로디테는 아름다움을, 상업의 신 헤르메스는 남성을 설득할 수 있는 기지를, 아폴론은 음악의 재능을 판도라에게 불어 넣었다.

〈판도라〉 존 윌리엄 작품, 1896.

인류에게 여성(판도라)은 아름답지만 나쁜 존재, 필요하지만 위협적인 존재인 그야말로 '아름다운 재앙'이었던 것이다. 동시에 제우스는 판도라에게 상자 하나를 선물로 주며 무슨 일이 있어도 절대 열지 말라고 당부하였다.

에피메테우스(프로메테우스의 동생)와 결혼한 판도라는 제우스의 선물을 경계하라는 프로메테우스의 경고를 무시하고 호기심에 상자를 열었고, 판도라의 상자가 열리는 순간 증오, 질투, 가난, 원한, 복수, 질병 등 장차 인류가 겪어야 할 재앙이 모두 나왔으며 이에 놀란 판도라는 순간 상자를 덮자 그 안에는 '희망'만이 남았다. 그래서 인간은 온갖 불행에 시달리면서도 희망만큼은 고이 간직하게 되었다 한다.

언뜻 보기에 그리스인의 사고 속에 나타난 그리스 신화는 매우 신 중심처럼 보이나 사실은 철저히 인간중심이고 이는 역으로 인간중심의 휴머니즘은 다시 신중심의 종교성과도 연결된다고 볼 수 있다. 인간중심의 신관을 가지고 있었던 그리스인들이었기에 그들에게서 합리적인 생각, 즉 이성의 맥락에서 사물을 보려는 철학이 발생한 것은 자연스러운 일이었다. 글 또는 출판의 검열은 주로 사제 계급이 시행하기 마련인데, 그리스에는 신들을 모시는 신전은 있었으나 사제 계급이 따로 없었기에 철학이 탄생하였다는 설명도 높은 설득력이 있다.

철학은 사물에 대하여 이성을 바탕으로 하는 논리적 분석 즉, 로고스(logos)로 지혜를 추구하고 이런 로고스에 헌신하여 진리를 추구함을 말한다. 기원전 580년경 밀레토스(소아시아의 서부 해안에 위치)의 탈레스 등 초기 철학자들은 세상을 관찰하다가, 변화에는 그 변화를 일으키며 동시에 그 자체는 변하지 않는 존재가 있을 거라 생각하였고, 수많은 사물들의 배후에는 어떤 통일성, 즉 피상적 다수성에 의해 가려지는 일자(Oneness)가 있다고 보았다.

이와 관련하여 그들은 세상이 공기, 불, 물, 흙의 요소로 구성되어 있다고 주장하였다. 그런데 이 네 가지 요소들 중 어느 것이 그 궁극적 원질일까 하는 문제에 부딪쳤고 이는 '규정할 수 없는 무한한 것'일 거로 추측하였다. 왜냐하면 예를 들어 물과 불은 서로 대립되는 성질을 가졌기 때문이다. 그리고 사물은 파괴될 때 그 원천으로 돌아가고자 하는 속성이 있고 이 세계의 사물들도 그리 될 것이며, 이 소용돌이 속에서 무한히 회전할 거라고 생각하였다. 이는 로고스(이성적 합리적 생각)와 함께 미토스(신화)

적 요소를 담고 있다. 이런 원시적 철학의 밀레토스학파는 그리스와 페르시아 사이의 전쟁으로 종말을 맞는다. 이후 만물을 수(數)로 본 피타고라스 시대를 거쳐 아테네를 중심으로 활동한 궤변가 그룹이라 일컫는 소피스트 시대를 맞이한다.

도시를 옮겨 다니며 강의를 하고 수업료를 받았던 소피스트들은 진리에 대하여 말하기보다는 권력과 설득에 치중한 것이어서 회의주의의 냉소적 정서라는 시대상을 담고 있다(이는 사실 플라톤에 의한 왜곡된 표현). 그러나 프로타고라스의 '인간은 만물의 척도'라는 명제와 함께 인간에 대한 중요성을 인식하고, 철학의 관찰 대상이 자연에서 인간으로 전이하며 인간을 자의식적인 존재로 보기 시작하였다. 이런 소피스트들이 활동하였던 시기에 우리에게 너무나 잘 알려져 있는 소크라테스가 등장하게 된다.

그는 소위 산파술이란 방법으로 사람들에게 질문을 계속하여 스스로 아는 것이 없음을 깨닫게 만든다. 이렇게 사람들에게 자신들의 무지를 인정하게 만들고 나아가 진리를 추구하도록 유도하는 것이다. 소크라테스 자신도 아는 것이 아무것이 없다고 인정하였으며, 델피의 신탁(그리스 예언제도로 무녀가 답을 함)도 이런 이유에서인지 소크라테스를 가장 현명한 사람이라 지칭하였다 한다.

"너 자신을 알라!"라는 말로 유명한 소크라테스지만 실제로 이는 델피의 신전에 쓰여 있던 문구로 소크라테스가 매우 좋아하였다 한다. 소크라테스의 기괴한 행동들과(천재들의 행동은 대부분 기괴함) 지도층에 대한 공격 때문에 그는 젊은이들을 타락시킨다는 혐의를 받았고, 재판석에 선 그는 선처를 빌기는커녕 그들의 무지에 대하여 일장 연설을 하였다. 그에게 배심원들은 280대 220의 찬성으로 사형이 언도되었고, 주위 사람들은 간수를 매수하여 탈출하도록 그를 종용하였으나 소크라테스는 유명한 '악법도 법이다'라는 말을 남기고 독배를 들고 세상을 떠났다. 그는 만일 자신이 탈옥을 한다면 목숨은 잠시 보전하겠지만 스스로 모든 법의 적임을 천명하는 셈이 된다고 말하며 죽는 순간까지 친구들과 철학 토론을 벌였다. 이로써 소크라테스는 죽음으로 진리를 수호하는 상징이 되었다.

〈소크라테스의 죽음〉 다비드 작, 1787, 뉴욕시립 예술박물관 소장

　　19세기 신고전파 화가 다비드가 그린 〈소크라테스의 죽음〉에 나타난 소크라테스의 모습은 스승의 죽음을 앞두고 비통에 빠진 제자들의 모습과는 달리 스스로 독배를 건네 받고는 계속 진리를 외치며 이상세계를 가르치듯 왼손으로 하늘을 가리키고 있다. 왼편에 벽을 향하여 침울히 앉아 있는 자가 제자 플라톤인데, 다비드는 플라톤을 당시 나이보다 많게 그림으로 그의 고뇌를 형상화한 듯하다. 악처로 유명한 크산티페는 남편의 행동이 끝까지 이해가 되지 않는 듯 감옥을 빠져나가고 있다.

"사람들은 죽음에 대하여 지혜가 전혀 없으면서 죽음에 대한 지혜를 가지고 있는 것처럼 생각하기에 죽음을 두려워한다"라고 한 소크라테스 자신은 죽음에 대한 지혜가 전혀 없었기에 죽음을 두려워하지 않았다는 '무지의 자각'을 나타내는 장면이기도 하다. 스승이 몰랐던 사후의 세계를 그의 제자인 플라톤과 아리스토텔레스는 어떻게 풀었을까?

강의 요점 : 신 중심의 세계관을 가진 그리스인들은 신화 속에서도 신에 의한 세상의 움직임을 표현하였다. 그리스 신들은 절대적 주권의 신이라기보다는 인간의 희로애락, 애정과 경쟁이 공존하는 휴머니즘의 서사시로 나타난다. 이런 인간 중심의 분위기에서 합리적 이성에 의한 자연관찰과 인간 자신에 대한 고찰로 종합학문인 철학이 탄생하고 이는 인류 사고방식의 틀을 제시하고 있다.

19.

서양문명의 기본적 사고체계 틀을 제공한
플라톤과 아리스토텔레스

소크라테스는 유명한 철학자이나 그는 저서를 단 한 권도 남기지 않았다. 그렇다면 그의 사상을 어떻게 알 수 있을까? 이는 그의 제자 플라톤의 글을 통하여 짐작할 수 있다.

사실 소크라테스의 죽음은 그가 소피스트들의 수사학에 대한 도전이자 엘리트 계급에 대한 책망의 결과였고 아테네 민주제도의 근간을 이루는 연설 정치에 대한 공격이었기에 순수 진리를 추구하던 그가 자초한 결말이라 볼 수도 있겠다. 이런 소피스트들에 대하여 소크라테스의 제자 플라톤은 그의 저서에서 계속 비하 공격하였고 이런 이유에서 소피스트들은 궤변론자로 인식되었다. 그러면 플라톤은 스승의 죽음을 어떻게 그리며 그 속에서 어떤 진리를 발견하려 하였을까? 이에 대한 답의 일면은 다음 기술되는 그의 '동굴의 일화'에서 볼 수 있다.

동굴에는 죄수들이 기둥에 묶여 한쪽 방향만을 바라보고 살고 있었다. 그 반대편에는 모닥불이 있고 그 중간에는 통로가 있어 이곳을 사람들이 떠들며 지나다니면 죄수들은 벽에 비친 그림자를 보면서 그 그림자가 실체이고 그림자가 이야기를 하는 줄 알고 살고 있었다. 그러던 어느 날 이

죄수들 중 한 명이 우연히 풀려나게 되고, 손발이 자유로워진 죄수는 벽에 비친 그림자가 실상이 아닌 허상임을 깨닫고 그 실상이 따로 있음을 알게 된다. 나아가 동굴 밖으로 나와 태양을 바라본 그는 모든 생명의 근원이 있음을 깨닫게 된다. 이에 죄수는 동굴로 돌아와 동료 죄수들을 풀어주며 우리가 믿고 있었던 것들이 허상이며 진리는 다른 곳에 있다는 이야기를 하니 그의 친구 죄수들은 그가 자신들의 환상과 질서를 깨는 정신병자라 하며 그를 잡아 죽였다는 이야기이다.

동굴의 일화. 4edges, 2018. Wikimedia

이 동굴의 일화에서 플라톤은 다분히 스승 소크라테스의 죽음을 비유적으로 말하고 있으나 그 속에서 '이데아'라는 진리의 이상적 세계와 현상계, 즉 진리의 그림자인 현실 세계의 가르침을 말하고 있다. 벽에 비친 그림자는 실상이 아닌 빛에 의하여 투영되는 환영일 뿐인데 사람들이 이를 알아차리기에는 힘이 든다는 교훈이다. 예를 들어 개(dog)의 이상적 모습은 이데아의 세계에 정말 대단하고 완벽한 모습의 개가 있을 것이다. 그러나 그러한 완벽한 개는 이 세상에는 존재하지 않고 다양하고 크고 작은 개들이 현실 세계에서는 존재하는 것이다.

나아가 플라톤은 이 세상의 물질세계는 진실이 아니며 진실한 세계의 모방 내지 카피물이라 주장하였다. 어쩌면 우리가 살고 있는 세상은 진실이 아니며 잠시 머무르는 것이고 영원하고 진실된 이데아의 세계로 우리는 귀의한다는 사상이다. 이는 기독교 사상과 밀접한 유사성이 있으며, 실제로 후에 신플라톤주의 철학자들이 기독교인이 되어 기독교 사상을 정리하게 된다. 이에 대한 이야기는 추후에 자세히 다루기로 한다.

플라톤의 이런 이데아 사상은 그의 '이상 국가론'으로 연결된다. 인간의 영혼은 이성, 감성, 욕구라는 세 가지 측면이 있듯이 이는 각각 지혜, 용기, 절제가 따르고 이로써 정의가 이루어지며 이 네 가지를 4주덕이라 한다. 국가의 경우 지혜로운 통치자가 있어야 하고 용기 있는 수호자 가 있어야 하며 욕망을 절제할 줄 아는 노동자가 있기 마련인데, 이성이 지배하는 지혜로운 통치는 바로 철학자의 몫으로 철학자가 나라를 다스리는 철인정치를 플라톤은 주장하고 있다. 이는 소수 엘리트주의로 볼 수도 있으며 당시 그리스의 민주정치와는 다른 개념이었다.

플라톤은 인류최초의 학교라 할 수 있는 아카데미(Academy)를 설립하여 후배들을 양성하였고 아리스토텔레스는 그의 수제자였다. 스승의 뒤를 이어 아카데미를 통해 후배들에게 진리를 전파할 생각이었던 아리스토텔레스는 스승 플라톤이 후계자를 그의 조카로 임명하자 아테네를 떠나 고향 마케도니아로 돌아와 리케이온(Lykeion)이라는 학원을 설립하고 자신의 학문을 발전시켰다. 그러하기에 아리스토텔레스는 스승 플라톤의 사상도 일부 포함하지만, 자신만의 독특한 세계관이 들어있다.

플라톤이 이상향을 향한 초월적 사상을 가지고 있었다면 아리스토텔레스는 현실에서 진리를 추구하였다고 볼 수 있다. 저 멀리 이상향의 세계에만 진실이 존재하는 것이 아닌 우리 주위의 개체에 진리가 들어있고 또 우리는 사물들을 유심히 관찰함으로써 그 보편적 현상 속에 퍼져있는 진리를 추구할 수가 있다는 것이다. 플라톤의 이원론적 세계관에 비하여 아리스토텔레스에게 세계는 오직 하나였다.

이를 잠시 철학 용어를 빌려 설명하면 다음과 같다. '형상'이란 보편적인 사물의 본질이며 '질료'는 개체화의 원리라 할 수 있다. 예를 들어 찰흙으로 고양이를 빚는다면 고양이 라는 개념은 '형상인'이고 찰흙은 '질료인'이 되는 것이다. 플라톤의 입장으로 설명하자면, 고양이라는 이상적 이미지상의 형상을 염두에 두고 흙으로 비슷한 모양을 만들어 내기에 조각가의 재능과 컨디션에 따라 여러 가지 고양이 모습이 만들어 질 수 있을 것이다. 그러하기에 그 이상적 고양이의 상이 현실화되기는 어려운 것이다. 이에 반해 아리스토텔레스는 한 작가가 만든 고양이 상은 찰흙과 고양이의 이미지가 혼합하여 이루어진 것이고 이 때문에 찰흙으로 만든 고양이상을 결코 둘로 나눌 수 없다는 것이다. 즉 형상과 질료는 따로 존재하는 것이 아닌 하나의 실체를 이루고 있다는 것이 아리스토텔레스의 입장이다. (이는 역사신학을 다루는 필자의 입장에서 형상과 질료의 개인적 설명)

이런 개념과 부합하여 변화하는 물체 또는 움직이는 물체에는 어떤 동력이 가해져야 움직임이 있는 것인데 이런 동력의 동력 즉 움직이게 하는 최초의 동력이 있을 것이다. 그리고 사물들은 모두 아름다움을 추구하기 마련인데 최고의 아름다움 내지 선(good)을 갖춘 완전태가 만물의 텔로스(목적)로 존재하며, 이런 완전태 내지는 최초의 동력을 '원동자'라 한다. 이런 자신은 변하지 않으면서 만물을 변하게 하는 부동의 원동자를 아리스토텔레스는 신이라 보았다. 그러하기에 신의 개념적 차원에서 본다면, 플라톤의 일자(Oneness)는 후에 신플라톤주의의 귀의 법칙에 의하여 유대-기독교적 하나님과 설명이 비슷할 수 있지만 아리스토텔레스의 부동의 원동자 개념은 비인격적이고 과학적 성향의 신에 대한 설명이다. 학술적 측면에서 그렇다는 필자의 의견이다.

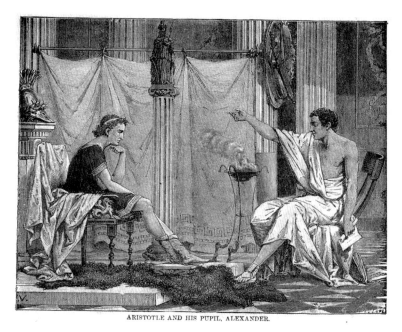

ARISTOTLE AND HIS PUPIL, ALEXANDER.

장래 정복왕 알렉산더를 가르치는 아리스토텔레스. 찰스 라플란테, 1866

플라톤주의는 후대 기독교의 확산에 따라 종교성의 설명에 매우 유용하게 이용되었다. 이에 반해 아리스토텔레스는 그 특색인 논리성, 과학성으로 잠시 기독교 문명에서 홀대받다가 비잔틴 문명과 중동지역에서 주목을 받았으며, 중세 중반기 이후 서구의 아리스토텔레스 사상의 부활로 스콜라철학이 발생하여 새로운 형태의 하나님에 대한 설명이 시도되었다.

아리스토텔레스 사상이 환영을 받은 중동지역에서는 중세 시대에 상당한 과학 발전이 이루어지고 이런 기풍이 십자군 전쟁을 기화로 유럽에 도입되면서 르네상스 시대를 맞이하기도 한다. 이에 대한 설명은 간단하지 않기에 차츰 풀어나가기로 하고, 오늘 주제인 플라톤과 아리스토텔레스 사고의 특징만이라도 우리가 알아 둔다면 향후 전개될 기독교 사상과 문명의 변화 이해에 많은 도움이 될 것이다.

플라톤과 아리스토텔레스. 라파엘 작 〈아테네 학당〉의 부분

강의 요점:

그리스 아테네에서 탄생한 소크라테스의 제자, 플라톤과, 아리스토텔레스. 플라톤이 추구한 이상적 '이데아'의 세계와 현실에서 진리를 추구하였던 아리스토텔레스의 논리적, 과학적 윤리철학의 두 학파는 차후 시대의 흐름에 따라 두 사고방식이 교차로 때로는 혼합적으로 나타나며 인류 문명사 특색이 전개되어간다.

20.

알렉산더 대왕과 판헬레니즘

그리스와 페르시아 간의 전쟁으로 4대강을 중심으로 한 인류 초기의 문명 중심지는 점차 유럽으로 이동하였고, 전쟁의 결과 페르시아는 차츰 그 세력이 쇠퇴하여 갔으나 그리스는 아테네를 중심으로 하는 델로스 동맹을 맺고 파워의 중심에서 그 전성기를 누리며 인류 문명의 중심지로 자리를 잡게 된다. 더구나 이전 회에서 보았던 그리스 철학은 인류의 사고적 체계의 근간을 명료하게 제공하며 이에 따르는 추후 문명의 흐름에 큰 이정표를 제시한다.

델로스동맹을 근간으로 그리스의 패권을 차지하며 중심적 영향력을 발휘하던 아테네는 주변국들에서 버거운 세금을 거두어 점차 원망을 사게되고, 경쟁 상대였던 스파르타와 패권 전쟁을 하게 되니 이를 펠로폰네소스 전쟁이라 한다. 아테네는 알키비아데스라는 무분별하고 기회주의인 자에 의하여 국력이 기울더니 결국 스파르타에 27년 만에 정복당하고 만다(전쟁의 자세한 내용 생략). 아테네를 함락한 스파르타군은 지역의 주 농작물인 올리브나무를 완전히 베어 버렸다. 올리브가 열매를 맺으려면 묘목을 심은 후 10년을 기다려야 함을 감안하면 참으로 비열한 행위였다. 그러나 스파르타의 패권도 오래 가지 못하고 테베와 각축을 벌이는가 싶더니 결국 폴리스들은 서로 간의 오랜 전쟁으로 피폐해진다.

　그리스 폴리스들이 자리 잡고 있던 반도의 북방에 위치한 마케도니아에서 시대를 이끌 거대한 영웅이 탄생한다. 왕 필립 2세(재위 BC 359-336)는 그리스의 폴리스들을 차례로 정복하여 이들을 차곡차곡 마케도니아의 통솔 하에 놓았다. 그에게는 알렉산더(알렉산드로)라는 아들이 있었고 마침 고향에 와 있던 아리스토텔레스로 하여금 필립은 아들의 교육을 부탁하였다. 아리스토텔레스로부터 알렉산더는 보편주의사상을 포함한 총체적 인문주의를 사사 받게 된다.

　필립2세가 그리스의 폴리스들을 차차 정복하여 영향력을 넓히고 그의 이름을 딴 도시(신약성경에 나오는 빌립보)까지 탄생하자 야망의 아들 알렉산더는 "아버지는 내가 정복할 지역을 남겨 놓지 않는구나."라고 하였다 한다. 어느 날 마부들이 한 야생마를 사이에 두고 웅성거렸다. 부케팔로스라는 이 말은 사람 손에 길들여지지 않았기에 여기저기 마장을 날뛰고 있었고 이에 모두가 어찌할 바를 모르고 있었다. 이때 알렉산더는 그 말에게 다다가 고삐를 당기니 신기하게도 말이 온순해지는 것이 아닌가. 아버지 필립은 알렉산더에게 어떻게 그리 하였느냐고 묻자 대답하기를 "말은 자신의 그림자를 보고 놀라 날뛰고 있었기에 말머리를 잡아 태양을 향하게 하여 자신의 그림자를 보지 못하게 하였다"라고 대답하였다. 이에 필립은 "아들아! 너는 너에게 어울리는 더 큰 왕국을 찾아야겠구나. 마케도니아는 너에게 너무 작은 나라다"라고 하였다.

　제국건설이 잘 진행되던 어느 날 필립은 열병식 중 갑자기 군사 한 명이 달려들어 단검으로 찌르는 바람에 허무하게 죽고 알렉산더가 23세에 왕위에 올랐다.

　알렉산더는 스승 아리스토텔레스를 통하여 그리스 문화의 탁월함을 익히 알고 있었고 그의 부친이 꿈꿔 왔던 페르시아지역을 포함한 대제국건설이라는 야망을 펼치며 그리스 문명을 온 세계에 퍼트리려는 판헬레니즘(Pan-Hellenism)의 정책을 세웠다. 원정을 떠나기 전 알렉산더는 주위 친우들에게 자신이 가지고 있던 소중한 물품들을 나누어 주었다. 선물을 받은 친구들은 고마웠지만 모든 걸 나눠주는 알렉산더가 의아하여 물어 보았다: "우리에게 다 나누어 주고 나면 당신은 뭘 가지려오?" 그러자 알렉산더는 간단히 "난 희망을 품겠네"라 하였다 한다.

그는 평상시 사색가였으나 전투에서는 용장의 모습을 보여주었고, 스스로 생각하기에 왕으로서 뛰어나야 하며 남달라야 한다고 자신을 만들어 가면서도 병사들과는 친밀히 잘 어울릴 수 있는 성향을 소지하였다. 기원전 334년 알렉산더대제는 4만여 명의 군사와, 6천 기병대, 그리고 120척의 전함을 이끌고 헬레스폰트 해협을 건너며 원정길에 올랐다.

소아시아 땅에 들어선 그가 처음 찾은 곳은 어릴 적부터 읽어왔던 〈일리아스〉의 트로이전쟁 주인공 아킬레스의 무덤을 찾아 기름과 화관을 바치었다. 그에게 트로이 전쟁사는 반복하여 읽었던 전술의 교본이었던 것이다.

마케도니아의 군대는 엄격히 훈련된 정예부대였다. 긴 창인 사리사로 무장한 기병대 헤타이로이가 있었고, 팔랑크스(phalanx)라는 5.5미터의 사리사(sarissa) 창으로 형성된 페제타이로이 군대배열은 고슴도치처럼 창으로 무장한 배열이었기에 적들이 이들을 뚫지 못하였다. 이는 어른과 아이가 싸울 때 어른의 팔이 길어 아이가 짧은 팔로 아무리 몸부림쳐야 소용없는 원리와 같았다. 여기에 가스트라페테스라는 석궁을 개발하고, 헬레폴리스라는 움직이는 층계형 전투용 공성탑을 고안하여 소지하고 있어 적과 대치 시 구름다리를 설치하여 적 요새 침입이 가능하였다. 하지만 이들에게는 군량이 한 달 치 식량밖에 없었기에 100만 보병을 소유한 부강 페르시아는 전쟁이 초기에 자신들의 승리로 쉽게 끝날 것으로 예상하였으나 마케도니아 군대는 여전히 자신감으로 충만하였다.

페르시아 다리우스 3세와의 본격적 전투는 그라니코스에서 이루어졌다. 소아시아 그라니코스강에 방어진을 친 페르시아는 마케도니아 군대가 강을 건너오는 것을 기다리고 있었고, 황금투구에 하얀 깃털로 장식한 알렉산더 자신은 눈에 띄게 선두에 서서 말을 타고 강을 건넜다. 양측의 이목이 알렉산더에게 집중될 때 그리스의 나머지 군대가 돌격하였고 승기를 잡았다. 알렉산더는 다리우스를 쫓았으나 그는 도망하였고 이후 부딪칠 때마다 페르시아 왕은 계속 도주하였다. 첫 싸움에서 승리한 그리스 동맹군은 사기충천하여 마치 델피의 신탁 예언이 맞는 것처럼 그들에게는 패배가 없었다.

이수스 전투에서 페르시아의 다리우스 3세와 맞서 싸우는 알렉산더 대제와 애마 부케팔로스, 모자이크 일부, 파움하우스, 폼페이

　이수스 만에서 벌어진 이수스 전투에서 다리우스 3세는 알렉산더 대제가 결코 애송이 장군이 아님을 깨닫고 30만 대군으로 맞섰다. 알렉산더는 항상 다리우스를 사로잡기 위해 직접 그를 조준하여 공격하였다. 알렉산더는 공성전을 지휘하려 직접 공성 탑에 올라가 선두에서 싸웠고, 이번엔 다리우스 3세는 가족마저 버리고 도망쳐버렸다. 남은 페르시아 왕족을 포로로 잡았지만 알렉산더는 그들을 함부로 다루지 아니하고 정중히 예우하기도 하였다. 이중 다리우스의 딸인 스타테이라와 알렉산더는 후에 융화 정책으로 결혼하게 된다.

다리우스 가족을 정중히 대하는 알렉산더 대제. 파올로 베로네스, 1565-1570 작. 런던국립미술관

　이후 알렉산더는 이집트로 말을 돌려 이집트 정복에 나선다. 이집트 원정의 계기는 역사학자마다 해석이 다양하지만, 초기 출전 시 식량이 한 달치밖에 준비가 되지 못한 마케도니아 군대였기에 식량이 풍부한 곡창지대인 이집트로 잠시 페르시아와의 전쟁 도중 원정 루트를 바꾸었다는

주장이 설득력이 있다.

　이집트 원정은 전투라기보다 행진의 연속이었다. 페르시아의 압제에 신물이 난 이집트인들은 기원전 332년 알렉산더를 해방자라고 부르기까지 하며 그리스 동맹군을 노상에서 환영하였다. 알렉산더는 이집트 왕의 명칭인 파라오 칭호를 받았으며 아몬 신전에서는 '신의 아들'이라는 신탁까지 받아 그의 권위는 더할 나위 없이 높아졌다.

　그는 토양이 좋은 나일강 델타지역에 자신의 이름을 딴 신도시 알렉산드리아를 건설하였다. 실제로 알렉산더는 알렉산드리아라는 도시를 페르시아에도 여러 개 건설하였으나 이집트의 알렉산드리아가 가장 고도의 문명 도시가 되었고 후에 예루살렘 멸망 후 초기 기독교의 중심지가 되었다.

　강의 요점 : 알렉산더는 스승 아리스토텔레스를 통하여 그리스 문화의 탁월함을 익히 알고 있었고 그의 부친이 꿈꿔 왔던 페르시아지역을 포함한 대제국건설이라는 야망을 펼치며 그리스 문명을 온 세계에 퍼트리려는 판헬레니즘의 정책을 세웠고 이를 실행하였다.

21.

신구약 중간시기 헬레니즘의 팽창

이집트 원정을 행군하듯 대 성공리에 마친 알렉산더 대제는 다시 페르시아 영토로 돌아와 다리우스 3세 추격을 계속하였다. 바퀴에 칼날을 단 전차를 개발한 페르시아는 가우가멜라(현 이라크 지역)에서 이 전차단을 포함한 월등한 20만 대군이 그리스 연합군을 맞이하기 위하여 포진하고 있었다. 이곳은 드넓은 평원이었기에 페르시아에게 매우 유리한 지형이었다. 자신들에게 너무나 유리한 위치에 주둔한 페르시아군이었기에 이곳에서 알렉산더가 자신들과 무모하게 싸우리라는 것을 그리 기대하지 않았다. 그러나 이러한 조건에도 불구하고 자신들을 향하여 돌진해 오는 알렉산더 장군의 모습은 오히려 페르시아군에게 위협감을 더하였다.

그리스 연맹의 장수가 지형상의 불리함을 이유로 야습을 권유하자 알렉산더는 대답하길, "나는 승리하러 왔지 승리를 훔치러 온 게 아니다." 라고 말하고는 늦은 아침에 진격을 시작하였다. 적의 진영은 탄탄해 보이지만 작으나마 균열이 생겼을 때 여기로 돌격하면 승리를 얻을 거라고 확신한 알렉산더는 기회를 잡은 후 다리우스를 향해 돌진하였고, 페르시아 군대는 무모하게 쳐들어오는 그리스군의 뒤를 잡았으며 또 그리스 군은 페르시아의 뒤를 쫓는, 그야말로 꼬리에 꼬리를 문 형태의 전장이 형성되었다.

　결국 다리우스는 도망하였고, 페르시아는 자체 내분으로 인하여 왕은 멀리가지 못하여 반역을 꾀한 부하 베수스에 의해 살해당하고 만다. 하지만 알렉산더는 베수스를 붙잡아 처형한 후에 다리우스의 장례를 매우 후하게 치러주었고, 이로서 헬레니즘의 군대는 페르시아 모두를 접수하게 되었다.

　알렉산더는 이어서 동쪽으로 인도를 향하였다. 아마도 당시 그리스인들이 생각한 세계는 대륙을 실제보다 작게 생각하였고 갠지즈강을 세상의 끝으로 잘못 생각한 이유에서 세상의 끝을 정복하러 인도로 향하였을 것이라는 추측이다. 인도에는 강력한 코끼리부대가 버티고 있었으며 이는 천하무적같이 보였다. 이 거대한 동물을 대동한 군대를 무력화하는 방법으로 그리스군은 코끼리 앞쪽에 타고 있는 조련사를 먼저 노렸다. 조련사를 잃은 코끼리는 아무 방향으로나 나아갔고 피아구별을 하지 못하는 거대한 동물은 인도군에게도 많은 피해를 주게 된 것이다.

　인도 접경지역 강력한 군주인 포루스 왕과의 결전에서 승리한 알렉산더는 부하들의 동요로 더 이상 진군을 할 수가 없었다. 고향을 떠나온 지 너무 오래 되었으며, 전쟁 후 돌아올 영화를 누리기 위하여 전투를 계속하지만 이를 지속하다 보니 군사들의 불만이 나올 만도 하였다. 결국 이 히파시스 강에서 퇴각하여 육로와 해로로 귀환 길에 올랐다. 알렉산더 일행이 기원전 323년 느브갓네살왕의 궁전에 도착하여 휴식을 취하던 중 알렉산더는 32살의 젊은 나이로 열병에 걸려 허무하게 세상을 떠나고 말았다.

　영웅의 갑작스런 죽음에 그리스 장군들은 당황하였다. 영웅의 죽음도 그렇거니와 이렇게 넓게 확장해놓은 대국을 향후 누가 이끌어 갈 것인가라는 당면 문제가 떠올랐다. 알렉산더에게는 당장 이어갈 후손이 없었기에 정복된 나라들을 점차 장수들이 자연스레 나누어 가지게 되었다. 당시 전임자의 시신을 장례하는 자가 후임자 특권을 누리는 전통이 있었기에 알렉산더의 친구이자 장군인 프톨레마이우스는 알렉산더의 시신을 확보하곤 장례를 치렀다.(이는 장례문화에서 장자의 역할을 보면 이해할 수 있다.)

이집트를 중심으로 통치한 이 프톨레마이우스 왕조는 약 300년간 존속한다. 이외 메소포타미아와 아시아 지역을 차지한 셀레우코스 왕조, 마케도니아와 그리스 일부를 통치한 안티고누스 왕조가 있다. 유대인이 살았던 팔레스타인 지역은 프톨레마이우스와 셀레우코스의 접경으로 두 왕조의 통치를 번갈아 받음으로 말미암아 하나님의 백성에게는 고통이 배가하였다.

여기서 잠시 알렉산더 대왕의 원정을 통한 그 교훈 점을 살펴보도록 한다. 그 누구의 눈에도 알렉산더는 지혜와 용기, 그리고 넓은 포부를 지닌 장군 중의 장군 즉 영웅임에는 틀림이 없었다. 그의 좋은 점보다는 그의 행적 중 아쉬운 점에서 우리가 배울 것을 찾는다면 첫째로 그는 점점 초심을 잃었다는 사실이다. 그는 페르시아의 정복을 확신해 가면서부터 점차 향락을 선호하게 되어 낮부터 술을 마시는가 하면 여색을 탐하였다. 그리고 페르시아 궁궐식 예우를 그리스군에게 문화의 존중이라는 이름하에 도입함으로써 부하들로부터 반감을 사게 되었다. 주군에게 아시아식의 땅에 엎드려 예우를 갖추는 형식은 유럽인인 그리스인들에게는 쉽게 받아들이기가 어려웠던 모양이다.

그는 군사들에게 원정 후 장비 빛 승리의 영광을 약속하였으나 너무나 오래 지속된 전쟁은 군사들로 하여금 고향을 그리워하게 만들었고 일부 이탈을 초래하였다. 또 부하 장수들을 원만히 다스리거나 예우하지 못한 점이 있었는데, 그라니코스 전투에서 알렉산더 자신의 생명을 구하였던 충직한 장수 파르메니온을 그 아들의 반역을 의심하여 모두 처형한 일도 있었다. 그는 정복왕은 되었으나 정치를 통한 성군이 되지 못한 결과였다. 물론 알렉산더 사후 그의 전술과 전략은 군사 작전의 교본이 되었고 후에 로마군에 의해 대부분 수용되었다.

알렉산더 사후 그의 부하 장수들에 의한 신흥 왕조들 중 이집트를 중심으로 하는 프톨레마이우스 왕조를 눈여겨 볼만하다. 프톨레마이우스 장군은 알렉산더의 시신을 손수 거두었기에 계승의 정통성에 있어 유리하였고 그 세력으로는 초기 에게해 일부까지 장악하였으나 셀레우코스 왕조의 확장에 따라 점차 나일강 유역으로 축소되었다.

고대 알렉산드리아 도서관 상상도, 본 코르벤

프톨레마이우스 왕조는 문명적인 면에서 획기적 발전을 이루었다. 알렉산더 시기부터 숙원사업이었던 대규모 도서관을 완성하여 수많은 자료들을 모았다. 자료 모집의 열풍이 심하여 새로 만든 알렉산드리아 항구에 배가 들어오면 관원들은 배를 수색하여 그들이 가지고 있지 않은 새로운 책이나 서류가 발견되면 이를 빌려 달라하여 필사본을 만들고 돌려주었다고 한다.

히다스패스 전투에서 인도의 코끼리 부대와 싸우는 알렉산더 원정군, 안드레 카스테그네, 1898.

　원래 알렉산더는 원정 중 늘 학자와 기술자들을 데리고 다니며 그리스와 정복지와의 문화적 교류를 시도하고 그리스 문화로 정복지를 개화하

였기에 자료의 중요성을 알았고 이는 후에 알렉산드리아 도서관으로 현
실화되었다.(이는 근대 나폴레옹에서 유사점을 볼 수 있다.)

그러나 불행히도 당시의 자료들은 모두 소실되었다. 도서관의 파괴는
로마 아우렐리우스 황제시기에 일어났다고도 하고 훨씬 후인 7세기 이슬
람의 공격으로 완전 소실되었다는 설이 있다. 다양하고 방대한 량의 지식
이 한군데 모아졌다가 소실되었으니 참으로 안타까운 일이다. 일부 사학
자들은 "만일 알렉산드리아 도서관이 보존되었다면 인류의 역사가 다르게
씌어졌을지도 모른다."라고 할 정도였다.

또 하나의 프톨레마이우스 왕조의 작품이며 고대 7대 불가사의 중 하
나인 알렉산드리아 등대가 있다. 이는 돌을 쌓아올려 무려 100미터 높이
의 등대를 건축하여 당시뿐만 아니라 수세기 동안 인간이 만든 최고층의
건축물이었다. 이 등대는 당시 번성한 알렉산드리아 항구에 불을 밝혀 약
1,500년간 이곳을 지나는 배들의 항로를 안내하였다 하는데 10세기부터
13세기에 걸쳐 발생한 지진으로 소실되었다. 그러나 1968년 이후 잔해
가 바다 속에서 발견되어 현재 그 미스터리를 파헤치고 있다.

이러한 문명의 확산과 발전도 주목할 만하지만 300여년 지속된 프톨레
마이우스 왕조의 마지막 파라오(왕)인 클레오파트라는 예수가 이 세상에
오는 배경이 되는 로마 제국의 형성과 관련 중요하면서 흥미로운 역사적
사실을 말해주고 있다.

22.

헬레니즘 속에 방황한 유대민족

성경의 구약과 신약의 중간시대는 약 400년이란 공백 기간이 있으며 이 시기의 역사를 신구약 중간사라고 한다. 이 시기를 정확히 이해하는 것은 향후 기독교 탄생 후 기독교가 가질 성격과 그 향후 방향을 파악하는데 매우 중요하다.

유대인들에게 하나님의 백성이라는 선민사상이 있음을 이미 살펴보았다. 아브라함 이래 수많은 고난이 닥쳐왔지만 그때마다 하나님의 인도하심을 체험하였기에 그들에게 어려움이란 그들을 연단시키는 수단으로 여겨져 왔다. 애굽에서의 노예생활 이후 BC1450년경 모세의 인도 하에 출애굽한 사건, 바빌론 포로 생활을 마치고 기원전 530년경 팔레스타인에 복귀하여 성전을 재건한 일 등 모두 어려움과 고난 속에서 하나님의 인도하심을 그들은 깨달을 수 있었다.

이러한 하나님의 백성의 믿음은 시내산에서 받은 하나님과의 언약이 기초가 되었고 그들은 그래서 율법을 지킴으로 하나님과의 관계가 지속됨을 확인하였다. 우상을 멀리하고 하나님의 계명 하에 사는 것이 유대민족의 정체성으로 굳어져 왔으며 이러한 성향은 바빌론 유수 이후 더욱 강조되었다. 그래서 유대인들은 다른 민족과의 결혼을 기피하고 민족의 순수성을 유지하려 노력하였다.

이런 유대인들에게 헬레니즘 세력과 그 문명은 그리 호의적으로 작용을 하지 못하였다. 요세푸스(1세기 유대 역사가)에 의하면 알렉산더가 이집트 원정 전 유대 땅을 지날 때 그는 예루살렘 성전에 올라가 대제사장의 지시대로 하나님께 제사를 지냈으며 매 7년마다 유대인의 안식년에는 조공을 바치지 않아도 된다는 배려까지 하였다고 한다.

하지만 그리스 문화의 팽창정책에 유대인들은 당황하였다. 알렉산더와 그 후예들에 의하여 행하여진 언어, 문화, 관습, 통혼의 정책들은 헬레니즘 시대에 유대 사회를 흔들어 놓았다. 어린 나이에 토라를 외우던 유대 아이들은 그리스식 학교에서 올림픽 체전 준비를 하여야 했고 헬라 철학을 배워야 했다. 유대 민족에게 헬레니즘의 도입은 유대 사회를 이론과 실천 양면에서 나누어지게 만들었고, 어느 정도나 헬레니즘을 받아들여야 하는지에 관한 의견이 다르게 되었다.

유대인들 중 일부는 어느 정도 그리스 문화를 받아들이는 것은 유대인의 정체성을 유지하는 한 괜찮다고 생각한 반면, 다른 일부 사람들은 헬레니즘에 어떤 형태로든 동화되는 것은 하나님의 계명을 어기는 것이며 그의 진노를 초래한다고 믿었다. 이러한 헬레니즘에 대한 강경 반대파는 후에 바리새파로 형성된다.

유대지역이 프톨레마이우스 왕조의 지배하에 있을 때에는 종교적 존중을 받기도 하였다. 심지어 프톨레마이우스 2세인 필라델푸스의 요청으로 히브리어로 기록된 구약성경을 당시 공용어인 헬라어로 번역하여 디아스포라 유대인들이 읽기 쉽게 하는 배려까지도 하였는데 이를 70인 역이라 한다.

셉투아진트(Septuagint)라고도 불리는 70인 헬라어 번역본은 기독교 발생 후 초기 크리스천들이 예언의 성취를 인용하기 위하여 사용하였고, 일부 외경을 포함한 이 성경은 후에 로마 가톨릭과 개신교의 성경 차이가 되는 원인을 제공하기도 한다(이 부분 상세 설명은 성경의 형성 편에서 다시 논한다).

여러 강대국의 교착지인 팔레스타인 지역은 헬레니즘 왕국들인 프톨레마이우스와 셀레우코스 왕조 간의 세력 다툼으로 수난을 당하였고 BC 198년경부터 셀레우코스 왕조의 지배하에 놓이게 되면서 큰 시련의 시기를 맞는다. 셀레우코스의 안티오쿠스 3세가 신흥국 로마와의 전쟁에서 참패하고 막대한 배상금을 물어야 하자 나라 안의 신전들의 재산을 압류하게 되었고 예루살렘도 예외가 아니었다. 그 핍박은 안티오쿠스 4세 때 절정에 달한다.

국력을 회복하고 유프라테스로부터 시리아 지역까지 지배하던 그는 이집트 정복을 꿈꾸었으나 신흥대국 로마에 의하여 소망이 좌절되자 헬레니즘을 받아들이지 않았던 예루살렘에 그 책임을 전가하며 극악무도한 행패를 부렸다. 유대인에게 최고의 성스러운 장소인 예루살렘 성전에 제우스 신상을 세우고 그들이 절대 입에 대지 않는 돼지를 잡아 제사를 드렸다. 대제사장직을 사고팔게 함으로써 - 실제로 유대인들 내에서 안티오쿠스에게 대제사장직을 뇌물로 사고, 그리고 서로 죽이는 일도 발생함 - 유대 사회를 어지럽게 한 그는 할례를 실시한 유아들을 찾아 살해하고 제사장 수백 명을 묶어 누이고는 마차로 그 위를 지나게 함으로써 참혹하게 살해하였다. 시민들을 그는 제우스 상에 절하게 했으며 거부하는 자는 모두 살해하였다.

이러한 셀레우코스 왕조의 만행에 유대인 무리가 일어나 봉기하였으니, 이것이 마카비 형제의 난이다. 이는 안티오쿠스 4세의 종교탄압에 대한 저항이기도 하였지만 유대 사회 자체의 헬라식 유대인과 전통을 고집하는 유대인들 간의 대결이기도 하였다(역사학자별 해석의 차이). 마타디아스

하스몬이 셀레우코스 관리들과 우상 제물을 바치러 온 유대인들을 죽이고 광야로 나간 후 그의 셋째 아들 쥬다스 마카비의 인도 아래 게릴라전을 펼치고 셀레우코스를 물리친다. 이들은 기원전 164년 성전을 유대 방식으로 회복하고 막내 요나단 마카비를 대제사장으로 세운 뒤 하나님께 예물을 드렸으니 이를 기념한 절기가 하누카(Hanukkah; 일명 수전절)이다.

그리스군과 맞서는 쥬다스 마카비

랍비 문서에 의하면 마카비 동료들은 성전 회복 시 더럽혀지지 않은 한 병의 밀봉된 오일을 찾았고 이는 성전 촛대를 하루밖에 밝힐 수 없는 양이었다. 그러나 이 기름은 신기하게도 8일 동안이나 성전에 불을 밝혔고 그 사이 더 기름을 구하여 촛대를 꺼트리지 않을 수 있었다. 이 이야기는 후에 탈무드에 기록되어 있다.

마카비 형제들이 로마와의 친교로 독립하려 하자 유대와 관계를 지속하고 싶던 셀레우코스 왕조는 BC142년 세금을 면제해 주는 방식으로 유대 독립을 인정하였으니, 이는 유대가 나라를 잃고 바빌론으로 끌려간 후 444년 만에 다시 독립 국가를 이룬 셈이다. 이로써 유대는 다윗 왕조가 아닌 하스몬 왕조의 성립을 이루었다.

하스몬 왕조의 요한 힐카누스(재위 BC 134 -104)는 유대 근본주의 신앙에 고취되었던 인물로 하나님께서 팔레스타인 전체를 유대 기업으로 주셨다고 믿고 땅 전체의 회복에 나섰다. 사마리아 성을 포위하여 완전히 파괴하고 생존자는 모두 노예로 삼았으며 그리스식 도시인 북방의 스키토폴리스를 정복하여 불태웠다. 남방의 이두매(에돔) 지역을 정복한 힐카누스는 지역주민들을 이스라엘 역사상 처음으로 강제로 유대교로 개종시켰고 바리새인들의 반대가 있었으나 이들을 유대인으로 합병시켰다.

마카비 형제와 이후 하스몬 왕조의 이야기는 마카베오 상하에 나타나 있고, 이는 히브리 정경(Tanakh)에는 포함되어 있지 않지만 70인역(셉투아진트)에는 포함되어있다. 그래서 가톨릭과 동방정교 성경에서는 이를 읽을 수 있으나 대부분 개신교와 유대교에서 이를 외경으로 분류하고 있다.

힐카누스의 두 손

마카비 모습이 나타난 유대기금 우편, 1938

자인 힐카누스 2세와 아리스토불루스 2세의 권력 다툼으로 하스몬 왕조는 6년간의 내전으로 5만여 명이 죽는 사태가 계속되었다. 그러던 중 BC 63년 로마의 폼페이 장군의 개입에 의하여 예루살렘은 정복되어 결국 로마의 속주가 되었고 정복자는 힐카누스 2세를 대제사장으로 임명한다.

헤롯 대왕

안티파터라는 인물은 이두매인으로 강제적으로 유대교로 개종 당한 이두매 가문 출신이다. 하스몬 왕조에서 영향력을 발휘하였으며 힐카누스 2세의 추종자였던 그는 매우 정치적인 인물로 이집트에서 시저를 도왔던 공으로 세금을 거두는 권리를 부여받았다. 안티파터는 아들 헤롯을 갈릴리 영주로 지명하였고, BC 41년 로마 마크 안토니에 의하여 헤롯은 재차 영주로 지명된다.

안티고누스라는 자가 힐카누스 2세를 축출하자 헤롯은 로마로 도피하여 힐카누스 2세의 복귀를 호소하였고, 로마는 유대에 대한 관심이 높던 차에 헤롯을 로마원로원에 의하여 예상치 못한 '유대 왕'으로 임명한다. 3년간의 전쟁으로 로마군과 헤롯은 유대를 손에 넣고 헤로디안 왕조가 시작되니(BC 36 또는 37년) 그가 바로 예수가 이 땅에 오실 때 유아들을 학살한 헤롯대왕(Herod the Great)이다.

23.

로마의 발흥

세계 역사의 흐름은 강대국 내지 문화의 번영을 이룬 선발국과 이를 뒤이어 이어온 후발 주자에 의하여 흘러왔다. 아테네와 스파르타를 중심으로 한 그리스 문명과 또 연맹을 통한 강대 세력을 멀리서 사모해 왔던 무리들이 있었으니, 이들이 바로 이탈리아반도의 로마라는 조그만 도시에서 시작한 로마제국이다.

로마의 건국 신화는 잘 알려진 바와 같이 로물루스 형제로부터 시작한다. 트로이 용사 출신 아이네아스 자손으로 알려진 형제는 티베르 강가에 버려지고, 이들은 늑대의 젖을 먹고 자라나 성년이 된 후 도시를 건설하게 된다. 형제간 도시의 위치를 놓고 의견 차이로 다투다가 파라티네 언덕을 고집한 로물루스가 동생 레무스를 죽이고 고대 로마 도시를 건설하였다고 한다. 로마는 그 후 무력으로 팽창에 팽창을 거듭하여 지중해 패권을 차지하였으며, 이 과정에서 카르타고와의 전쟁인 포에니 전쟁사는 주목할 만하다.

당시 해상무역으로 지중해의 주도권을 쥐고 있던 카르타고 제국은 페니키아인이 세운 나라로 장사에 수완이 높았으나 정규군을 가지지 않고 용병에 주로 의존한 상업 국가였다. 이에 반해 신흥 로마는 BC 200년경 이탈리아반도를 장악하고 막강 군사력을 보유하고 있었다. 이들 간의 전쟁은 지리적으로 지중해 중간에 위치하였고 여러 문명이 융합되는 시칠리섬을 중심으로 시작되었다. 배를 이용한 해상 전에 유리한 카르타고였으나 로마군은 코르부스(*corvus*)라는 가교를 개발하여 두 개의 병선을 연결하여 로마군이 상대 카르타고 배에 상륙하여 백병전으로 제압하는 전술 등을 구사함으로 1차 포에니 전쟁에서 승리하였다(BC 241). 이로써 시칠리아는 로마의 속주가 되었고 카르타고는 엄청난 배상금을 물어야만 했다.

2차 전쟁은 한니발 장군이 코끼리부대를 이끌고 알프스를 넘은 일화로 유명하다. 현 스페인 지역인 이베리아반도를 거처 37마리의 코끼리를 이끌고 그는 알프스를 넘어 로마로 향하였다. 알프스를 넘자, 한니발의 군대는 보병 9만 명이 2만 명으로 줄고 코끼리는 1마리밖에 남지 않았으나 매우 희망적 다짐을 하며 서서히 공략을 하였다. 한니발의 지연작전에 로마 원로원은 기다리지 못하고 공격 명령을 내림으로 결국 칸나의 전투에서 한니발은 로마군 6만 명이 전사하는 대승리를 거두었다.

로마는 점차 다가오는 카르타고 군대에 겁을 먹었으나 카르타고 측에 문제가 발생한다. 본국에서는 한니발의 연전연승을 시기하는 정치 세력들이 한니발이 왕이 되려는 야심을 가지고 있다고 음모하며 추가 지원군을 보내기 꺼려하였고, 그사이 한니발은 로마를 포위하고 그들의 식량을 끊어 아사시키려 하였으나 오히려 로마는 에스파냐를 공격하여 한니발의 보급로를 차단하였다. 카르타고 본국에서는 이렇다 할 지원이 오질 않자, 한니발은 에스파냐에 있는 한니발의 동생에게 지원을 부탁하였고, 이들은 로마로 이동 중 로마군에게 기습당하였다.

전세를 잡은 로마의 스키피오 장군은 한니발의 고향인 카르타고를 공격하는 작전을 폈다. 로마 정복을 코앞에 둔 한니발은 귀환명령에 서둘러

본국에 돌아왔으나 자마전투에서 참패하였다(BC 202). 로마의 명장 스키
피오의 활약 덕분이었으며 카르타고의 모든 식민지는 로마로 넘어가고
말았다.

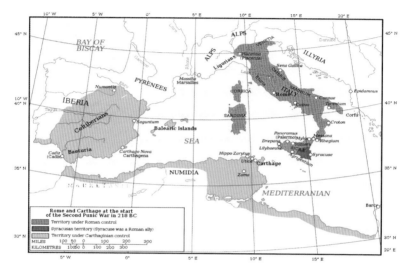

2차 포에니전쟁 시작 당시(BC 218) 로마와 카르타고 진영, wikipedia자료

누미디아 지방의 서포트를 받았던 카르타고는 누미디아가 로마와 친교
를 맺으며 새로운 국면을 맞는다. 2차 전쟁의 패배로 로마의 허락 없이
군사를 움직일 수 없었던 카르타고는 조약을 깨고 누미디아를 공격하였
고, 이를 기다린 로마 원로원은 카르타고를 완전히 지구상에서 지우려는
계획으로 그들을 노비로 삼고 도시를 새로 건설한다는 조건을 제시하지
만 카르타고는 이 굴욕적 조건을 받아들일 수 없었다. 모든 무기를 이미
내려놓은 카르타고는 여인들의 머리를 잘라 활시위를 만들며 항전하였으
나 도시는 로마군에 의하여 완전히 파괴되었고, 곡물을 짓는 농경지에 로
마는 소금을 뿌림으로 다시는 카르타고가 일어나지 못하게 만들었다

(BC 146).

무력으로 자란 로마는 그 문명적 기원을 그리스에 두고 있다. 그리스의 민주정치까지 받아들여 독재자나 황제가 아닌 원로원의 정치체제를 유지하려 하였는데 여기에 어긋날 정도의 힘과 시대의 조류가 로마로 하여금 황제 제도를 도입하게 만들었고 그 시작은 시저로부터 출발하였다.

BC 60년 로마를 이끌어 가는 3명의 지도자가 함께 정치를 하였으니 이를 삼두정치라 한다. 시저와 함께 폼페이, 그리고 크라수스가 나라를 이끌었는데 폼페이 장군은 이스라엘을 BC 63년도에 정복한 노장이었고 크라수스는 시민들을 중심으로 개혁을 단행하려다 실패한 인물이다.

로마를 로마답게 가꾼 인물이라면 시저를 손꼽고 싶다. 그는 정복을 통하여 로마의 영토를 넓혀갔는데 그중 갈리아, 지금의 프랑스 지방, 정벌은 그를 더욱 유명하게 만들었다. 갈리아 사람들은 로마의 라틴 민족보다 장신에다 잘 싸웠기에 정복하기가 쉽지 않았다. 시저는 갈리아 전투의 승리와 게르만족을 라인강 이북으로 퇴각시킴으로 명성이 매우 높아졌다. 국경 넘어 전령이 보내오는 시저의 연전연승 소식은 로마인들로 하여금 "시저! 시저!"를 외치게 했고 로마의 영웅 중 영웅으로 떠올랐다.

그러나 이러한 시저의 연속된 승리 소식에 고민하는 자들이 있었으니, 이들은 로마 원로원을 중심으로 하는 정치인들이었다. 그들에게는 영토의 확장보다는 한 개인의 독재가 더 염려스러웠던 모양이다. 그리하여 중앙정부는 시저로 하여금 그의 총독직 임기가 끝난 것을 이유로 군사 활동을 중단하고 로마로 돌아오라는 명령을 내린다. 삼두정치의 라이벌인 폼페이장군을 내세워 원로원은 사실 시저를 제거할 의도를 가지고 있었다.

일부 장수들이 시저의 곁을 떠난 상황에서 시저는 자신 곁에 끝까지 남아있던 충신 마크 안토니와 함께 군단을 이끌고 루비콘강을 건넌다. 루비콘강은 로마와 속주와의 국경으로 이곳을 건너 로마로 들어오려면 군사는 무장해제를 하여야 하지만 시저는 "주사위는 던져졌다!"라는 아테네 희극작가 메난더의 말을 인용하며 강을 건너 로마로 행군하였다.

시저가 군대를 이끌고 로마로 오고 있다는 소식에 로마시민들은 놀라 피란하였고 폼페이장군은 자신의 명령이 군사들에 통하지 않자, 후일을 기약하고 도망하였다. 로마로 들어오는 시저를 맞는 것은 황량한 바람뿐으로 시저는 무혈입성하게 된다(BC 49년 3월). 시저의 로마 시민에 대한 관대함에 그는 지지를 얻었고 계속 정치 라이벌인 폼페이를 쫓았으며, 폼페이가 최후를 맞이한 곳은 이집트였다.

이집트 지역은 알렉산더 대왕의 후에 프톨레마이우스 왕조가 다스리고 있었다. 소수의 지배계층으로 이루어진 왕조였으며 특히 왕족들은 그들의 순수성을 유지하기 위하여 동기간 결혼을 하기도 하였다. 당시 클레오파트라 7세는 동생 프톨레마이우스 13세와 결혼하여 같이 정치를 하였으나 권력을 나눌 생각은 그다지 없었다. 그러나 자신의 동생이자 남편에게

시저가 나타난 로마화폐 데나리우스, 뒷면은 승리의 여신 빅토리아. BC 44.

밀려나 있던 그녀는 시저를 통하여 이집트 통치권을 찾게 된다.

줄리우스 시저(BC 100 - BC 44), 르브르박물관, 파리

폼페이 일행이 알렉산드리아 항구에 도착하자 프톨레마이우스 13세의 장군이 그의 목을 베었고 이틀 후 도착한 시저에게 폼페이의 목을 선사하나 시저는 오히려 슬픔에 잠긴다. 이 틈을 타고 클레오파트라는 시저에게 접근한다. 혹자는 클레오파트라가 자신을 양탄자에 숨겨 시저 앞에 요염한 모습으로 나타났다고도 하나 이는 근거가 희박한 이야기이다.

클레오파트라는 재색을 겸비한 여인으로 방대한 독서로 지식을 습득하였으며, 헬라어만을 주장하던 프톨레마이우스 왕조의 파라오들과는 달리 이집트어와 심지어 유대어에 능통한 여왕이었다. 시저의 마음을 산 클레오파트라는 그로부터 이집트의 독립과 안전을 보장받았고 시저의 아들까지 낳았다. 경제에도 해박한 이집트 마지막 파라오는 금화를 하향 조정하여 경제를 살렸다. 그러나 영원히 지속될 것 같았던 시저와 클레오파트라의 지중해 패권은 시저의 양 아들 브루투스에 의해 위기를 맞는다.

24.

팍스 로마나, 로마의 평화 시기

시저의 탁월한 정치는 로마를 더욱 로마답게 만들어 갔다. 법률을 개정하고 원로원의 규모를 늘리는가 하면, 대규모의 토목공사를 일으켰으며 동맹국 주민들에게도 점차 로마 시민권을 부여하고, 빈민들을 카르타고나 고린도 등지에 이주시켜 생활 터전을 마련해 주기도 하였다. 그러나 시간이 흐를수록 시저에게 집중되는 권력은 그를 오히려 위험하게 만들었다.

그는 독재관이 되더니 그 임기를 10년으로 늘리고 마침내 BC 46년 종신 독재관의 자리에 오른다. 민주적 원로원 통치 체제에서 독재자의 탄생에 매우 우려의 눈길을 주었던 로마였기에 사실 종신 독재관은 시저가 바라던 바이긴 하였으나 그의 주위 측근들에 의하여 진상된 형태를 취하였다. 이런 권력의 일인독점을 우려하던 무리 중 카시우스는 브루투스를 수차례 종용하여 시저의 암살에 함께할 것을 종용하였다.

사실 브루투스는 폼페이 장군의 측근이었으나 그의 어머니 세르빌리아와 시저와의 연인관계로 인하여 시저는 후에 브루투스를 만나 아들처럼 대하였다고 한다. 그런 브루투스였기에 시저의 암살 가담 결정이 쉽지 않았을 거지만 그는 마침내 무리와 BC 44년 3월 15일 단도를 품에 숨기고 원로원에 들어간다. 당일 시저가 원로원에 도달할 때 이런 계획을 알아차린 한 청년이 시저에게 쪽지를 건네지만 이를 열어보지 못한 시저는 결국 암살자 무리에게 둘러싸이고 브루투스가 뒤에서 일격을 가했다. "브루투스, 너마저!"라는 말을 남기며 종신 독재관은 허무히 생을 마감하였다.

시대의 영웅 시저의 죽음에 당황한 이들은 독재자를 죽였다는 명분으로 시민들이 암살자들을 환영할 줄 알았지만 오히려 죽은 시저를 옹호하였다. 시저에 대하여 명예로운 장례를 치렀고 죽은 시저는 신으로 숭배하기로 하였다. 이런 사유로 로마의 황제는 신으로 여기는 로마의 국가종교가 점차 탄생하게 되며, 이런 황제 한 개인을 신격화하고 숭배하여야 하는 로마의 국가종교에 초기 기독교인들은 황제상에 절을 하지 않는다는 이유로 무참히 순교를 당해야 했다.

여기서 잠시 시저가 가졌던 칭호 중 후에 기독교에 영향을 준 특이한 호칭이 있어 살펴보기로 한다. 폰티펙스 막시무스(Pontifex Maximus)라는 용어는 로마의 이교도 제사장직을 일컫는 말이다. 이는 다리를 놓은 사람이란 뜻으로(bridge builder) 신과 인간과의 교량 역할을 함을 의미하기도 한다. 시저는 BC 63년에 바로 이 폰티펙스 막시무스 직에 들어가게 되는데 그가 로마의 전체 권력을 잡은 후 실제 황제가 되지 않았을 뿐이지 향후 황제의 길을 닦아 놓은 상황에서 이 이교도 제사장직은 향후 로마 황제의 칭호 중 하나가 된다. 그러나 후에 로마가 기독교 국가가 되면서 더 이상 폰티펙스 막시무스의 칭호를 황제가 소유하는 것이 옳지 않다고 판단되어 AD 380년 그라티안 황제 시 이 칭호의 소유를 버린다. 이는 기독교 국가의 황제이기에 적절한 행위였다.

그런데 흥미로운 사실은 이 폰티펙스 막시무스 칭호는 어느 순간부터 로마 감독의 칭호가 된다. 로마 감독이 점차 교황의 자리로 변모함에 따라 교황은 이교도 제사장이 되었다라고 혹자는 말할 수도 있겠으나 이렇

CLEMENS XI.
Pontifex Maximus.
Christoph Weigel exc. 1706.

교황 클레멘트11세(s 1700-1721) 초상에 나타난 폰티펙스 막시무스

게   비약적으로 생각할 필요는 없다. 초기 로마 교회에 의한 폰티펙스 막시무스의 칭호 사용은 주교중의   주교 (bishop of bishop) 라는 의미로 사용되어 로마제국의 여러 도시의 주교 중 최고의 주교임을 나타내기 위하여 사용되었다고   봄이 적절하다.

폰티펙스 막시무스 직은 절기별 제사를 드리는 관계로 1년의 연한을 조정하는 권한이 있었고, 이 직함을 가진 시저는 이집트에서 사용하던 태양력이 당시 가장 정교함을 알고 이를 로마에 적용한다. 이를 율리우스력이라 하며 1년은 365.25일로 구성이 되어 있고 4년에 하루의 편차를 조정한 일력 체계이다. 7월은 율리우스 시저를 기념하는 의미에서 쥴라이(July)로 부른다.

시저의 죽음 이후 로마는 지도층의 혼란에 빠졌다. 그러다 시저와 함께하였던 마크 안토니, 시저의 양자였던 옥타비아누스, 그리고 레피두스 3인에 의한 2차 삼두정치가 펼쳐진다. 이중 마크 안토니는 누가 보더라도 강자로서 최고의 자리에 쉽게 서리라고 여겨진 반면 옥타비아누스는 그리 강직해 보이는 인물은 아니었다. 하지만 역사는 아무리 강자라 하더라도 자신의 과오에 의하여 최고의 자리를 놓치는 일이 발생한다.

안토니는 시저의 연인이었던 이집트의 클레오파트라와 연인관계가 되고는 클레오파트라의 품에 놀아난다는 소문에 휩싸인다. 안토니는 개선식을 로마가 아닌 알렉산드리아에서 거행하는가 하면 클레오파트라에게 오리엔트지방 통치권을 주었다. 상황이 이렇게 흐르자, 클레오파트라는 마녀로 여기어지고 안토니는 규탄의 대상이 되는 반면 옥타비아누스는 차츰 그 지지도가 상승하였다.

안토니와 옥타비아누스와의 대결은 그리스 해안에 위치한 악티움 해상전을 끝으로 결판이 난다. 자신의 아내와 이혼하였으며 또한 "자신을 후에 클레오파트라 옆에 묻어 달라"라는 안토니의 유언장이 공개되자 로마 시민들의 민심이 이들에게서 완전히 떠난다. 안토니는 클레오파트라와 함께 해상전에서 옥타비아누스와 맞서지만 메토네를 선점한 옥타비아누스에게 참패한다.

클레오파트라는 이집트로 뱃머리를 돌리자 안토니도 무작정 여인의 배를 따라 이집트까지 따라 왔고 패배의 상실감에 이들은 모두 자결하고 만다. 안토니는 그가 집착하던 클레오파트라의 무릎 위에서 숨을 거두었고, 클레오파트라는 코브라를 이용해 자살하였다고 하나 이는 역사적 확실성이 결여된 루머이다. 그러나 파스칼의 말처럼 "클레오파트라의 코가 조금만 낮았어도 세계 역사는 변하였을 것이다"라는 평가는 맞는 것 같다. 이

로써 알렉산더 대제의 후예의 나라 프톨레마이우스 왕조는 300여년의 역
사를 접고 로마의 영토에 귀속된다(BC 31).

옥타비아누스가 안토니와 클레오파트라 연합군을 물리친 악티움 해전도

이로써 옥타비아누스는 최고의 자리에 오르게 되었다. 그는 BC 29년
원로원 1인자인 프린캡스(Princeps)에 올랐고 2년 후 존엄한 자라는 아
우구스투스(Augustus) 칭호를 받았다. 권력에 대한 노골적 야심을 드러낸
시저의 전철을 밟지 않기 위하여 그는 통치권을 원로원에 돌렸다.

개선장군에게 일시적으로 부여하던 임페라토르(Imperator) 지위를 영속
적으로 누릴 영예를 얻음으로, 사실상 이제 로마는 형식적으로는 공화정
이었으나 실질적 제국(帝國)으로 옥타비아누스는 아우구스투스라는 황제
제도의 문을 열었다.

이 시기부터 200여 년의 기간을 로마의 평화 시기라는 팍스 로마나
(Pax Romana)라고 부른다. 이 시기에 로마는 큰 혼란이 없는 평화를 누렸

아우구스투스 상, 로마 바티칸 박물관

으며 영토는 최대로 넓혀진 상태에서 안정을 찾았고 인구는 약 7천만 명
정도였다. 신분제도에 관하여는 원로원 의원, 기사, 평민 신분을 정하였
으나 유동적으로 신분 간 이동이 가능케 하였고 노예 해방은 제한하여 로
마 시민의 순수성을 유지하려 하였다. 군제 면에서도 정규군은 로마 시민
권자로 이루어졌고 속주 시민들로 이루어진 보조군의 경우 25년의 군복
무를 마치면 로마 시민권을 부여하여 자긍심을 가지게 하였다.

　도덕 및 종교를 진흥시키고, 시민들의 합법적 결혼을 통한 출산을 장
려하고 간통은 철저히 다스려 가정을 중심으로 하는 로마 사회를 이루도
록 하였다. 제국의 수도 로마 시는 속주로부터 점차 많은 자들이 들어와
국제 도시화되었고 소비풍조도 늘어나며 빈민 구제를 위한 무료 배식도
실시하였다. 아우구스투스는 나라를 다스리기 위하여 세제를 정비하는가
하면 과세와 모병을 철저히 하기 위하여 주기적으로 인구조사와 재산평
가를 실시하였다.

　이러한 역사적 상황 하에서 BC 4년에 이 땅에 구세주 예수가 탄생하
는데 이러한 로마의 환경과 속주인 헤롯의 통치 하에서 구세주를 맞을 하
나님의 백성들은 어떤 상황이었는지 살펴보기로 한다.

25.

예수시대 유대사회의 구성

로마제국이 아우구스투스 치하에서 평화를 누리던 시기 팔레스타인 땅은 그리 평화스럽지만은 않았다. 헬레니즘 속에서 유대민족의 종교와 율법의 고수라는 정체성에 큰 흠을 가져온 셀레우코스 왕조의 폭행에 맞서 이스라엘 민족은 하스몬 왕조를 일으키며 유대의 자존심을 지키는가 하였지만, 강대국 세력의 흐름 하에 로마의 지중해권 확보에 따라 BC 63년 유대는 다시 나라를 잃게 되었고 로마의 속주가 되므로 하나님의 백성에게 정치적 자유는 요원한 문제로 보였다.

이러한 시기에 유대민족에게 하나님의 개입을 바라는 기대감이 있었으니 그것이 바로 메시아사상을 바탕으로 한 하나님의 왕국 도래설이다.

하나님은 아브라함 이래 그의 백성을 매우 드라마틱하게 이끌어 오셨다. 외부 군사적 압박 속에서 그리고 타민족의 핍박으로부터 하나님은 그들을 이끌어내셨기에 현재 로마의 지배 아래 어려움을 당하고 있는 유대민족을 하나님의 신적 개입으로 구출해 내어 '하나님의 왕국(Kingdom of God)'을 이룬다는 이 사상이 팽배하였다.

유대 사회가 점차 불안한 격동의 시대에 놓이게 되자 하나님의 왕국에 대한 개념은 점차 군사적 측면의 성격을 띠게 되었다. 이는 기원전 1, 2세기에 묵시록적 문헌이 많이 나오게 했고 메시아에 대한 기대도 다가올 환란에 대비하여 그들을 위하여 전투에 참여하는 전사적 제왕의 개념으로 보는 경향이 발생하였다.

또 이 시기에는 종교적 이원론의 시각으로 세상을 보기도 하였다. 사람들은 세상을 악의 힘이 지배하는 장소라고 믿기 시작하였고 이런 악을 사람의 힘만으로는 물리치기가 불가능해 보였다. 사탄 또는 마귀의 힘을 제압하려면 하나님의 간섭하심으로 신적 권능으로 이루어질 수밖에 없기에 하나님의 직접적 개입이 불가피해 보였다. 사람들은 이 세상 또는 우주를 선과 악의 대결장으로 보았다. 온 우주는 하나님의 왕국과 사탄의 왕국으로 나누어져 있는데 사탄의 왕국은 자신들이 처한 현실이고 하나님의 왕국은 곧 도래할 희망의 나라였다. 곧 마지막 날이 도래할 것이며 이때 하나님이 악을 물리쳐 사탄의 왕국에 종말을 고하고 이 땅에는 축복의 시대가 곧 도래할 거라고 그들은 믿었다.

하지만 당시 유대 사회의 구성이 단일체가 아닌 다양한 계층으로 구성되었기에 각자마다 바라는 하나님의 사역은 또한 다르게 기대되고 있었다. 여기서 잠시 당시 사회 계층이 어떻게 구성되었는지 살펴보도록 한다.

먼저 사두개인들은 비교적 부유한 보수적 지배계층이라 할 수 있다. 토라(모세오경)를 확실히 따랐으며 대제사장직을 관할하고 산헤드린이란 유대 통치 기구를 관할하였다. 정치적으로 유대 공동체 대표성을 띠고 로마와 대화를 하는 창구라고 볼 수도 있으며 그들에게 유리하게 로마와 정치적 타협을 하기도 한 계층이다. 사두개인들이 메시아에 대하여 어떤 기대를 했는지는 확실치 않으나 최소한 '나사렛의 목수'를 바라지는 않은 것이 확실하다.

바리새인들은 헬레니즘 초기 그 문명과 관습의 도입을 강하게 반대하였던 무리의 후예들이다. 율법을 정확히 지키기 위해서는 외세의 영향에

묵시록적 표현, 4명의 말탄자(계 6), 목판화, 15세기.
스타리치 카를스루쉬

서 벗어나야 하며 생활의 모든 국면에 율법을 적용하여야 한다고 믿었다. 학자나 교사들과 관련이 많은 바리새인들은 일상의 모든 결정은 토라에 따라야만 하며 이를 미시나 또는 탈무드라는 문서로 개발하였다. 이들은 로마와의 정치적 협력을 기피하고 확실한 분리를 강조하였으며 이들이 바라는 미래는 매우 종교 중심주의였다. 이런 이유로 바리새인들이 메시아에 대한 기대감이 있었다면 아마도 완벽한 토라 중심주의로 백성들을 회개케 하며 율법을 온전히 지키게 하는 종교 지도자를 바랬을 것이다. 복음서에서 바리새인들은 예수를 핍박하는 사나운 사람들로 묘사되어 있으나 실상 이들은 율법을 엄격히 지키려는 자들이었다.

에세네파 사람들은 현실세계에서 도피하여 은둔 수도사적 생활을 하고 묵시록적 기대감에 차 있었기에 멀리 떨어진 사막에서 메시아의 도래와 함께 로마의 멸망을 기다린 집단이다. 사해사본이 발견된 쿰란 공동체가 그 대표적 예이다. 바리새파와 마찬가지로 에세네파는 그리스 관습에 대항하였고 사회로부터 격리된 분리를 추구하였다. 세상의 종말이 곧 도래한다고 믿었던 그들은 남은 생을 하나님께 완전히 순종한다는 자세로 살았으며 메시아에 의하여 왕국이 이 땅에 이루어진다고 믿었다. 하나님과의 새로운 언약(the new covenant) 관계는 로마의 멸망과 함께 영생으로 인도할 것인데, 자신들은 하나님에 의하여 부름을 받은 자로 사막에서 이 새로운 언약을 받을 거라고 확고히 믿고 있었다. 그래서 에세네파는 스스로를 '참다운 이스라엘'이라 굳게 믿었다.

열성당원들은 로마에 대항하는 군사적 활동, 즉 소위 게릴라전으로 맞서기 위한 군사 활동을 준비하였다. 어떤 수단으로든 나라의 독립을 다시 쟁취하려는 목적이다. 다가올 전투에 대비하여 군사들과 병기를 모았으며 이로 인한 긴장감이 고조되었다. 로마를 무너트려야 하기에 메시아가 오신다면 전투에서 앞장서 싸우는 전사적 제왕(warrior-king)의 모습으로 기대하였다.

일반 유대인들은 이러한 여러 그룹의 계층들과 교제하고 그 영향들을 받고 있었고 하나님의 관심이 항상 백성들의 신실함에 있다고 공통적으로 생각하고 있었다. 유대 사회의 인구 대다수는 어느 특정 계파에 속한다기보다는 일반적으로 미온적 태도를 보였다고 보는 것이 맞을 것이다. 그러나 어느 사회 또는 시대나 마찬가지로 이러한 특별난 계층이나 정치인들에 의하여 사회는 움직여 왔기에 각 계층의 역할은 전체 유대 사회에 폭넓은 영향을 주고 있었다.

예수 시대 당시 유대 인구는, 알렉산드리아 필론의 추계에 따르면, 팔레스타인에 약 200만 명이 거주하였고 로마 제국 전역으로는 700만으로

쿰란 제4동굴. 사해사본의 90퍼센트가 발견된 곳으로 에세네파의 도서관으로 추정.

추정한다. 이집트에는 헬레니즘 시기에 많은 이주로 약 100만의 유대인
이 거주하였으며, 특히 알렉산드리아에는 인구의 40퍼센트에 해당하는
40만 명이 유대인이었다고 한다.

　여기서 잠시 에세네파의 사해사본 내지 쿰란 사본에 대하여 알아보도
록 한다. 사해사본은 1946년에서 1956년까지 사해 서쪽 와디쿰란 주변
에서 발견되었다. 발견되는 과정은 양치기 소년의 돌멩이에서 시작이 되
었다. 어느 날 양치기가 잃어버린 양들을 찾기 위하여 돌멩이를 동굴 안
에 던졌고 이어 항아리 깨지는 소리가 나기에 동굴 안으로 들어가 보니
항아리 속에 면에 싸인 양피지 두루마리가 있는 것을 발견하였다. 이 문

서는 골동품 중개인을 거쳐 학자에게 전달되었고 이사야서, 하박국 주석, 공동체 규율 등이 초기 발견된 문서의 내용이었다. 그 후 이 지역의 동굴들을 추가로 수색하여 12개의 온전한 두루마리와 찢어진 조각들이 세상에 나오게 되며 이 문서들의 생성 년도는 기원전 2세기경부터 AD 200년까지로 밝혀졌다.

예수는 당시 사회 지도계층에 속하던 사두개인들과 바리세파인들로부터 많은 배척을 당하였다. 바리세파인들과 맞선 예수(영화의 한 장면)

그 동안 히브리어로 기록된 구약성경은 기껏해야 AD 1000년경 마소라 사본밖에 없었고 학자들은 현재의 구약성경이 과거 예수 이전 시기의 문서와 얼마나 일치하는지에 대하여 의구심을 가지고 있었다. 헬라어 70인역 사본은 AD 400년 판이 존재하였기에 이를 가능한 최초 근거로 보아 왔다. 그러나 BC 200년경의 히브리어 사본의 발견으로 약 1200년의 시간적 공백에도 불구하고 10세기의 히브리어 마소라 사본과 놀랍도록 일치하는 점이 많았다. 결국 사해사본의 발견은 구약성경의 고증과 함께 학계에 히브리어 마소라 사본이 헬라어 70인 역과 함께 구약 원본과 일치하는 권위가 있음이 밝혀지게 된 것이다.

26.

나라 잃은 유대에 낯선 통치자 헤롯대왕

예수 탄생 당시 유대의 통치는 로마 제국과 분봉왕 헤롯과의 묘한 관계를 이루고 있었다. 로마 원로원에 의하여 유대의 왕으로 임명된 헤롯은 매우 정치에 민감하게 되었는데, 그런 요소에는 기존 하스몬 왕조와의 관계, 로마 제국으로부터의 감시, 그리고 무엇보다 헤롯 자신의 정체성이 정통 유대인이 아닌 이두매 사람으로 유대인들과의 관계에도 많은 신경을 써야 했기 때문이다. 헤롯은 도리스라는 아내가 있었으나 자신의 정치적 기반을 뒷받침하기 위하여 아내와 자식을 버리고 자신이 지원하였던 하스몬 왕조 힐카누스 2세의 손녀딸인 마리암과 결혼하였다. 하지만 이러한 헤롯의 이전 왕조와의 인위적 연결은 오히려 그를 '유대의 왕'이라는 지위를 고수하는데 위협적 요소가 되었다.

헤롯의 장모 알렉산드라는 하스몬 왕조의 부활을 꿈꾸며 이집트 클레오파트라에게 아리스토불루스 3세를 대제사장직에 오르게 해달라고 청탁하였다. BC 37년은 헤롯이 유대왕으로 집권하고 동시에 로마는 마크 안토니가 클레오파트라와 결혼을 한 해이다. 아리스토불루스가 대제사장직을 맞을 경우 하스몬왕조의 복귀 가능성이 커 보였고 클레오파트라는 또한 그럴만한 영향력이 있다고 믿었기 때문이다. 클레오파트라는 알렉산드라의 청을 들어 주는 듯하면서 둘 모두 유대를 떠나 안토니를 만나라고 종용하였다. 이런 음모를 전해 들은 헤롯은 매우 당황하였다. 만일 안토니가 이들을 만난다면 아리스토불루스 3세를 유대의 왕으로 임명할지 모른다는 위기감이 느껴졌기 때문이다. 결국 헤롯은 자객을 시켜 아리스토불루스를 살해한다.

헤롯에게 다른 위기가 있었으니, 로마가 클레오파트라와 안토니와의 결혼으로 옥타비아누스와의 로마 패권 경쟁이 시작되었을 시기에 헤롯은 안토니의 편에 섰다는 사실이다. 악티움 해전에서 클레오파트라와 안토니의 연합군은 옥타비아누스의 군대에 패하자 당장 헤롯에게 위기가 왔다. 그의 분봉왕직 유지를 위해서는 어떻게든 옥타비아누스의 환심을 사야 하는 상황이었다. 헤롯은 곧바로 옥타비아누스에게 달려가 시리아와 이집트의 교역로 역할을 하도록 유대를 로마를 위한 거점으로 문호를 활짝 열 것과 헤롯 자신이 국경을 잘 지킬 수 있다는 능력을 피력하였으며 이에 더하여 옥타비아누스에게 충성을 맹세함으로 유대왕직을 유지할 수 있었다. 그러나 주위 나라와의 국제관계에 관한 권한은 제한된 상태였다.

헤롯은 2천여 명의 호위병이 그의 안전을 지키고 있었으며 유대인들로부터 자신에 대한 여론에 항상 촉각을 곤두세웠다고 한다. 사두개파와 바리새파로부터 모두 인기를 얻지 못하였다. 바리새인들은 성전 건설 시 그들의 요구와 다르게 지었기 때문이고, 사두개인들은 헤롯이 헬라파 유대인들(바빌론 또는 알렉산드리아 거주)의 인심을 얻기 위하여 대제사장직을 이들로 바꾼 일이 있었기 때문이다.

헤롯은 자신의 왕위를 지키려고 주위 사람들에 대한 지나칠 정도의 의심을 가지고 있었고 또 가족 내 복잡한 싸움으로 하스몬 왕조의 공주였던 아내 마리암도 결국 처형하고 만다. 마리암을 처형하자 장모 알렉산드라는 헤롯에게 정신적 문제가 있다고 하며 자신을 스스로 여왕으로 선포하지만, 헤롯은 즉시 마리암의 어머니를 재판 없이 처형하고 말았다. 헤롯의 치정 말기에는 유대인들이 그에 대한 분노가 고조되었으며 헤롯의 사망으로 예루살렘을 포함한 유대는 폭동이 연이어 발생하기도 하였다.

그는 평생 우울증과 편집적 망상증에 시달렸다고도 하는데, 요세푸스에 의하면 헤롯은 자신이 죽은 후 아무도 자기 죽음을 애도하지 않을 것이 염려되어 다음과 같은 명령을 내렸다고 한다. 즉 일군의 사람들을 여리고에 모이게 하고 그가 죽음과 동시에 이들도 모두 같이 죽게 하여 전국적으로 헤롯에 대한 애도의 붐이 일어나도록 부탁한 것이다. 다행히도 이 명령은 아무도 따르지 않았고 이루어지지도 않았다.

헤롯대왕이 증축한 제2차 성전 모형

헤롯은 국내 건축에 엄청난 재물과 노력을 기울여 많은 건축물을 남겼는데, 이중 스룹바벨이 건설한 2차 성전을 대규모의 성전으로 증축한 것은 주목할 만하다. 서기 70년 성전 파괴로 지금은 서쪽 벽, 일명 통곡의 벽만을 남겨 놓고 있지만 헤롯 대왕 시 그 규모가 매우 컸으며 이런 성전을 예수가 방문한 것이다. 헤롯은 수면용 시멘트를 사용한 건축술로 가이사라 항구를 건설하였으며 맛사다를 비롯한 수개의 요새를 건설하여 비상시 그의 가족이 피신할 장소를 준비하였다. 이러한 그의 건축 붐은 유대인들로부터 그들의 지도자로서 명성을 얻고자 하는 의도가 많았으며, 동시에 이방인들을 위한 도시들도 건축하였고, 이러한 대형 토목공사로 인하여 당시 경제에 공헌한 바는 인정할 만하다.

헤롯대왕에 대한 신약성서에서의 언급은 마태복음에서만 유아 학살에 대하여 기록하고 있다. 유대인의 왕이 나셨다는 소식으로 동방으로부터 방문객들이 예루살렘으로 경배하러 왔다는 소식에 헤롯은 크게 놀라 이들을 찾는다. 유대의 관습과 민심을 결코 무시하지 못한 헤롯이었기에 박사들에게 구세주를 찾거든 자신에게도 알려 경배할 수 있도록 신신당부한다. 그들은 아기 예수에게 황금과 유황과 몰약을 예물로 드리고는 꿈의 계시대로 헤롯에게 돌아가지 아니하였다.

마태복음에는 동방박사의 수가 나와 있지 않지만, 예물이 세 가지였기에 박사들도 세 명으로 교회전통에서 인식되고 있다. 예수의 부친 요셉에게도 비슷한 계시가 내려져 가족은 애굽, 즉 이집트로 피신하게 되고, 이에 헤롯은 박사들에게 속았다고 생각하여 매우 화가 나 베들레헴과 인근에 있는 두 살 아래 아기들을 모두 죽이라 명령한다. 이런 대학살로 선지자 예레미아의 예언이 성취되었음을 복음서 저자는 기록하고 있으나, 언뜻 보기에 헤롯이 지역 모든 유아를 죽일 정도로 화가 나는 것에 대하여 이해가 되지 않을 수도 있다. 하지만 헤롯대왕의 괴팍한 성격과 '아기 유대인의 왕'에 대한 불안감 내지 의구심, 그리고 그가 유대인을 존중하려던 억지 노력이 결과적으로 거절됨에 대한 분노는 어쩌면 그의 이런 결정을 가져오게 하였는지도 모른다.

헤롯대왕의 사후 그의 통치는 세 아들에게 분배되었다. 헤롯 아켈라우스에게는 유대를, 헤롯 안티파스에게는 갈릴리와 페레아를, 헤롯 빌립에

무고한 유아 학살. 귀도 레니. 1611. 볼로냐

게는 요르단이 할당되었다. 이들의 후계 구도는 헤롯대왕의 가정사인 만큼 그 자체로도 매우 복잡하다.

헤롯의 후계 구도는 애초에 자신이 사랑하였던 마리암을 통하여 얻은 두 아들 아리스토불루스(당시 동명이 매우 많기에 잘 구분해야 함)와 알렉산더에게 정해졌었다. 마리암의 처형과 함께 두 아들들도 처형되었고(BC 7)이때 첫째 부인 도리스를 통해 얻은 장자인 안티파터가 승계자로 지목되었으나 그도 또한 아버지인 헤롯대왕을 독살하려는 음모로 처형되었고, 사마리아 여인인 말싸케를 통하여 얻은 안티파스가 후계자로 올랐다. 그러나 헤롯은 다시 마지막 유언장에서 아켈라우스, 안티파스, 빌립에게 왕국을 나누어 다스리게 하도록 수정하며 아켈라우스에게는 왕의 명칭을 나머지 두 사람은 영주(tetrarch)의 칭호를 사용하였다.

유대는 로마의 속주였기에 이 세 명은 아버지 헤롯대왕의 유언을 로마 황제인 아우구스투스로 부터 확정을 받으려 로마로 갔다. 안티파스가 자

헤롯 안티파스, 제임스 티솟. 브루클린 박물관, 뉴욕.

신이 유대 모든 지역을 다스려야 한다고 주장을 한 반면, 나머지 두 사람은 아버지의 뜻대로 되어야 한다고 주장하였다. 이 셋은 모두 로마에서 유학을 한 바가 있었는데, 로마에 거주하는 헤롯가문은 안티파스를   선호하였으나, 아우구스투스 황제는 헤롯대왕의 마지막 유언대로 대부분 확정하며 대신 아켈라우스에게는 왕의 명칭대신 지배자(ethnarch)를 수여하였다.

이들 중 안티파스는 신약성경에서 자주 '헤롯왕'으로 언급되는 인물로 우리가 주목해 보아야 하는 인물이다. 그는 먼저 자신의 사생활로 복음사가에게 주목을 받는다.

27.

길을 예비하는 자, 침례 요한

사복음서의 앞부분은 공통적으로 예수 그리스도의 사역 이전에 그리스도의 오심을 예비하는 자에 대하여 말하고 있다. 그가 바로 제사장 사가랴와 그의 아내 엘리사벳 사이에서 태어난 침례(세례) 요한이다. 요한의 탄생에 대하여 예수의 탄생 이전 구세주 탄생의 전형적 패턴 안에서 누가복음은 기록하고 있다. 예수의 탄생이 동정녀에 의하여 천사 가브리엘이 전해주는 소식을 받은 후 수태가 되는가 하면, 침례 요한의 탄생은 나이 많은 제사장 사가랴에게 가브리엘이 나타나 아기의 탄생을 예고함으로 시작하는데, 이는 천사 가브리엘이 마리아에게 나타나기 육 개월 전에 발생한다.

마리아와 엘리사벳 두 여인이 수태를 한 후, 마리아는 엘리사벳을 문안함으로써 복중에 두 아이는 석 달간이나 어머니의 뱃속이지만 교류를 하게 된다. 이때 마리아는 "내 마음이 하나님 내 구주를 기뻐하였음은…"으로 시작되는 아름다운 송가로 엘리사벳의 환대에 대한 감사와 하나님에 대해 찬양한다. 침례 요한과 예수 탄생의 유사성은 구약의 사무엘의 탄생과도 일부 비슷한 면이 있다.

이후 복음서들은 예수의 행적에 대하여 언급하고 있지만 침례 요한에 대해서는 그가 장성하여 회개를 촉구하며 침례를 주는 모습으로서야 등장한다. 마가복음서는 침례 요한을 이사야서의 예언의 성취로 그리고 있다. 그는 약대 털을 입고 허리에 가죽 띠를 띠고 메뚜기와 석청을 먹었으며 광야에서 주의 길을 예비하는 자로 요단강에서 죄 사함의 회개 침례를 전파하는 자로 소개한다.

마태복음에서는 이를 조금 더 자세히 그리고 있다. 바리새인들과 사두개인들에게 '독사의 자식들'이라 할 만큼 침례 요한은 그들에게 매우 비판적이었다. 아브라함을 조상이라 생각하지 말고 하나님은 돌들로도 아브라함의 자손이 되게 할 수 있다는 메시지는 유대 사회의 제사장직과 사회 지도층, 그리고 율법을 철저히 지키며 선민사상을 가지고 있었던 두 계층에게는 아마도 매우 모욕적이며 절대 받아들일 수 없는 충격적 선언으로 들렸을 것이다.

하지만 후에 예수그리스도에 의하여 유대 선민사상은 사해동포 주의적으로 전이하게 되는 바, 주의 길을 예비하는 자는 이런 전향의 초석이라고 볼 수도 있다. 그러나 이러한 침례 요한의 메시지나 그리스도 자신의 메시지에 들어있는 유대적 배타주의를 배격하는 의미에 대하여 후에 유대적 기독교 신자들도 교회가 세계로 뻗어 나아갈 때까지 제대로 그 의미를 파악하지 못하였다.

침례 요한과 예수그리스도와의 만남은 요단강에서 예수가 침례를 받으러 나올 시 요한이 예수를 알아보는 장면에서 이루어진다. 예수의 활동이 있기 전 침례 요한은 회개의 복음을 외침으로 일부 유대 지도자들을 불편하게 만들었다. 그가 에세네파 출신이라는 주장이 있지만 이는 희박한 설이며 그의 메시지에서 말해주듯 침례 요한은 에세네파의 영향을 다소간 받은 것으로 추정된다.

요한복음서에는 침례 요한의 신분을 공관복음서와는 달리 '하나님께 로서 보내심을 받은 사람'으로 기록하고 있다. 침례 요한 자신도 그리스도나 엘리야가 아니라 자신은 '주의 길을 곧게 하려 광야에서 외치는 자의 소리'라고 말하고 있다. 이어서 요한복음서 저자는 침례 요한을 진리 즉 빛에 대하여 증거하며 그로 말미암아 주를 믿게 하려 함이라고 그의 역할을 명확히 말하고 있다.

또한 요한복음은 침례 요한의 제자 중에서 예수의 제자로의 자연스런

전이를 그리고 있다. 시몬 베드로의 형제 안드레는 침례 요한의 "보라 하나님의 어린양 이로다!"라는 외침을 듣고 메시아를 만났음에 기뻐한다. 이뿐만 아니라 안드레는 형제 시몬을 데리고 예수 앞으로 인도하니 예수는 그를 게바 곧 베드로라 칭하였다. 이렇게 요한을 따르던 무리들이 자연스레 예수

광야의 침례 요한. 티티안, 1540.

를 따르게 되었다. 희생제물로서 '하나님의 어린양'이라는 개념은 당시 흔

한 표현이 아니었으나, 요한은 이를 적극 소개하고 있다. 사도행전에서도 침례 요한을 따르던 자들이 바울의 설교에 의하여 자연스럽게 예수를 따르는 자들이 됨을 그리고 있다.

그러나 마가복음에서는 요한이 예수를 알아보는 장면이 없다. 마태복음과 누가복음서에서는 침례 요한이 후에 그의 제자들을 예수에게 보내어 "오실 그이가 당신이오니까 우리가 다른 이를 기다리오리까"라고 묻기도 한다. 이에 대하여 예수는 "소경이 보며 앉은뱅이가 걸으며 문둥이가 깨끗함을 받으며 귀머거리가 들으며 죽은 자가 살아나며 가난한 자에게 복음이 전파된다 하라"라고 하시며 이러한 것이 예수 자신에 대한 증거됨을 말하고 있다. 그러며 요한의 제자들이 떠나자, 예수는 무리들에게 요한이 자신에 대하여 증거하러 온 자로 여자가 낳은 자 중에 요한보다 더 큰이가 없다고 하시며 요한의 선지자로서의 중요성을 말하고 있다.

침례 요한은 헤롯 안티파스에 의하여 그의 선지자적 생을 마감한다. 안티파스는 원래 아라비아 지방의 나바태왕국의 공주 파사엘리스와 결혼하였다. 그러나 로마를 방문하였을 시 그의 배다른 형제 헤롯 2세와 옆방에 머물게 되는데, 이때 헤롯의 부인인 헤로디아와 염문에 빠지게 된다. 헤로디아는 헤롯대왕의 손녀로 배다른 숙부와 결혼한 상태였지만 안티파스와 사랑에 빠진 것이다. 마가복음에서는 헤로디아가 원래 빌립의 아내였다고 기록되었으나 이는 헤롯 2세를 잘못 기록하였거나 헤롯 2세의 별칭이 빌립일 가능성이 있다. 하지만 분명 헤롯대왕 이후 영토를 나누어 통치하는 빌립과는 다른 인물이다.

안티파스는 헤로디아에게 자신이 본부인과 이혼한 후 결혼할 것을 약속한다. 이들의 결혼이 언제 이루어졌는지에 대하여는 학자들 간 이견이 있지만 헤롯 2세가 살아 있는 동안 이루어진 가능성이 높다. 헤롯 2세는

헤롯의 잔치. 피터 루벤스. 스코틀랜드 국립현대미술관

헤롯대왕이 마리암으로부터 얻은 두 아들을 처형하자 왕위 승계자로 오를 수 있었으나 그 어머니가 대왕 독살음모를 알았으나 이를 막지 못한 일로 승계자에서 제외되었고 로마에 살고 있었다.

침례 요한이 요단강에서 회개의 복음을 전파하자 안티파스의 통치에 문제가 생긴다. 요단강은 안티파스의 통치 지역인 페레아의 서부에 위치해 있었고 거기에다 요한은 안티파스와 헤로디아의 결혼을 비난한 것이다. 헤로디아와 안티파스는 근친 간으로 이는 유대법에 어긋나며 더욱이 동생의 아내를 동생이 살아있는 동안 빼앗아 결혼한 것은 누구에게나 부끄러운 일임에 틀림이 없었다.

안티파스는 침례 요한을 잡아들였고 그를 마케루스에 투옥시켰다. 감옥에 있는 요한을 안티파스와 헤로디아 부부는 여전히 두려워하였다고 한다. 헤로디아는 당장 요한을 죽이고 싶도록 미워하였지만 안티파스는 요한을 의롭고 거룩한 사람으로 인식하였으며 그의 충고를 어느 정도 받아들일 준비가 되어 있을 정도로 흔들리고 있었다. 마침 헤롯 안티파스의 생일을 맞이하여 잔치가 벌어졌고 이때 헤로디아에게 요한을 없앨 기회가 주어진다.

헤로디아에게는 살로메라는 딸이 있었는데 전 남편인 헤롯 2세와의 사이에서 얻은 여식이었다. 살로메라는 이름은 복음서에서는 나오지 않으나 요세푸스에 의하여 전해진다. 살로메는 의붓아버지 안티파스를 위하여 춤을 추었고 이제 처녀의 티가 막 오르는 살로메의 춤은 전혀 피가 섞이지 않은 안티파스의 마음을 움직이기에 충분하였다. 그는 흥분하여 살로메에게 나라의 절반이라도 줄 테니 무슨 요구든 선물로 주겠다는 약속을 하게 되고, 이런 황당한 선물 제의에 살로메는 이를 어머니와 상의한다.

어머니 헤로디아는 딸에게 올 수 있는 커다란 선물은 전혀 개의치 않고 자신이 가장 증오하고 있던 침례 요한의 머리를 요구하라고 딸에게 시켰으며, 이를 살로메가 요구하자 안티파스는 몹시 당황하였다. 수많은 눈들이 지켜보는 가운데 잔치의 주인공인 자신이 내놓은 약속을 철회할 수도 없는 일이었다. 결국 이러한 연유로 침례 요한은 최후를 맞게 되었다(AD 32).

안티파스가 후에 예수의 소문을 듣고 침례 요한이 살아난 게 아니냐고 한 사실을 보면 그가 얼마나 요한을 존경하며 또 두려워하였는지를 알 수 있다. 한편 역사가 요세푸스는 헤롯 안티파스가 침례 요한을 처단한 이유를 그가 지니고 있었던 대중적 힘이 잘못 헤롯 자신에 대한 정치적 반란으로 이어질 것을 두려워하였기 때문이라고 기록하고 있다.

외치는 침례 요한. 마띠아 쁘레티, 1665, 샌프란시스코 예술박물관

28.

준비되지 않은 곳에 완벽히 임한 그리스도
(공관복음서에 나타난 그리스도)

BC 5년경 로마는 아우구스투스 황제가 치리하는 안정된 팍스 로마나의 시기였고 유대 땅에는 로마에서 인정받은 이두메 출신의 헤롯대왕이 다스리고 있었다. 이때 마리아라는 한 처녀에게 천사 가브리엘이 나타났다. "당신은 은혜를 받은 자이니 성령이 네게 임하시고 지극히 높으신 이의 능력으로 하나님의 아들이라 일컬을 아이를 낳으리라"라는 메시지를 천사가 전하자, 마리아는 "주의 계집종이오니 말씀대로 내게 이루어지이다"라고 답하였다.

황제 아우구스투스의 영으로 로마 전역은 인구조사를 하게 되었고 유대지역은 시리아의 총독 구레뇨가 관할하던 시기에 마리아의 정혼자 요셉은 임신한 마리아를 데리고 고향 베들레헴으로 인구 등록을 하러 갔으며 이곳에서 아기 예수가 태어난다.

예수의 어린 시절 이야기는 복음서에 나타나지 아니하며 그가 열두 살 때 유월절을 맞이하여 예루살렘 성전에서 교사들과 총명한 대화를 나누는 장면이 누가복음에 있을 뿐이다. 예수의 활동이 본격적으로 공관복음서에 등장하는 시기는 침례 요한으로부터 요단강에서 침례를 받은 공생애의 시작부터이다. 그의 수침 후 즉시 광야에서 성령의 인도 내지는 몰아내심으로 마귀에게 시험을 받는 장면을 공관복음 모두 기록하고 있다. 광야에서의 시험은 '하나님께만 경배'(마태복음)와 '하나님을 시험하지 말라'(누가복음)라는 예수 자신의 메시지로 결론을 맺고 있다.

예수의 활동은 주로 갈릴리에서 행하여지는데 천국 복음을 전파하고 백성들의 각색 병과 악한 것을 이기는 이적을 행하니 많은 무리가 따르게 된다. 그를 따르던 무리들에게 산에 올라가 하신 산상수훈(山上垂訓)은 예수의 가르침에 듣는 자들로 하여금 놀라게 만든다. 심령이 가난한 자, 애통해하는 자로부터 의를 위하여 핍박받는 자, 그리고 예수 자신을 위하여 핍박받는 자들에게 복이 있으리라는 예수의 설교는 유대민족을 정치적으로 해방시켜 주리라는 일부 과격파들의 기대를 만족시켜 주지는 못하였으나 일상생활을 영위해 가는 민중들에게는 가슴에 와 닿는 메시지였을 것이다.

이어서 예수는 제자들과 무리들에게 너희들은 세상의 소금이며 등불이기에 소금의 역할 그리고 빛의 역할하기를 권한다. 등불을 켜서 말(斗) 아래 두지 아니하고 등경 위에 두듯 빛을 온 세상에 비춰라는 간곡한 복음의 메시지였다.

예수의 행적들을 크게 나누어 본다면 주로 3가지로 구분할 수 있다. 말씀 전파와 축사, 그리고 신유의 능력을 행하심이다. 그는 말씀을 전파하시되 대부분 비유로 말씀하셨고 그 뜻을 많은 자가 당시에 깨닫지 못하였으나 깊은 의미가 담겨 있었으며 또 그 뜻을 이해하기에는 시기가 아직 이르기도 하였다.

신유의 활동은 너무나 많이 발생하였다. 문둥병자를 비롯하여 열병, 중풍병자, 소경과 벙어리 등등 각색 병든 자들이 예수의 능력에 치유함을 받았다. 또한 귀신 들린 자들을 치유하는 장면이 나타나는데 이는 그의 악에 대한 신적 권위를 보여주고 있다. 거라사인의 지방에서 만난 귀신 들린 자는 귀신이 그를 지배하는 바람에 고랑과 쇠사슬을 끊고 무덤 사이에서 제 몸을 상하게 하던 자로 그는 예수를 하나님의 아들로 알아봄으로, 복음서가는 영적 세계를 그리고 있다. 예수가 그에게 들어 있는 귀신을 돼지 무리에게 보내어 바다에 몰살시키자 귀신 들렸던 자는 자신의 정신으로 돌아와 감사하며 예수와 함께 있기를 간구하기도 한다. 이렇듯 예수의 생애는 그의 신성(神性)에 의한 이적 발생의 연속이었다.

떡 다섯 개와 물고기 두 마리로 수많은 군중(남자만 오천 명)을 먹이고도 남은 음식이 열두 바구니에 찰 정도의 오병이어(五餠二魚)의 이적을 예수는 행하셨고, 배에 제자들과 함께 타고 있을 때 풍랑으로 제자들이 배가 전복될 것을 두려워하자 바람과 바다를 꾸짖어 잔잔하게 하는가 하면 물 위를 걸으심으로써 자신의 초월적 능력을 나타내시기도 하였다.

예수의 비유로 하신 말씀 중 열 처녀의 일화는 우리에게 늘 준비된 자로서 올바른 신앙을 견지하도록 한다. 등을 들고 신랑을 맞이하러 간 열 처녀가 있었는데 신랑이 늦게 오자 모두 졸고 있었으며 그중 미련한 다섯 처녀는 기름을 준비하지 못하여 혼인 잔치에 참여하지 못한다. 이 비유에서 예수는 그가 다시 왔을 때 깨어 있지 못하여 그와 함께하지 못할 것에 대한 경고를 하고 있다.

예수는 선지자 스가랴의 예언대로 나귀를 탄 겸손한 모습으로 예루살렘에 입성한다. 하지만 그가 들어오는 길에 무리들은 겉옷을 펴기도 하고 나뭇가지를 흔들며 '호산나'로 찬송하자 예루살렘 성에 예수의 소문이 퍼진다. 당시 예루살렘 성전은 헤롯대왕이 매우 크게 증축하였고 유대 지방뿐만 아니라 로마제국에 퍼져 살던 디아스포라 유대인들이 성전에 몰려와 제물을 드리고 있었다. 성전 안에서는 먼 곳에서 온 자들이 돈을 바꿔야 했고 간단한 희생제를 드리기 위하여 비둘기를 사고팔기도 하였기에 성전이 마치 시장바닥처럼 혼란스러웠다. 또한 장사꾼들은 분주히 성전을 가로질러 다니는 일이 빈번히 발생함으로 예수의 눈에는 성전이 거룩한 장소가 아닌 강도의 굴혈로 변한 것으로 보였기에 그들의 장사 도구를 뒤엎으신 것이다.

예수는 제자들에게 자신의 미래에 대하여 예언하시며 구원은 자신의 이름으로 인하여 미움을 받으나 끝까지 견디는 자에게 주어질 것이라고 하신다. 그러자 예수를 가장 잘 따르던 제자인 베드로가 다른 자들이 모두 주를 버릴지라도 자신은 결코 그러지 않겠다고 하지만 예수는 닭이 울기 전 세 번 부인할 것을 예언한다. 이에 베드로는 제자들과 함께 결코 그러한 일이 일어나지 않으리라 다짐하지만, 예수가 가룟 유다의 궁계로 인하여 잡히자 제자들 모두가 예수를 버리고 도망하였다. 대제사장의 여종이 베드로를 보고 예수와 함께 있던 자라고 소리치자, 그는 세 번이나 거듭 자신은 예수와 관련이 없는 자임을 말하자 이어 닭이 울므로 베드로는 통곡한다.

예수를 사로잡은 유대의 지도층이 그를 빌라도 총독에게 넘겨주어 심문하게 한다. 그러나 빌라도는 예수가 죄가 없다는 발언으로 무리들의 심한 반대에 부딪치자, 예수를 헤롯 안티파스에게 보낸다. 예수는 갈릴리 출신이었고 이곳은 안티파스의 관할 하에 있는 곳이기 때문이다. 안티파스는 침례 요한의 처리 시에도 살펴보았듯 그리 악한 인물이 아니었으며 또한 그도 예수의 소식을 들어왔던 차에 만나고 싶던 예수가 자신 앞으로 끌려오니 그에 대한 궁금증과 이적을 보려는 호기심을 가지고 예수를 대한다. 그러나 예수가 아무런 답변을 하지 않자 그를 처벌하지 못하고 다

Ecce homo 〈이 사람을 보라!〉 안토니오 시세리, 1871

시 빌라도에게 보낸다.

예수를 다시 자신 앞으로 데려오자 빌라도는 난감하였다. 어떻게든 죄 없어 보이는 예수를 빌라도는 풀어주려는 의도 하에 예수를 매질한 후 풀어주겠다 하니 다시 심한 반발에 부딪쳤다. 명절 때에 죄수 하나를 풀어주는 전례가 있어 살인자 바라바와 예수 중 누구를 놓아주기를 원하느냐는 빌라도의 질문에 유대인 모두가 바라바를 놓아 달라 소리치고, 빌라도 총독은 너무 격한 민심에 자신의 손을 씻으며 무리들에게 그 죄를 돌렸고 무리들은 이를 기꺼이 받아들였다.

결국 예수는 온갖 희롱과 채찍질을 당하고 골고다 언덕까지 자신의 십자가를 지고 가서 십자가형을 당하였다. 그는 두 강도와 함께 십자가에서

숨을 거두었다. 이를 그의 제자 일부와 모친 마리아가 지켜보았고 공회
의원 요셉이라는 자가 예수의 시체를 가져다가 무덤에 장사하였다.

그 후 예수의 시신에 향품과 향유를 드리려 무덤으로 찾아온 여인들에
의하여 부활 사실이 알려진다.

마르다와 마리아의 집에 오신 예수. 요하네스 페르메이르. 1655.
스코틀랜드국립미술관

그리고 엠마오로 가는 길에서 제자들에게, 그리고 후에 제자들이 모여 있을 때 그들에게 나타나 자신이 부활하였음을 보여주었다.

예수는 제자들과 세상 끝 날가지 함께 할 것을 약속하였고 또 그들에게 성령을 보내주실 것을 약속하시고는 그때까지 떠나지 말 것을 당부하였으며, 하늘로 올라가 하나님 우편에 앉으셨고, 제자들은 주와 함께 역사함으로 따르는 표적으로 말씀증거를 하였다.

이상은 공관복음서를 통하여 우리가 파악할 수 있는 예수 일생의 대략 내용이다. 사실 예수의 일생을 간단히 언급한다는 것이 결코 쉬운 일이 아니며 상기 언급한 내력은 공관복음서 작가들의 눈에 예수의 생애가 대략 어떻게 그려지고 있는지를 보는 정도이다. 이제 예수에 대한 해석적 측면으로 요한복음서 작가는 예수를 어떻게 그리고 있으며 나아가 그의 역사성 논쟁에 대하여 다시 처음부터 알아보도록 한다.

강의 요점 : 공관복음서는 예수의 생애를 각 기록자의 입장에서 되도록 시간 순서로 기술하고 있다. 하나님의 아들이지만 역사 속으로 들어오신 인자 예수. 그의 메시지는 천국 복음을 전파하며 그를 따르는 자들에게 많은 교훈을 제시하지만 유대 선민사상에 익숙하였던 청중들은 아직 제대로 이를 이해하지 못하였다.

29.

요한복음서에 나타난 예수 그리스도

요한복음서 저자는 예수 그리스도를 말씀(로고스)의 성육신 내지 육화(肉化)로 나타내고 있다. 태초의 시작을 말씀이 존재한 시기부터 기술하며, 그 말씀이 바로 하나님이라는 신분화로 태초의 개념을 천지창조에 의한 시작보다 더 앞선 시기, 즉 하나님이 홀로 존재 하셨던 시기부터 본 복음서를 열고 있다. 로고스 개념은 원래 그리스 철학에서 시작된 개념으로 이는 유대 철학자 필로(Philo, BC 20 - AD 50)를 거쳐 1세기 순교자 저스틴에 의하여 기독교 사상에 적극적으로 도입이 되었다. 이는 그리스도의 존재를 세상에 편재한 합리적 이성 또는 진리, 그리고 구약에서 지혜 개념인 로고스가 성육신 하였다는 이론의 향후 신학적 전개를 예고하는바 이는 예수 그리스도의 선재성(先在性)을 말하고 있다. 즉 그가 베들레헴에서 태어난 시기 이전에도 말씀(로고스)으로서 하나님과 함께 계셨다는 것을 의미한다. 조금은 복잡한 신학 사상에 해당하는 부분으로 이는 기독교사상 편에서 다시 상세히 설명하고자 한다. 그래서 요한에게는 예수가 어느 동네 출신이라는 고장 명이 의미가 없었으며 심지어 예수의 어머니를 언급은 하지만 '마리아'라는 이름을 지칭하지도 않고 있다.

공관복음서들이 예수의 생애가 어떻게 구성되고 있는지 개괄적 그림을 우리에게 주고 있다면 요한복음서는 한층 더 높은 차원, 어쩌면 신본적 차원에서 그려지고 있다고 볼 수 있으며, 이를 신문으로 비유한다면 공관 복음서는 사건의 서술적 기사인 반면 요한복음은 논설에 가깝다고 볼 수도 있겠다.(필자의 견해) 요단강에서 예수가 침례 요한에 의하여 침례를 받는 장면에서도 요한은 그를 '세상 죄를 지고 가는 하나님의 어린양'이라는 당시 흔하지 않은 구약의 현실화 개념을 말하고 있으며, 또 성령이 하늘로부터 비둘기같이 내려와 예수에게 머무는 것을 증거함으로 성령에 의한 예수의 공생애 사역을 확연히 예고하고 있다.

가나의 혼인 잔치에서 예수의 생모는 포도주가 모자란 상황 속에서 아들 예수에게 이적을 권유하는 말을 하지만 예수는 "여자여 나와 무슨 상관이 있나이까 내 때가 아직 이르지 못하였나이다"라고 답한다. 여기에서 예수는 모친에 대하여 '여자'라는 호칭을 사용함으로써 그 자신의 공적 신분을 나타냄과 동시에 이어서 아직 이적을 행할 시기가 이르지 않았다는 의미를 말한다. 하지만 예수는 하인들에게 물을 채우라는 명령을 내림으로 물이 포도주로 변하는 사건이 발생한다. 이 성경 구절은 후에 가톨릭 신학의 마리아 역할 강조에 절대적 영향을 미치기도 한다.

니고데모와의 대화도 요한복음에서만 나오는 여러 장면들 중의 하나이다. 니고데모는 유대 사회의 지식층을 대변한다고 볼 수 있다. 바리새인이며 동시에 관원이었던 니고데모는 그래서 남의 눈에 띄지 않는 밤에 홀로 예수를 찾아와 대화를 가질 수밖에 없었다. 하나님 나라를 보려면 사람이 거듭나야 한다는 예수의 설명에 니고데모는 고민한다. 다시 모태에 들어가야만 거듭날 수 있다는 정도의 이해력을 가진 니고데모는 당시 기존 지식층의 이해를 대변하는 듯하며, 예수는 물과 성령으로 거듭날 수 있음을 가르치나 한편으로는 당시 유대 사회가 이런 교훈을 쉽게 받아들이기 힘들 거라 말한다.

성전에서 돈을 바꾸는 자들을 내쫓으시는 그리스도.
가로팔로, 1540, 스코틀랜드국립미술관(성전 정화 장면은 요한복음에서 타 복음서보다 일찍 등장한다.)

이어서 예수는 자신을 '인자'라 칭하며 모세가 광야에서 뱀을 든 것같
이 인자도 들려야 한다는 자신의 미래를 은유로 말하고 하나님이 세상을
사랑하여 독생자(자신)를 주신 것은 믿는 자마다 영생을 얻게 하심이며 또
세상을 심판하러 온 것이 아닌 구원하러 왔음을 선포하고 있다. 이는 유
대의 메시아에 대한 조금은 잘못된 기대감을 바로잡아 주려는 것이었고

나아가 유대공동체만을 위한 메시아가 아닌 모든 자 즉 믿는 자 모두에게 복음이 선포됨을 말하고 있다. 이어서 나오는 사마리아 여인과의 대화 역시 이런 맥락에서 이해할 수 있다.

유대에서 갈릴리로 가려면 사마리아를 거쳐야 한다. 하지만 유대인들은 사마리아인들을 이방인이라 기피하여 이곳을 지나지 않고 돌아서 가곤 하였다. 하지만 예수는 사마리아로 들어가 수가라 하는 동네에 들려 야곱의 우물에서 여인에게 물을 달라고 청한다. 당시 관습으로 보아서는 있을 수가 없는 일이다. 사마리아 여인도 이런 행위가 이상하여 "당신은 유대인으로서 어찌하여 사마리아 여인에게 물을 달라고 하느냐?"라고 반문한다. 또한 그 여인은 어떠한 이유에서든 남편을 다섯 번이나 바꾼 여인이었으며 예수는 이를 신적 권위로 알고 있었다. 설사 이 여인이 사마리아 여인이 아니라 할지라도 다섯 번이나 팔자를 고친 여자와는 지금도 상종하기 꺼려할 것임에도 불구하고 말이다.

예수는 여인에게 목마르지 아니하는 물, 즉 생명수를 자신이 줄 수 있음을 설명하고는 신령과 진정으로 드리는 예배를 설명하였다. 이런 사마리아 여인과의 대화 장면은 유대 전통과는 매우 차이가 나는 행동으로 예수는 복음이 유대를 넘어 사마리아, 더 나아가 전 세계로 펴져 감을 예고하고 있다. 하지만 초대교회 시기까지 유대인들은 이를 충분히 깨닫지 못했다.

예수는 자신을 생명의 떡으로 묘사하고 있다. 오병이어의 이적 후 제자들이 자신을 다시 찾아온 것을 보고는 배부른 떡 즉 썩는 양식을 찾지 말고 영생을 위한 양식을 찾으라고 한다. 조상들이 하늘에서 내린 만나를 먹음을 상기시키시고는, 하나님의 떡은 생명을 주려 하심인데 예수 자신이 바로 하늘에서 내려와 아버지의 뜻을 이루려는 생명의 떡임을 설명한다. 그러므로 자신을 보고 믿는 자들은 영생을 얻을 것이고 자신에게 보낸 모두가 영생을 얻는 것이 아버지의 뜻임을 말하고 있다.

예수의 이런 설법에 제자들이 알아듣지도 깨닫지도 못하자 '살리는 것이 영'이고 예수 자신의 말이 영이며 생명이라 설명하지만, 많은 제자들은 떠나고 만다. 그러나 베드로는 영생의 말씀이 주께 있음으로 함께 할 것을 약속한다. 자신을 참된 양식과 참된 음료로 규정한 예수의 가르침은 종교개혁 이후 이를 신학적으로 기독교 분파에서 다양하게 해석하게 된다.

자신을 생명의 떡으로 말한 예수는 나사로를 살리시는 장면에서 연결되는 주제로 이야기하고 있다. 즉 자신을 부활이요 생명이니 자신을 믿는 자는 죽어도 살겠고 살아서 믿는 자는 영원히 죽지 아니한다는 설명이다. 예수는 나사로의 병이 하나님의 영광을 위함이고 하나님의 아들이 영광을 얻게 하는 사건인 것으로 설명하며 죽은 지 나흘이나 경과하여 냄새가 나는 나사로를 명령하자 살아서 걸어 나오게 한다. 예수의 말을 믿으면 하나님의 영광을 볼 수 있듯이 누구든지 예수를 믿으면 하나님의 영광의 대상이 될 수 있음을 말하고 있다.

요한복음서에서는 공관복음서에서 예수님을 따르는 새로운 제자의 발생을 말함과는 달리 침례 요한의 제자들이 예수의 제자가 됨을 먼저 그리고 있다. 이는 침례 요한의 메시지 속에서 메시아의 도래를 말하고 이를 듣는 자들이 그대로 받아들였으며 나아가 자연스러운 전이로서 예언으로부터 실상의 출현과 또 구약에서 신약으로의 계승을 의미한다.

또한 요한복음서는 전체 삼분의 일 분량을 공생애의 마지막 1주간에 집중하여 그리고 있다. 그러면서 예수 자신의 기도와 독백을 타 복음서에 비하여 월등히 많이 담고 있다. 제자들에게 자신의 앞날에 대하여 말하는

가 하면 가룟 유다에 의하여 잡히기 전 기도에서는 예수 자신이 세상에 더 이상 있지 아니하지만, 자신을 따르는 자들은 세상에 남을 것이니 자신에게 준 아버지의 이름으로 제자들을 보전하여서 제자들과 따르는 자들을 모두 하나가 되게 해달라고 기도한다.

요한복음서의 저자는 예수그리스도에 관한 요한 자신의 관점에서의 기술에 대하여 그 목적을 독자들로 하여금 '예수께서 하나님의 아들 그리스도이심을 믿게 하려 함이요 또 너희로 믿고 그 이름을 힘입어 생명을 얻게 하려 함이니라'라고 분명히 밝히고 있다.

부활 후 베드로에게 나타난 예수는 자신을 사랑하느냐고 물은 후에 그러하다면 양을 치라, 즉 사람들을 제자로 만들어라 라는 명령을 세 번이나 거듭 말함으로 강조한다. 그러면서 제자의 앞날이 예수의 '띠'를 띠고 그가 원하는 곳을 다닐 것이라는 제자 도의 규범에 대하여 예언하고 있다.

요한에게 있어 그리스도의 행적은 이 세상의 공간에 다 기록하지 못할 정도로 많고 위대해 보였고, 요한복음을 읽는 독자에게는 그 해석과 신학적 의미가 그만큼이나 무궁무진하다고 말할 수 있겠다.

INICIVM·SANCTI·EVAGELI·SEĊV·IOHE

사도 요한. 브리타니의 앤 왕비를 위한 경건서, 프랑스국립도서관

30.

예수의 실존에 관한 역사적 탐구와 역사적 고증 접근

계몽주의가 끝나는 19세기 무렵 일부 신학자들은 복음서에 나타난 예수의 모습이 진짜 예수의 모습이 아닐 것이라는 생각을 하였다. 이들은 복음서에 비추어진 예수의 이야기를 연구하기 위해 역사학적 방법론을 사용하여 실제 예수의 모습을 재구성해 보려 하였는데, 이를 '역사적 예수의 탐구(Quest for the historical Jesus)'라고 한다. 그러나 학자들의 해석과 방법론의 차이로 서로 간 매우 다른 모습의 예수가 나타나기도 한다.

예수의 모습이 간혹 복음서에 나타나지 않은 모습으로 묘사되고 낭만적이고 심리학적 접근으로 나타나기도 하는데, 예를 들어 어네스트 레난(Ernest Renan, 1823-1892)이라는 프랑스 학자는 예수의 예루살렘 입성 시 나귀를 타고 들어오는 장면에서 힌트를 얻어 '예수는 갈릴리의 온순한 예언자로 나귀를 소유하고 있었으며, 그는 마을 간을 여행할 때 이 나귀를 타고 이동하였다'라는 스토리를 만들었다. 독일 철학자인 허만 라이마루스(Hermann Reimarus, 1694-1768)에 의하면 예수는 이스라엘의 왕인 하나님이 되고자 하였으나 실패한 정치적 인물로 묘사하고 있으며, 복음서에 나타난 예수의 이적은 부정되어야 하고, 이런 면에서 복음서 저자들은 진실을 말한 것이 아니라고 주장하였다. 독일 자유주의 개혁신학자인 데이비드 스트라우스(David Strauss, 1808-1874)는 복음서에 나타난 예수의 이적들을 신화적 요소로 보았으며, 이는 공동체가 예수의 이야기를 구전으로 전하는 과정과 또 당시 자연현상을 이적으로 묘사함으로써 이런 예수의 이적이 나타났던 것처럼 상상하여 기록하였다고 주장하였다.

요약하면 역사적 예수 탐구는 기독교 신자들에게 알려진 예수를 '신화적 예수' 또는 '믿음의 예수'로 보고 그 실제 모습을 다르다는 의견이다.

우리에게 탐험가로 유명한 역사신학자 슈바이처 박사(Albert Schweitzer, 1875-1965)는 그의 『역사적 예수의 탐구』라는 저서에서 예수에게 각자 자신들의 주관을 주입한 이러한 역사신학 연구를 비난하였다. 슈바이처는 이러한 예수에 관한 새로운 제시가 예수의 묵시록적 메시지를 최소화하거나 무시되고 있다고 보고, 자신 만큼은 유대 묵시록적 정황에서 이론을 발전시키려 하였다. 그러나 결국 역사적 예수의 탐구가 헛된 것임을 깨달은 슈바이처는 학자의 길을 포기하고 아프리카로 의료선교를 떠났다.

점차 역사적 예수의 탐구는 역사학적 방법론의 다양성만큼 여러 해석이 나오고 현대에는 고고학적 측면에 눈을 돌리게 되었으며 이에 따라 예수 시대 유대와 갈릴리의 생활상을 말해주는 고고학적 발견을 중시하게 되었다. 역사적 예수 탐구 학자들은 예수의 생애 중 최소한 2가지, 즉 그가 침례 요한으로부터 침례를 받았고 본디오 빌라도의 명에 의하여 십자가에 못 박힘을 공통으로 인정하며, 21세기의 연구 동향은 복음서에 나타난 예수의 모습을 모두 부정하거나 모두 신봉하는 자세에서 벗어나 역사적으로 타당성이 있으며 가능해 보이는 예수의 생활적 측면에 중점을 두고 접근하고 있다.

최근 학자로, 영국 더람의 주교를 지낸 적이 있는 토마스 라이트(N. Thomas Wright, 1948~)교수는 이런 비평적 예수 탐구에서 벗어나 복음적으로 역사 속의 예수와 그의 실존의 의미를 다루고 있다. 그의 대표작 『하나님의 아들의 부활』(The Resurrection of the Son of God)은 신학생이라면 읽을 만한 작품이다.

이러한 역사 비평적 방법론의 접근은 매우 조심하여야 함이 분명하다. 그렇다면 이러한 비평적 방법론이 아닌 예수의 역사성 자체의 접근을 통하여 복음을 전파하기 위한 역사적 고증의 방법으로 예수를 다시 한 번 접근해 보고자 한다.

우리 크리스천들이 예수에 대하여 이웃에게 증거할 때 그들에게 "예수 그리스도를 믿으세요."라고 하면 혹자는 "네가 예수를 봤느냐?"라고 물어올 것이다. 그러면 우리는 "그는 살아계신 하나님의 아들이고 이 땅에 오셔서 우리를 위하여 죽으셨으며 죽은 뒤 부활하셔서 하늘 보좌에 계실뿐만 아니라 마지막 날에 우리를 데리러 다시 오실 것입니다."라고 설명할 것이고, 그러면 불신자는 "그게 다 어디에 쓰여 있으며 네가 어찌 그리 확신하느냐?"라고 다시 물어 볼 것이다. 대부분 신자들이 이때 답변하는 것이 "성경에 이러한 모든 것이 써 있답니다."라고 답한다면 그는 분명 "그건 당신들이나 믿는 것이지 나랑 상관이 없다."라고 냉소조로 말할 것이다. 이럴 때 우리는 예수가 역사적으로 실존하였던 인물이라는 예수의 역사성에 대하여 말하여야 하는데 그들이 믿지 않는 '성경'을 가지고 근거를 댄다면 조금은 설득력이 떨어질 수가 있다. 그렇다면 일반 역사서나 기록에 예수에 관한 증거가 나와 있을까? 많지는 않으나 다행스럽게도 몇 개의 문서가 예수그리스도의 실존성을 증거하고 있다.

로마의 역사가 요세푸스(Josephus, 37-100)는 서기 93년경 로마에서 「유대고대사」를 저술하였는데, 18권 3장에서 예수에 대하여 언급하고 있다. 역사가로서 요세푸스는 예수의 역사적 존재를 확인할 뿐만 아니라 일부 사람들에 의하여 메시아, 즉 그리스도로 받아들여짐을 기록하고 있다. 요세푸스는 예수의 정체성에 대하여 '너무나 신기한 일들을 행했기 때문에 인간이라고 볼 수 있을는지는 모르겠으나 인간으로 보는 것이 합당하다면'이라고 하면서 '지혜로운 사람'이라고 기록하고 있다. 이어서 예수는 '수많은 유대인뿐 아니라 이방인까지도 그의 곁으로 끌어들였다'고 증언하였다. 요세푸스의 눈에 예수는 하나님의 선지자들에 의하여 예언된 일을 수행한 사람으로서 '유대의 유력 인사들의 청'에 의하여 빌라도의 명으로 십자가에 달려 죽었으나 3일 만에 다시 살아나 그들 따르던 자들에게 나타난 사람이었으며, 예수를 따르던 자들은 그의 이름 그리스도를 본떠 크리스천이라 불리는 사람들이 요세푸스 자신의 시기 즉 서기 100년경까지 남아 있음을 역사서에서 증언하고 있다.

분명 요세푸스의 기록은 성경 이외에서 예수의 실존을 증거하고 있음이 틀림없다. 하지만 이 역사서의 예수에 관한 부분에 회의적으로 보는 시각도 있다. 요세푸스는 유대인이었지만 크리스천은 아니었다. 그런 그가 예수를 '그리스도'라고 기록하며 십자가에서 죽은 후 3일 만에 부활함을 기록함은 객관적 시각의 학자들에게 본문의 진실성에 의심을 품계 하였고, 이를 후에 크리스천들에 의하여 삽입된 구절이라는 오히려 더 억지스러운 주장이 나오기도 한다. 그러나 이런 주장은 얼마든지 나올 수 있고 증명될 수 있는 사항도 아니다. 사실 대부분의 학자들이 그 진위성에 많은 의문을 품고 있지는 않다. 요세푸스는 또한 「유대고대사」20장 9절에서 '그리스도라 불리는 예수의 형제 야고보'를 언급하고 있으며 이 구절에 대한 진위성은 전혀 의심받지 않는다.

또 다른 예수의 역사성에 대하여 확실히 증언하고 있는 기록은 로마 상원의원이자 역사가인 타키투스(Tacitus, 56-120)의 기록이다. 그의 「연대기」15권 44장에서 그리스도가 본디오 빌라도에 의하여 처형된 사실과 초기 기독교인들의 존재를 기록하고 있다. 타키투스의 연대기 해당 부분에 대한 진실성에는 전혀 문제가 없으며 다른 로마 기록들과 상충되는 부분도 전혀 없다.

사실 44장은 네로황제에 의한 기독교인들의 박해에 대하여 언급하고 있다. AD 64년 로마에 발생한 대화재에 대하여 네로를 주범으로 의심하자 그는 기독교인들에게 혐의를 씌우고 잔인하게 박해하였다. 기독교에 대하여 타키투스는 '악한 미신'으로 표현하며 전 유대뿐 아니라 모든 사교들이 모여 들었던 로마에 출현하였음을 말하고 있다.

사라피온의 아들 마라(Mara bar Sarapion, AD 1세기 활동)는 시리아 출신의 스토아학파 철학자로 그의 아들에게 보내는 편지에서 예수의 십자가 처형을 언급하고 있다. 마라는 역사상 인물들 중 '세 명의 현자'가 공정하게 대우받지 못하였으며, 여기에는 소크라테스, 피타고라스와 함께 '유대인의 현명한 왕'을 언급하며 이들에 대한 잘못으로 하나님의 처벌이 잘못을 저지른 자들에게 임하였다고 기록하고 있다. 예수를 유대인의 왕으로 표현하는 것으로 보아 마라는 기독교인이 아니었음을 알 수 있다.

유대인의 왕을 죽임으로 예루살렘이 멸망하고 백성들이 뿔뿔이 흩어짐으로 어떠한 도움도 되지 못하였다는 그의 의견을 싣고 있다.

부모 집에 있는 그리스도. 존 에버릿 밀레이, 1848, 런던 테이트브리튼 갤러리.

현실적인 예수의 유년 시절을 표현한 그림. 중앙의 소년 예수는 집게로 못을 빼다가 다쳐 손과 발에 핏자국이 있으며 모친은 무릎을 꿇고 안쓰러워하고 있고, 요셉도 걱정되듯 아이를 쳐다보고 있으며 뒤편 할머니는 집게를 혼내주려 한다. 외국인으로 보이는 왼편 검은머리 사내는 이런 상황에 별 관심이 없는 듯하며, 치료할 물을 떠오는 거친 낙타 가죽옷을 입은 소년은 침례 요한 같아 보인다.

이런 '역사적 예수'의 구성은 한 계획도에 의한 예수의 이야기가 그려지면 이 계획도와 맞지 않는 사항들은 복음서에 나온 요소들이라도 버려지고 거기에 맞는 새로운 요소들이 채워지는 과정을 거치고 있다. 이는 예수를 1세기 유대인으로 그리기보다는 '역사적 예수' 탐구를 하는 자신의 모습처럼 묘사한다는 비평을 듣는다.

31.

오순절, 교회의 시작

우리에게 누가가 기록하였다고 알려진 사도행전에는 예수그리스도가 약속하신 성령의 강림을 이렇게 전하고 있다.

"오순절 날이 이미 이르매 저희가 다 같이 한곳에 모였더니 홀연히 하늘로부터 급하고 강한 바람 같은 소리가 있어 저희 앉은 온 집에 가득하며 불의 혀같이 갈라지는 것이 저희에게 보여 각 사람 위에 임하여 있더니 저희가 다 성령의 충만함을 받고 성령이 말하게 하심을 따라 다른 방언으로 말하기를 시작하니라"(행 2.1-4).

당시 예루살렘은 로마 전역에 살던 유대인들이 그들의 추수절을 맞이하여 절기를 기념하기 위하여 모여들었기에 많은 자들로 붐비고 있었다. 예수 그리스도가 부활 승천한 이후 그의 제자들과 이와 함께 따르던 자들은 주께서 당부하신 '예루살렘을 떠나지 말고 하나님 아버지의 약속하신 바를 기다리라'라는 명령을 지키어 모여 있었다.

이 시기야말로 당시 예수를 따랐던 자들에게, 그리고 향후 교회 역사를 통틀어 역사적으로 가장 막연한 시기였을 것이다. 예수 자신의 다시 돌아오리라는 예언에는 명확하지 않은 부분이 사실 있기도 하다. 성경에 의하면 부활 이후 예수는 마태복음에서 "내가 세상 끝 날까지 너희와 항상 함께 있으리라"라는 말을 남기었고 요한복음에서는 "내가 올 때까지 그를 머물게 하고자 할지라도 네게 무슨 상관이냐'라고 말함으로써 그가 다시 오심을 간접적으로 말씀하고 계시다. 다시 오심에 대한 예수 자신의 말씀으로는 공관복음 공히 인자가 구름을 타고 권능과 영광으로 오실 것을 기록하고 있다. 또한 공관복음 공히 예수가 제자들에게 그들이 죽기 전 하나님의 나라가 임할 것을 말하는데 이를 예수의 재림으로 해석하기에는 약간 무리가 있어 보인다.

예수가 다시 오시리라는 확실히 예언은 예수가 승천하는 장면을 쳐다보고 있는 제자들에게 나타난 천사들(흰옷 입은 두 사람)의 말로서 "너희 가운데서 하늘로 올리신 이 예수는 하늘로 가심을 본 그대로 오시리라"라고 전하였다. 아무튼 예수가 이 세상에 다시 오심은 이후 기독교 전통적으로 그렇게 믿어져 왔으며 이에 관하여 수많은 기독교 집단들이 교회사를 통하여 그 해석을 자신들 나름대로 함으로서 많은 문제에 봉착하기도 한다. 주가 다시 오심을 그의 능력이 이 땅에 전파됨을 뜻하건 아니면 문자적으로 그가 육체적으로 다시 오심을 의미하든 간에 예수의 승천 후 오순절까지 50일의 기간은 역사적으로 가장 지루한 기한이었음이 틀림없다.

주가 육체적으로 다시 오심을 기다리던 제자들에게 그리스도는 성령을 보내주셨고 그것은 바로 유대 추수절이며 기독교에 의하여 오순절로 불리는 날에 임하였다. 성령이 각자에게 직접 임하심은 삼위 하나님의 임재하심의 시간적 경륜적 차원에서 매우 의미 있는 일이었다. 구약에서도 성령 또는 권능이 선지자들에게 임하여 그들을 통하여 하나님이 이스라엘 백성들에게 주시는 메시지를 전달하였다. 그러나 그 성령의 임재는 그들 속에 항상 같이 임하였다기보다는 필요시 그들에게 때때로 나타나시거나 임하였다고 봄이 더 적절한 표현일 것이다.

사도행전에 나타난 성령의 초기 임재는 방언으로 나타나며 이를 듣던 여러 사람들이 각자의 고유 언어로 듣게 되었다. 그들은 로마 전국의 지역에서 온 사람들이었고 모두가 본래 유대인이었던 사람들과 유대교로 개종한 사람들로 다양하게, 그야말로 유대 절기에 한곳에 모일 수 있는 많은 종류의 사람들로 구성돼 있었다. 이런 사람들 모두가 각자의 고유 언어로 예수의 제자들이 하는 방언을 알아들은 것은 매우 놀라운 일이었다. 각국의 언어로 알아듣던 자들에게 이러한 현상은 자신도 믿기 어려운 일이었으며 그중 일부는 예수를 따르는 자들이 술에 취하였다라고 표현도 하였다. 그러나 정작 놀라운 일들은 따로 있었다.

베드로와 안드레를 부르시는 예수. 마에스타. 1308-1311, 이태리 시에나

그것은 예수의 열두 제자 중 베드로의 경우를 들어 보도록 한다. 그는 고기를 낚던 어부였으나 예수가 그를 직접 부르시고 '사람을 낚는 어부'가 된 자이다. 그는 예수가 자신을 누구로 알고 있는지 베드로에게 자신의

신분을 묻자, 그는 "주는 그리스도시요 살아계신 하나님의 아들입니다"라고 고백을 하던 자이며, 변화산에서 주를 위하여 초막을 지을 의향이 충분히 있다고 하였는가 하면, 자신은 모든 것을 버리고 주를 따랐다고 하였고, 자신은 절대 주를 배반하지 않겠다고 한 예수의 제자 중의 제자였다.

그러나 막상 상황이 변하여 예수가 잡혀가고 자신은 대제사장의 집 뜰에 있을 때 베드로를 알아본 여종에게 자신은 절대 베드로가 아니라고 하였으며 또 다시 예수가 잡힐 시에 베드로가 귀를 벤 말고의 친척이 그를 알아보고 베드로라 하지만 그는 결코 그렇지 않다고 부인을 한다.

그러나 오순절 성령이 임하자 상황은 매우 달라졌다. 성령이 임하여 각 방언으로 말함을 어떤 자들이 조롱하며 새 술에 취하였다고 하자 베드로는 이는 술에 취함이 아니요 선지자 요엘의 예언(욜.2:28-32)이 이루어진 것이라 하며 성령은 예수가 하늘에 오르신 후 아버지께 받아서 부어 주시는 것으로 듣는 모두는 회개하고 예수 그리스도의 이름으로 침례를 받고 죄 사함을 얻으면 성령을 받으리라는 내용의 설교를 하였다. 이에 하루 동안 삼천 명이 침례를 받으며 예수를 따르게 된다.

베드로는 요한과 함께 성전 미문에 이르자 나면서부터 앉은뱅이 된 자를 보고는 "은과 금은 내게 없거니와 내게 있는 것으로 네게 주노니 곧 나사렛 예수 그리스도의 이름으로 걸으라"하여 그를 스스로 일어나 걷고 뛰게 하는 이적을 행한다. 또한 주님은 욥바에서 기도하고 있는 베드로에게 유대인들이 먹지 않던 동물과 새들을 먹으라고 통보한다.

사도행전 13장을 분기로 베드로의 행적은 거의 언급되지 않고 있으며 이후는 바울이 주된 인물로 등장하고 있다. 교회 전승에 의하면 베드로는 로마로 가서 복음을 전하고 순교한 것으로 알려지며 초기 지도자인 이그나티우스(Ignatius,35-108) 서신에서도 이를 증명하고 있다.

로마의 대화재로 인한 네로황제의 기독교 박해로 로마의 크리스천들은 믿음 생활은 물론 그 신분이 발각되면 곧바로 순교를 당하는 시기였다. 그래서 기독교에 대한 박해가 더욱 심해짐에 따라 대부분 크리스천들이 로마를 떠나 피신하였고 로마에서 복음을 전파하던 베드로도 마찬가지로 로마를 떠나고 있었다. 도시를 거의 벗어날 즈음 어느 한 사람이 무언가 무거워 보이는 짐을 지고 반대쪽으로 로마를 향해 걸어오는 것이 베드로의 눈에 들어왔다. 베드로는 이 사람을 가만히 보니 주님이신 예수 그리스도였고 그가 십자가를 지고 로마로 가는 것이 아닌가.

이에 베드로는 주를 향하여 "주여 어디로 가시나이까?"(Quo vadis, Domine?) 라고 물었고 이에 예수 그리스도는 "나는 다시 십자가에 달리기 위하여 로마로 가노라"라고 답하였다.

이에 베드로는 우리가 핍박과 어려움을 피하여 주님이 당하신 고통을 회피한다면 주의 십자가를 무력하게 하는 것이라는 생각에 가던 길을 돌아서서 로마로 향하였다. 물론 십자가를 지고 가던 예수 그리스도의

베드로의 십자가형. 카라바쪼 1601, 세라시 채플, 로마

모습은 더 이상 보이지 않았다.

로마로 돌아간 베드로는 어려운 시기에 복음을 끝까지 전하다가 순교하였는데, 그는 자신이 주님과 같은 모양으로 십자가에 똑바로 설 자격이 없음을 깨닫고는 거꾸로 십자가에 매달려 순교하였다. 이상 베드로 순교

쿼바디스(주여 어디로 가시나이까?). 아니발레 까라찌. 1602. 런던국립미술관

사화는 외경인 베드로행전(Acts of Peter)을 근거로 한다. 이는 정경이 아닌 베드로행전 뿐만 아니라 초기 교부들인 터툴리안, 오리겐, 그리고 역사가인 요세푸스 등의 글에서 사실성을 입증하고 있다. 베드로가 순교한 장소는 현재 로마의 성베드로 성당으로, 이는 후에 기독교를 공인하는 콘스탄틴 대제가 베드로를 기념하기 위하여 바로 그 자리에 세웠다.

32.

12사도의 행적

예수 그리스도의 부활 승천 이후 십이사도들은 성령에 이끌리어 복음을 전파하다가 대부분 순교하였다. 전회에서 언급한 베드로 이외에 몇몇 제자들의 행적을 살펴보도록 한다.

사도 요한은 사도행전에서 대부분 베드로와 함께 행동하는 것으로 그려지고 있다. 사도행전 3장에 나타나는 제자들에 의하여 처음으로 이적을 행하는 성전 미문의 장면에서 요한은 베드로와 함께 앉은뱅이를 치유하였고, 산헤드린에 베드로와 함께 붙잡혀서는 기탄없이 당당하게 증언하였다. 또한 사마리아에 복음이 전파되자 베드로와 함께 그곳에 가서 신자들이 성령받기를 위해 기도하였다. 사도 요한은 지금의 튀르키예 지방인 소아시아 지역에서 주로 활동하였고 이곳 중 유대인들이 꽤 있었던 에베소교회에서 말년을 보낸 것으로 전하여진다.

로마제국은 네로 황제 이후 기독교에 대한 박해를 심화하였다. 박해는 황제에 따라 그 정책에 따라 온도 차가 있었는데, 도미티안 황제(재위 81-96)시 심한 박해가 있었고 이때 요한은 밧모섬으로 피신하였다고도 하나 추방당한 것으로 볼 수 있다. 밧모섬에서 그는 요한계시록을 하나님의 계시에 따라 써 내려갔다고 교회는 전통적으로 믿고 있다.

요한은 독수리와 함께 자주 묘사되기도 하는데 이는 에스겔서 1장 10

절과 계시록 4장 7절에 공통적으로 나오는 네 얼굴들(동물) 중의 하나이며, 교회 전통에서 독수리는 사도 요한 또는 요한복음서를 나타내기도 한다. 요한이 독수리로 묘사되는 이유는 그의 복음서가 독수리처럼 하늘 높이 위에서 그야말로 '독수리의 눈'으로 땅을 내려다봄으로 좀 더 넓은 그림을 그릴 수가 있었다는 의미에서 연유하며 인간적 관점보다는 신적 관점에서 통찰력을 가지는 조망(perspective)을 소유함을 뜻한다. 이런 이유에서 교회당의 성경을 읽는 독서대는 독수리의 모양을 흔히 하고 있음을 볼 수 있다.

또한 요한은 켈틱 교회(5세기경 발생한 로마 가톨릭과 구별된 아일랜드와 스코틀랜드 중

〈성 마가의 아이콘〉 1657, 베나키 박물관, 아테네.

심의 교회)에서 선호하는 사도였으며, 이는 베드로와 바울을 선호하는 로마교회의 심기를 불편하게 하기도 하였다고 한다. 다시 교회전통 속 이야기이지만 요한은 최후의 만찬 시 예수에게 기대었기에 그는 하나님의 심장 소리를 들었고, 이는 사도 요한을 우리에게 하나님의 생명을 듣게 하는 심벌이 되게 하였다.

이후 교회 예술의 전

통에서 요한은 십자가 고상 우편에서, 모친 마리아는 좌편에서 예수를 지키고 있는 인물로 묘사되고 있다. 기독교인들이 이유 없이 핍박을 받던 박해시기에 이들을 변호하였던 변증가 터툴리안에 의하면 사도 요한은 로마의 콜로세움에서 끓는 기름에 빠뜨리는 고난에 처하였으나 그는 아무런 상처를 받지 않았으며, 이로 인하여 오히려 그 장소에 있었던 모든 청중들이 기독교로 개종하였다고 전한다.

의심이 많은 자로 알려진 도마는 인도를 방문하여 복음을 전한 것으로 전해진다. 그리 신빙성 있어 보이지 않는 이 주장은 조금은 황당하게 구성된 도마복음서(약 200년경에 쓰인 외경)에 나타나 있다.

의심하는 도마. 카라바쪼, 1601-2, 독일 산쏘치 갤러리.

도마는 인도의 남부 케랄라(Kerala) 지역인 무지리스에 도착하였는데, 이곳에는 당시 유대 공동체가 형성되어 있었다고 한다. 인도의 남서부인 이곳 케랄라에서 도마는 복음을 전하다가 순교하였다고 전해지며, 시리아의 에프렘 집사에 의하면 그의 유해는 에데사(Edessa) 로 옮겨졌고, 현재 이라크의 마타이 수도원에 보관 중이다. 성 도마 크리스천 집단은 자신들이 도마에 의하여 포교된 기독교 집단임을 주장하는데, 인도의 많은 크리스천들은 도마의 인도 전도를 기정사실로 받아들이고 있다.

마태복음의 저자 마태는 갈릴리 출신으로 세금을 거두는 세리였으며 아람어와 헬라어를 구사했던 것으로 알려졌다. 예수께서 세리와 죄인들과 함께 식사하자 바리새인들과 서기관들이 이를 비난하였고, 예수가 "내가 의인을 부르러 온 것이 아니요 죄인을 부르러 왔노라"(막 2:17)라고 말한 당시 상황에는 마태가 포함되었을 가능성이 높다. 마태는 예수의 부활과 승천의 증인이었으며, 마가의 다락방에 모여서 성령이 강림하던 현장에도 함께하였다. 이레니우스와 클레멘트에 의하여 마태는 유대 땅에서 복음을 전파하고 다른 지역으로 선교를 나갔다고 전하는데 그곳이 어디였는지 확실하지 않다. 세리라는 그의 직업 때문에 로마교회에서는 그를 은행가들의 수호성인(patron saint: 중세 이후 개념)으로 모시고 있다.

마가복음의 저자 마가는 이집트로 건너가 알렉산드리아 교회를 설립하였다고 전한다. 유세비우스에 의하면 헤롯 안티파스가 유대 전체를 다스리던 첫 해(AD 41) 세베대의 아들 야고보를 죽였고 베드로도 사로잡았으나 기적적으로 탈출하였다. 이어서 베드로는 안디옥과 소아시아를 거쳐 로마에 도착하는데, 이 도중에 마가를 만나 동행하게 되었다. 베드로의 증언을 토대로 하여 마가는 마가복음을 저술하게 되고, 이는 4복음서중 최초로 기술된 복음서이다. 49년경 마가는 알렉산드리아로 가서 교회를 설립하는데 현재 콥틱교회, 알렉산드리아정교회 등이 이 마가의 교회를 계승한 것이라 주장하고 있다.

그는 68년 순교하였고 그의 시신은 알렉산드리아에서 보관하고 있었으나 828년 베네치아(베니스) 사람인들의 공모로 두 상인이 이곳에 와서 유

〈최후의 심판〉 바돌로메 부분, 미켈란젤로, 시스틴 채플

해를 훔쳐 베네치아로 가져갔으며 베네치아 성 마가 바실리카 교회를 세운 후 이곳에 유골을 보관하였다. 하지만 콥트교인들의 주장에 의하면 마가의 유골이 분리되어 나누어 보관되고 있다고 믿는데, 그의 머리는 알렉산드리아 교회에, 유골의 일부는 카이로의 성 마가 콥틱 정교회에서, 그리고 나머지 유골은 베니스에서 보관 중이라고 한다.

이처럼 기독교 전통에서 사도 등 유명 크리스천들의 유해를 귀중히 여기는 풍습은 기독교 공인(AD 313) 이후 나타나는 현상으로 이에 대하여 후에 상술하고자 한다. 그 내용이 역동적 전개를 보이고 있는 마가복음서의 저자인 마가는, 비록 일부 학자들은 그가 저자 본인이 아니라는 주장도 있지만, 강력한 성령의 사역이 나타나는 이유에서인지 그를 사자로 교회 예술에서 표현하고 있다.

바돌로메 또는 나다나엘이라 불리는 예수의 제자는 주의 승천과 성령을 받는 장소에 다른 제자들과 함께하였으며, 그는 산 채로 가죽이 벗겨지는 참혹한 순교를 당한 사건으로 유명하다. 나다나엘은 빌립에 의하여 예수의 제자가 되었다. 빌립이 선지자 나사렛 예수를 만났다고 하니 나다나엘은 "나사렛에서 무슨 선한 것이 날 수 있느냐?"라고 반문한다.

나사렛이란 지방은 당시 너무나 하찮은 곳이었으며 구약성경과 초기 유대교 문헌들에도 언급되지 않는 장소였기 때문인데, 이를 통찰한 예수 그리스도는 이런 나다나엘이 자신에게 오자 '그 속에 간사함이 없는 자'라고 하시며 제자로서 그의 미래를 이야기하신 바가 있다(요 1장).

유세비우스와 제롬에 의하면 바돌로메(나다나엘)는 인도와 아르메니아에서 선교하였다. 전승에 의하면 바돌로메의 선교로 아르메니아의 왕 폴리미우스가 기독교로 개종하였는바, 왕의 동생 아스티아게스는 형이자 왕의 개종에 대한 로마제국의 문책이 두려워 바돌로메를 잡아들였고, 그를 산 채로 가죽을 벗기었으며 목을 자르는 극형에 처하였다고 한다. 16세기 천재 예술가 미켈란젤로가 시스틴 채플에 그린 최후의 심판에는 바돌로메가 자신의 가죽을 들고 있는 모습으로 나타나 있다.

예수 그리스도의 부활 승천 이후 초기 복음의 전도는 십이사도 등 우리에게 잘 알려진 인물들뿐만 아니라 수많은 무명의 인물들에 의하여 실제로 이루어졌다. 이들은 상인, 여행자, 노예 등 각계각층의 사람들로 실제로 이런 평신도들에 의한 전도의 효과로 복음은 예루살렘과 유대를 넘어 점차 세계로 퍼져 나아가게 되었다.

복음서를 기록하는 마태. 9세기. 에페르네 시립도서관, 프랑스

33.

환상으로 예수를 만난 사도, 바울

예수 그리스도 이후 교회의 형성을 살피는 과정에서 예수의 제자 십이 사도 이외에 꼭 언급하여야 할 인물이 있으니, 그는 다름 아닌 사도 바울이다.

그는 소아시아 다수스에서 서기 5년경 태어나 엄격한 율법 교육을 받은 헬라파 바리새인이다. 다수스는 지중해 항구로 잘 발달된 도시였으며 따라서 교역을 통한 상업이 번창한 로마의 도시였다. 알렉산더 대제 시기 다수스는 이미 소아시아에서 가장 중요한 도시 중 하나였다. 히브리식 그의 이름은 사울이었고 헬라어와 라틴어 이름으로 바울(파울)이라 불린다.

당시 유대인들은 히브리식 이름과 라틴 또는 헬라식 이름 두 가지를 갖는 것이 흔한 일이었다. 부친이 로마 시민권을 얻었기에 바울은 태어나면서부터 로마 시민이었으며 베냐민 지파 바리새인이다.

어릴 적 그는 예루살렘으로 수학을 하러 가 당시 가장 저명한 랍비였던 가말리엘로부터 교육을 받았으며 이 시기 바울은 방대한 고전 문학과 철학, 그리고 윤리학으로 균형 잡힌 지식을 얻었을 것이고, 스토아학파 철학의 지식은 후에 이방인들의 개종에 많은 도움이 되었을 것이다. 그는 히브리어와 헬라어에 능통하였으며 라틴어 구사 여부는 명확하지 않다. 어느 시기부터인가 그는 텐트를 만드는 일에 종사하였으며 이는 아굴라 부부와 만나 일을 같이하는 인연으로 시작하여 선교에 막역한 동역자로 발전하게 된다.

　사울의 회심에 관한 이야기는 예수 그리스도의 부활 승천 이후 수년(대략 33-36년)안에 일어난 사건이다. 그가 크리스천들을 박해하기 위하여 예루살렘에 거하는 대제사장으로부터 공문을 받아 다메섹으로 이동하던 중, 노상에서 홀연한 빛으로 인하여 땅에 엎드린 그에게 그리스도는 자신을 음성으로 나타내시며 다메섹에 가면 그를 인도할 자가 있으리라 말한다. 이후 사울은 눈을 떴지만 보지는 못하는 상태로 도시로 들어갔고 주를 만난 충격에 사흘 동안 식음을 전폐하였다.

　주의 계시로 인하여 다메섹의 아나니아는 사울을 맞이하고 그에게 안수하여 눈의 시력이 회복되고 몸도 점차 강건하게 되었다. 이로써 사울은 그리스도의 사람이 되어 복음을 전파하기 시작하니 전에 그가 크리스천들을 핍박하였던 이유로 많은 자들이 놀란다. 이후 성경에 사울은 바울로

〈바울의 회심〉 비비안성경, 846, 파리국립도서관

표기되며, 바울은 안디옥의 교사 바나바와 함께 전도 여행을 떠난다.

바울은 2차 전도여행 시부터 소아시아를 벗어나 유럽을 향하였고, 그 첫 번째 도시는 네압볼리, 지금의 카바라 이다. 이곳에는 바울의 도착을 기념하는 바울도착기념교회가 있고 그 도착 장면이 모자이크화로 나타나 있는데, 이는 16세기 베네치아인 들에 의하여 건립된 건축물이다. 바울은 이곳을 거쳐 북으로 16km 떨어진 곳에 위치한 빌립보에 도착하였다.

네압볼리(현 카바라)에 위치한 바울도착기념교회

이곳에서 바울은 안식일을 맞이하여 기도처를 찾던 중 두리아 출신으로 자주옷 상인이었던 루디아라는 여인을 만났고, 그녀는 바울의 메시지에 응답하여 그녀와 식구들이 모두 침례를 받았다. 루디아는 복음을 들은 기쁨에 바울 일행을 자신의 집에 초대하자 일행은 그녀의 집에 거하게 된다.

이 근처에서 바울은 귀신 들려 점을 치므로 돈을 버는 여종을 만나게 되었다. 그녀는 바울 일행을 보고 "이 사람들은 지극히 높은 하나님의 종으로 구원의 길을 너희에게 전하는 자이다"라고 쫓아오며 며칠간이나 계속 소리를 쳤다. 바울이 이에 매우 괴로워 그녀를 보고는 "예수 그리스도의 이름으로 내가 네게 명하노니 그에게서 나오라"라고 명하니 여종에게서 즉시 귀신이 나와 떠났다. 그 결과 여종으로 하여금 점을 치게 하던 귀신이 떠났음으로 여종은 더 이상 점을 쳐서 돈을 벌수가 없게 되었고, 이에 여종의 주인은 매우 화가 나 바울과 실라를 잡아 관청으로 끌고 가서는 이들이 유대인임을 밝히고 자신들 로마 사람들이 도저히 수용할 수 없는 풍속을 전한다고 고하였다.

유대인은 당시에도 문제적 민족으로 비추었기에 바울 일행의 유대인 신분과 또 유대 사회에서도 환영받지 못하는 그리스도의 복음을 전파한다는 사실, 그리고 자신들에게 금전적 손해를 끼침으로 인한 분노로 점치는 여종의 주인은 바울 일행을 송사하였고 당시 주위에 있던 군중들도 함께 소리쳤다.

이후 행정관의 명에 의하여 바울과 실라는 옷을 벗긴 후 매질을 당하고는 감옥 깊은 곳에 가두었으며 발에는 착고(두개의 나무토막 사이에 구멍을 파 죄인의 두 발목을 넣고 자물쇠를 채운 형구)를 채워 그들이 절대 도망을 가지 못하게 하였다. 감옥에서 착고까지 찬 바울과 실라였지만 그들의 심령은 매우 평안하여 한 밤중에 기도하며 하나님을 찬미하였고, 이웃 죄수들도 경청하였다.

이때 갑자기 지진이 발생하여 땅이 흔들리고 옥의 문이 열리며 죄수들을 매인 사슬이 모두 풀리는 현상이 발생하였다. 한 밤중에 옥을 지키고 있었지만 잠들었던 간수는 땅의 진동에 눈을 뜨자 활짝 열린 옥문들을 보게 되었다. 옥문이 열렸다면 당연히 모든 죄수가 탈출하였다고 생각한 간수는, 죄수들을 지켜야 하는 자신의 책임을 다하지 못하여 당시 로마법에 따라 큰 벌을 받을 것이 염려되어 그는 자신이 차고 있던 검으로 자결하려 하였다.

이런 상황을 옥에 앉아 모두 목격하던 바울은 소리쳐 간수를 불렀다. "여보시오 간수 양반, 당신 몸을 절대 그 칼로 상하게 하지 마시요. 우리는 모두 여기에 이렇게 도망치지 않고 앉아있지 않소". 이 말을 들은 간수는 자신의 칼을 내려놓고는 이들이 정말로 아직 옥에 있는 지를 확인하려 횃불을 정신없이 찾아서 들고 와서는 드디어 바울과 실라가 아직 옥에 그대로 있음을 확인하였다.

이에 간수는 지금까지 바울과 실라가 유대인이며 무언가 다른 죄인들과는 다르다고 느끼었고 이제는 그들이 의연히 옥에 앉아 있는 모습을 보는 순간 두려움에 떨며 그들에게서 그 소문으로만 듣던 인생의 구원을 얻을 수 있을 것이라는 생각이 들었다.

간수는 바울 일행을 이미 열려있는 감옥 문을 통하여 밖으로 인도 하였고 함께 밖으로 나온 간수는 무언가 작심한 듯 물었다. "선생들이시여, 구원을 얻으려면 내가 무엇을 하여야 하나요?" 그러자 바울은 이렇게 말하였다. "주 예수를 믿으라 그리하면 너와 네 집이 구원을 얻으리라."

바울과 실라는 간수의 집으로 초대되어 그의 가족에게 하나님의 말씀을 전하였으며 그들은 모두 즉시 새로운 삶의 약속인 침례를 받았다. 그리고는 바울 일행의 상처를 치료해 준 후 음식과 거처를 제공하며 모두 함께 기뻐하였다. 이것이 바울이 유럽으로 전도 여행을 떠난 후 첫 번째 일어난 일이었다.

필자는 어릴 적 예산이라는 자그마한 시골에 살았다. 시골의 길은 당연히 포장이 되지 않은 상태여서 차가 한대라도 지나가면 먼지가 폴폴나 탑새기가 뽀얗게 않는 그런 자갈길과 흙이 섞인 도로였다. 이 도로 옆 차가서는 자리에는 어디나 "주 예수를 믿으라 그리하면 너와 네 집이 구원을 얻으리라"라는 문구를 전면에 붓글씨로 써 붙인 작은 천막 버스정류소가 있었다. 그때는 나는 그것이 무엇을 뜻하는지 몰랐다. 그리고 별 관심도 없었다. 수십 년 전에 지금의 아내를 만나 나도 예수쟁이가 되었고 지금 그때 그 시골길에 먼지가 뽀얗게 덮인 정류장 천막에서 보던 문구가 맘속에 떠오르곤 한다.

"주 예수를 믿으라 그리하면 너와 네 집이 구원을 얻으리라"(행.16:31).

강의 요점 : 사도 바울은 예수께서 그를 음성으로 직접 부르심으로 예수의 제자가 되었다. 그래서 바울은 모든 서신서에서 '그리스도로부터 부르심을 받은 자'임을 명시하여 예수 생존 시 만난 12사도에 비하여 전혀 소위 그 정통성에서 뒤지지 않음을 말하고 있다. 바울의 크리스천화는 향후 기독교의 미래에 지대한 영향력을 주게 되었다.

34.

바울의 회당 전도

흔히 바울을 이방인을 위한 사도라고 칭하고 있다. 이는 결과적으로 맞는 말이지만 그 과정에서 눈여겨보아야 하는 것이 있다. 바울은 빌립보를 떠나 다음 행선지인 데살로니가로 향하여 이곳 유대인 회당에 들어가 강론하고 그리스도의 복음을 전파하였다. 그의 다음 행선지였던, 베뢰아, 아덴, 고린도 등지에서도 꼭 회당에 먼저 들어가 디아스포라 유대인들에게 복음을 전파하는 사실은 사도행전을 통하여 확인할 수 있다.

역사적으로 유대인들은 고향을 떠나 사는 디아스포라 유대인이 많았는데 이들은 각지에 그들의 회당을 건설하고 이곳에 모여서는 율법 공부를 하고 또 하나님의 약속을 확인하였다. 이스라엘 민족의 디아스포라 역사는 매우 오래되었다. 그들은 BC 722년 아시리아에 의한 북 왕국의 멸망과 BC 586년 바빌론에 의한 남왕국 유다의 멸망으로 인하여 민족이 흩어져 살고 있으며, 바빌론 유수 이후에도 그리스 알렉산더 대제에 의한 예루살렘 정복 이후 알렉산드리아 신도시로 많은 유대인들이 강제로 이주를 당하였고 안티쿠스 4세 시기에 소아시아지방으로 강제 이주 당하였으며 로마 폼페이우스 장군은 예루살렘을 점령 후 수많은 유대인을 로마로 이주시켰다. 1,2차 유대 반란에 의한 이주는 후에 기술하기로 한다.

회당은 서기 70년에 발생한 2차 성전의 파괴 이전에도 이렇듯 디아스포라 유대인들이 있는 곳이면 어디나 보통 10명 이상의 유대인이 모여 건설하였다. 회당에서는 성전식 희생 제사를 드리지 않으며 모여서 모세 5경을 주로 읽고 기도로 예배를 드렸다. 이렇게 유럽의 각 도시에 건설된 회당을 바울은 방문하여 성경을 가르치고 강론하며 그리스도의 부활과 그 신앙을 전파했다. 그중에서도 베뢰아라는 도시 거주민들은 매우 신사적이어서 바울의 복음 전파에 많은 사람들이 성경을 상고하여 그리스도의 복음을 받아들였고, 이는 베뢰아에 거주하는 유대인들뿐만 아니라 그리스의 교양 있는 신사와 귀부인들도 포함이 되어 있었다.

하지만 베뢰아보다 먼저 전도한 데살로니가에서는 오히려 일부 이방 그리스인들은 바울이 전하는 복음을 받아들였으나 유대인들은 복음을 전혀 받아들이지 않을 뿐만 아니라 바울 일행을 처벌하고 색출하려는 소동을 피운 적이 있었다. 바울 일행이 다음 행선지인 베뢰아에서 복음을 전파하고 그리스 현지인을 포함한 많은 자들이 복음을 받아들이자, 데살로니가에서 소동을 일으켰던 바로 그 유대인들이 이 소식을 듣고 베뢰아까지 쫓아와 소동을 피운 것이다. 이를 피하여 바울은 아덴, 즉 그리스의 수도 아테네로 가게 된다.

아테네는 위에서 이미 살펴본 바와 같이 그리스 헬라 문화의 본산지이며 철학이 태동한 그야말로 당시 학문의 요람이었다. 아테네는 로마제국 시기 내내 학문의 중심지로서 이곳에서 많은 학자가 배출됨에 따라 이곳에 유학한 크리스천들도 있었다. 이런 연유에서인지 선교사 바울의 눈에는 온 도시에 헬라 문화로 인한 우상이 가득하였으며 거리에는 소위 현자라 할 수 있는 철학가들이 오가며 부딪힐 정도였다라고 했다.

당시 그리스의 철학 사조는 플라톤 학파 전통으로는 중기 플라톤 시기로 영적인 세계에 관심을 돌리고 있었고, 현대의 철학과 많은 면에서 그

기풍이 비슷한 스토아학파가 매우 번창하고 있었다. 아테네 광장의 기둥에서 가르쳤기에 스토아학파라 불렸으며 마르크스 아우렐리우스를 비롯한 로마의 일부 황제들이 깊이 받아들인 철학 사조이다. 원자론을 바탕으로 물질세계를 강조하였기에 신의 존재가 부정되었던 에피쿠리우스 학파도 꾸준히 그 명맥이 이어져 왔다.

이런 철학적 환경 하에서 바울이 만난 자는 에피쿠로스학파와 스토아학파의 철학자였다. 그들은 부활에 대하여 말함을 매우 기이하게 여기었으며, 바울이 전하는 바를 매우 호기심을 가지고 접근하기도 하였다. 아테네 사람들은 '알지 못하는 신'이라 새긴 제단이 있을 정도로 바울의 언급대로 종교성이 매우 강한 사람들이었다. 이들은 다른 일을 그다지 하지 않고 토론을 주로 하였으며 특히 최근 새로운 사상에 대하여 논하였다.

이들에게 바울은 하나님은 사람의 손으로 지은 신전에 거하지 아니하시며 무엇이 부족하여 섬김을 받으시는 분이 아니고 모든 자들에게 생명을 주시는 분이시라고 설명한다. 바울의 설교를 들은 자들 중 일부가 부활에 대하여 상당히 호기심을 보이며 다시 듣기를 원하기도 하였다.

그런데 바울의 설교는 그 내용과 스타일이 스데반의 설교와 어쩐지 닮았음을 느낄 수 있다. 실제로 스데반 집사가 순교 당하기 전 유대 지도계층에 남긴 메시지는 그들에게, 특히 돌을 던지던 자들의 옷을 지키던 바울의 가슴 속에 무척이나 깊이 새겨져 있었다. 그렇다면 시간과 장소를 수년 전 스데반 집사의 순교 현장으로 돌아가 본다.

당시 예루살렘은 오순절 성령강림 이후 그리스도의 가르침을 따르는 자들이 상당히 늘어나고 있었고, 이 시기에 스데반 집사가 복음을 전하다가 공회에 붙잡혀와 장로와 서기관 등 유대교 인사들 앞에서 증언(설교)하고 있었다. 스데반의 설교는 유대민족이 하나님의 백성으로서 약속의 민

족임을 역사적으로 설명하고는 그 역사 속에서 민족을 이끌어 오신 하나
님이 약속하신 메시아가 나타났음을 말하고 있다. 그러나 오신 그분을 유
대민족이 죽였으며 이는 육체의 할례는 받았으나 마음과 귀에 할례를 받
지 못하여 성령을 거슬렀다고 스데반은 지적하였다. 주께서는 손으로 지
으신 성전에 있지 아니하다는 설교는 유대교 전통과 정면으로 어긋나는
사상이었기에 이를 듣는 유대 청중들에게 매우 심적인 고통을 주는 그야
말로 받아들일 수 없는 메시지였으며 마침내 스데반이 인자가 하나님 우
편에 섰다고 선언하자 그들은 하나님이 어찌 인간이 될 수가 있으며 그
인자가 보좌 옆에 선다는 터무니없는 주장은 그들에게는 하나님과 자신
들 유대교 전통에 모욕적인 발언이었기에 스데반을 돌로 쳐 죽이고 만다.
마침 이런 상황에서 그곳에 있던 사울은 스데반을 돌로 치던 자들의 옷을
지키게 되고 사울 자신도 스데반의 죽음이 마땅하다고 생각하였다.

　그러나 바울이 회심한 이후 그의 설교 메시지는 스데반의 증언과 매우
비슷하며 일맥상통하는 내용을 담고 있다. 최초로 바울의 메시지가 나오
는 사도행전 13장은 일행이 비시디아 안디옥의 회당에서 안식일에 전한
말씀으로 그 내용을 보면, 이스라엘 역사를 하나님과의 관계 시작에서부
터 설명한다. 다윗 왕국의 설립과 그 계보 안에서 구세주를 하나님이 세
우셨으나 성경이 응하게 하려 구세주를 나무에서 죽게 하셨고 또 그가 다
시 살아나셨으며 이 그리스도를 통하여 누구나 의롭다고 함을 얻을 것이
라는 내용이다. 이처럼 바울은 그리스도를 통한 구원의 복음이 결코 잘못
된 사상이거나 새로이 발생한 믿음이 아닌 이스라엘 민족의 역사 속에서
그들이 고대하던 믿음의 전통 선상에 있는 참다운 진리의 복음임을 증거
하고 있다.

　바울의 복음은 스데반의 메시지와 일맥상통하고 매우 유사하지만, 그

당시의 결과는 달랐다. 스데반은 이 메시지를 증거하고 순교하였으나 바울의 경우 이러한 메시지를 이방인을 포함한 많은 자들이 다음 기회에도 듣기를 원하며 또 따른 사실이다. 그러나 유대인들은 여전히 복음을 받아들이지 아니하고 완악한 모습을 계속 보이고 있었다.

〈유대인들과 논쟁하는 바울〉 청동판, 빅토리아알버트박물관, 런던.

강의 요점 : 디아스포라 유대인들은 전 세계적으로 퍼져 살고 있었고 그들은 자신들의 전통을 지키기 위하여 회당을 중심으로 유대 사회를 형성하고 있었기에 전 유럽에 걸쳐 그들 사회의 본거지인 유대인 회당이 산재해 있었다. 유대교와 기독교가 아직 명확히 분리되어 있지 않았던 당시에 바울은 이런 회당들을 기독교 전파의 각 지역 근거지로 삼았고 이를 바탕으로 이방인 전도까지 확대할 수 있었다.

35.

예루살렘의 유대적 기독교와 바울의 선교적 기독교

바울의 회당전도는 어떠한 면에서 이스라엘 민족이라는 잘 준비된 밭에서 그들에게 때가 이르러 구세주 그리스도가 오셨음을 선포하는 의미가 있었다. 그야말로 이스라엘 민족은 잘 가꾸어진 토양처럼 준비가 된 상태였기에 이들이 나사렛의 예수가 그리스도임을 믿으면 그야말로 완성된 하나님의 메시지를 통하여 참다운 크리스천이 되는 것이다. 그러나 우리는 바울을 통하여 이방인들이 복음을 받아들였으나 많은 디아스포라 유대인들은 그들의 마음이 완악하여 이를 쉽게 받아들이지 못하고 바울 일행을 어렵게 하였음을 볼 수가 있다.

이방인들이 점차 복음을 받아들임에 따라 복음 전파에 고려해야 할 사항이 있었다. 즉 그들에게 복음을 전하기는 하지만 순수하게 그리스도의 복음만을 전파할 것인지 아니면 이스라엘의 역사에서 지금까지 지키고 소중히 여겨온 전통인 율법을 병행하여 같이 가르칠 것인지의 문제였다. 이는 기독교 시발 초기와 그 후에도 얼마간 선교 방법론에 있어서 고민되어 온 사항이었다.

기독교란 이스라엘의 역사적 종교였기에 이를 제대로 전하려면 아브라함으로부터 하나님과 이스라엘 민족과의 믿음과 언약의 역사를 알아야 하며 그러한 선상에서 구세주이신 예수 그리스도의 믿음이 뿌려 내려져야 한다. 그런데 이방인들에게 그리스도의 복음을 전파하기 위하여 이스라엘 민족의 역사와 율법의 준수 전통을 가르치다 보면 정작 복음보다는 율법적 유대교를 먼저 가르치는 바람직하지 못한 결과를 초래할 수도 있었다.

이러한 우려는 바울이 유럽으로 전도 여행을 떠나기 이전 바울과 바나바의 전도에 의하여 이미 이방인들이 복음을 받아들임으로 그 문제가 대두되기 시작하였다. 안디옥에서 어떤 자가 주장하기를 모세의 율법대로 할례를 받지 아니하면 구원을 받지 못한다고 주장하여 이 사안이 당시 교회의 중심이었던 예루살렘 교회에 문의되었다.

예루살렘에 거하는 바리새파 출신의 크리스천은 이방인 기독교 입문자들에게도 할례를 주며 모세의 율법을 지키라고 명하는 것이 마땅하다고 주장하였다. 바리새파 출신으로 이런 주장을 함이 그럴듯하게도 들렸다. 하지만 사도와 장로들은 의견이 달랐다. 베드로는 이방인들에게 이러한 율법의 부과는 이스라엘 민족 자신에게도 지키기 어려웠던 것으로 이방인들에게 멍에를 씌우는 결과라는 의견을 말하였고, 이에 예루살렘 교회를 이끌던 야고보가 결론적으로 말하였다. 이방인들로 하여금 주를 찾도록 하는 것이 주의 뜻일진대(암 9:11-12) 그들에게 할례를 부과하고 율법을 강요하여 괴롭게 하지 말자는 것이었다. 여기에 다만 야고보는 음식에 있어서 우상으로 더럽혀진 것, 음행, 목매어 죽인 동물들, 그리고 피를 멀리하라고 주의할 점을 말하였다.

이로써 초기 크리스천들에게는 베드로에게 환상으로 보여준 것처럼 음식을 과거 유대 의식에 따라 가려 먹지 않아도 되었고 또 이방 크리스천

바울 (모자이크 부분). 산비탈레교회, 라벤나, 이탈리아

들에게는 할례와 율법의 적용이 강요되지 아니하였다. 그러나 이러한 소위 율법으로부터의 자유 그리고 이방인들과의 거리감 해소에도 불구하고 초기 사도들에게는 유대적 구습이 아직도 존재함을 볼 수가 있다.

교회 전통에 의하면 교회의 초기 시기 야고보는 예루살렘 교회의 지도자로 베드로는 안디옥 교회의 지도자(후에 로마교회 설립자)로 여겨져 왔다. 베드로는 이방인들이 있었던 안디옥에서 활동을 많이 하였고 또 그들에게 복음을 전파하다 보니 이방인들과 식사하는 경우가 종종 발생하였다. 그러던 어느 날 예루살렘의 지도자 야고보로부터 보내온 사람들이 이 식사 자리에 도착을 하게 되니, 베드로는 슬그머니 식사자리에서 빠져 물러나

서는 마치 이방인들과 식사를 같이 하지 않은 양 행동을 하였다.

유대 율법에 젖어 있는 유대인들이 이방인들과 식사를 하는 일은 결코
흔한 일이 아니었다. 그러나 복음이 이방인들에게 전파되었을 뿐만 아니
라 베드로 자신은 환상으로 과거 율법 아래 있을 시에 먹을 수 없었던 동
물들의 음식을 먹어도 된다고 허락을 직접 받은 자이다. 이런 베드로가
유대 전통의 할례자들로 구성된 야고보의 사람들이 오자 다시금 율법적
사고방식에 사로잡혀 이방인과의 식사 자리에서 도망한 것이었다. 베드
로의 이런 행동에 함께 있던 유대인 크리스천들도 같이 그 장소를 빠져나
갔고 또한 바울과 전도 여행을 같이하던 바나바도 같이 꽁무니를 빼고 만
것이다.

바울이 그리스도의 말씀을 전파하였다는 바위. 아테네 아크로폴리스 가까이에 있다.
〈사진: 필자〉

이에 바울은 매우 화가 나 이들을 나무랐다. 크리스천으로서 의롭다
함을 받는 것은 오직 예수 그리스도의 믿음으로 말미암음을 모두가 알고
있는데 어찌하여 율법의 행위로 돌아가려는 행태를 보이느냐 하며 베드

로를 향해 바울은 매우 질책한다. 출신으로 따진다면 바울은 율법을 당대 최고의 율법 학자인 가말리엘로부터 정식으로 배운 자이다. 이에 비하여 베드로는 배움이 많아 보이지 않는 어부 출신으로 예수에 의하여 부르심을 받은 자이다. 율법을 알아도 바울 자신이 훨씬 더 많이 알 것이고, 그리고 크리스천으로서 율법에 의하여 의로움이 아님을 서로가 아는 처지인데 베드로는 마치 율법에 걸려 식사도 하다 말고는 도망가는 꼴이 바울의 눈에 매우 거슬리게 보였을 것이다.

바울이 말씀을 선포한 장소에서 바라본 아크로폴리스. 당시 헬라문화와 복음전파의 두 모습이 어우러져 있는 듯하다. 그리스 아테네

그러니 바울은 베드로를 향하여 유대인으로서 유대인답게(율법을 지키며) 살지도 못하면서 어찌 같이 있던 이방인들에게 율법으로 살게 하려는 것인지 이해가 가지 않는다는 질책을 한 것이다. 당연히 의로움은 예수 그리스도에 대한 믿음으로 말미암은 것이고 만일 율법으로 의롭다 함을 받으려면 결코 의롭다 함을 받을 육체가 없음을 바울은 강조하고 있다. 이것이 복음인 것이다.

과거 유대인으로서 율법을 지키던 그들은 율법을 절대 지킬 수 없어 율법으로 말미암아 죽었으며 그러므로 하나님을 향하여 예수 그리스도와 함께 사려는 것이다. 그러므로 바울이 말하길 우리의 신분은 그리스도와 함께 십자가에 못 박혔으므로 그런즉 "이제는 내가 산 것이 아니요 오직 내 안에 그리스도께서 사신 것이다." 바울은 이렇게 말하며 만일 아직 율법을 좇으며 의로움을 구한다면 그리스도의 죽음을 헛되이 하는 자라고 결론 맺는다.

바울은 그의 서신서에서 이러한 율법으로의 회기 복음을 매우 경고하고 있다. 이를 그는 '다른 복음'이라 칭하며 혹 하늘로부터 온 천사라도 다른 복음을 전하면 저주를 받을 것이라고 경고한다. 이방인 헬라인들에게 크리스천이 되기 위하여 할례를 받게 하는 자는 '거짓 형제'라고 단호히 말하고 있다. 이러한 율법과 복음의 대비는 바울의 서신서를 통하여 꾸준히 나타나는 주제이며 후에 바울 신학의 근간을 이루고 있다.

그러나 야고보가 이끌던 예루살렘 교회는 대부분 율법을 지키는 자들이며 할례를 이미 받은 자들이다. 이런 유대교적 풍습에 젖어 있던 자들이 크리스천이 되었으나 여전히 율법을 준수함은 빤한 일이었다. 그렇다면 과연 예수의 제자 열두 사도에 의한 유대교적 잔재가 남아있는 예루살렘 교회 중심의 기독교 형태와 바울을 중심으로 하는 율법보다 복음을 우선으로 가르치는 기독교 형태 중 어떠한 모델이 살아남을 수 있었을까? 이에 대한 해답은 예수 그리스도가 오셨던 당시 역사적 정황의 영향과 유대 전쟁사를 통하여 자연스레 하나님의 손길 안에서 정리됨을 볼 수가 있다.

바울이 전도 활동을 하던 고린도의 모습. 19세기 지진으로 옛 고린도는 폐허의 모습만 남아있다.
그러나 로마인들이 닦아 놓은 도로는 지금도 그 형태를 유지하고 있다.

강의 요점 : 기독교는 탄생 이래 그 형태의 갈림길에 서게 된다. 과거
율법을 준수하던 유대인들이 기존 전통을 고수하며 그리스도를 믿는 형
태로 나아갈 것인지 아니면 유대적 전통보다 복음을 먼저 가르치고 우선
시하는 선교적 기독교 형태로 자리를 잡을 것이지 라는 방향의 선택은 초
기 교회의 기로에 서 있었다.

36.

AD 1세기 예수 승천 이후 비기독교 유대 사회의 모습

예수 승천 이후 비기독교 유대 사회는 어떠한 방향을 향하여 나아갔을 까? 기독교의 복음이 밝은 빛으로 세상을 비추고 있었으나, 예수가 그리 스도임을 부인하는 유대교 사회는 점차 타락의 나락으로 떨어지고 있었 다. 이 시기 크리스천이 되지 아니한 유대인들의 동향을 파악해 본다면 향후 기독교와 유대교가 왜 그리도 적대적이고 결코 융합하지 못하는지 그 단서를 찾을 수 있을 것이다.

예수를 십자가에 처형한 당시 로마의 황제는 티베리우스였고 그를 이 어 가이우스(칼리굴라)가 황제에 올랐다. 요세푸스에 의하면 그는 오만한 자로 스스로 신으로 인정받기를 원하였으며 예루살렘 성전에 자신의 동 상을 세우도록 명하였다. 유대인의 반발에 대비하여 이를 반대할 경우 모 두 죽이고 혹 살아남는 자들은 노예로 삼으라고 그는 명하였다. 이를 위 하여 페트로니우스 장군이 군대를 이끌고 유대로 왔다.

유대인들은 수차례나 페트로니우스를 만나 죽음을 각오하며 절대로 성 전에 신의 형상은 물론 사람의 형상을 세울 수 없다고 간청을 하였고 이 에 장군도 나름대로 그럴 수밖에 없는 자신의 처지를 설명하였으나 유대인들의 죽음을 불사하는 강한 의지를 꺾을 수는 없었다. 페트로니우스의 잇따른 간청과 설득 협박에도 유대인들의 황제 신상 건설에 대한 반대는 꼼짝을 하지 않을 뿐 만 아니라 당시 농사 파종기로 씨를 뿌려야 할 시점이지만 유대인들은 50일이나 페트로니우스가 마음이 바뀌기만을 기다리는 것이었다.

이에 로마 장군은 장고 끝에 결심하고는 황제의 상을 세우지 아니하고 자신이 가이사(황제)로부터 위험을 감내하는 쪽을 택하였다. 그러나 이러한 보고를 받은 가이우스 황제는 페트로니우스 장군을 명령 불복종으로 사형에 처할 거라고 위협하였다.

이러한 황제의 소식을 전하러 오던 전령은 사나운 날씨로 말미암아 바다에서 석 달 동안이나 묶여 있게 되었다. 하지만 곧 가이우스 황제는 암살당하였고 그의 사망 소식을 전하는 전령은 쉽게 바다를 건너옴으로, 페트로니우스 장군은 황제의 사망(AD 41년 1월) 소식을 자신의 사형선고 소식보다 27일이나 먼저 접할 수 있었다.

로마는 다음 클라우디우스 황제를 맞았고 클라우디우스는 자신이 황제로 추대되었을 시 원로원과의 소동을 해결하는데 공을 세운 아그립바 1세로 하여금 유대를 다스리게 하였으며 그의 아들 아그립바 2세가 계속하여 통치를 하고 또 유대 일부는 로마 총독이 다스리도록 하였다.

당시 로마에서 디아스포라 유대 공동체 내에 분쟁이 발생하자 황제는 이들을 로마에서 추방시켰고, 이는 사도행전 18장의 아굴라와 브리스길라가 로마를 떠나 고린도에 도착하여 바울을 만나 텐트를 만드는 일에 함께하는 결과를 낳기도 한다.

클라우디우스 황제의 로마 13년간 통치 후 뜻하지 않은 인물 네로가 황제에 올랐다. 네로에 대한 자세한 사항은 기독교 핍박 편에서 상술하기

로 한다.

당시 유대 총독은 벨릭스 (AD 52-60)였으며 이 시기 유대는 더욱 혼란을 겪었다. 총독은 20년간이나 나라를 어지럽힌 산적 두목 엘르아살을 포획하여 그 일당들을 로마에 보내

시카리파의 전형적 모습

재판을 받게 하였고 이들은 네로에 의하여 십자가형에 처해졌다. 그런 후 예루살렘에는 또 다른 강도떼 시카리파(Sicarii)가 나타나 가슴에 단검을 넣고 다니며 대로에서 살인을 저지르기도 하였는데 대제사장 요나단이 이들에 의하여 암살되기도 하였다.

시카리파는 겉으로 보기에 잘 알 수가 없어 시민들은 점차 서로를 경계하게 되었다. 또한 거짓 선지자들이 나타나 신적 계시에 의한 폭동을 선동하였고 이를 벨릭스 총독은 제지하고 처벌하였다.

시카리파와 또 다른 과격파들이 연합하여 로마에 대항을 선포하고 로마의 지배에 복종하는 민족의 배반자들에게는 위협과 함께 실제로 주민들의 집에 불을 질러 사회는 무질서화 되었다.

무질서는 가이샤라에서도 발생하였는데, 유대인들은 가이샤라를 헤롯 대왕이 건축하였기에 유대 소유라 주장하며 시리아 주민들과 분쟁하였다. 하지만 시리아 주민들 입장에서는 헤롯이 유대인을 위하여 건축하였다면 성안에 신상들과 신전들을 세우지 않았을 것이라며 성은 헬라에 속한다 주장하였다.

이런 주장들과 함께 양쪽은 무력을 사용하였기에 폭력이 연이어 발생 하였다. 가이샤라는 말 그대로 가이사(로마 황제)를 위한 도시였기에 시리아 주민들의 입장을 옹호하는 헬라인들과 로마군인들이 많았고 이에 비하여 유대인의 세력도 만만치 않았다. 벨릭스 총독은 주로 유대인들의 폭력을 진압함으로 사태를 해결하려 하였다.

벨릭스 총독은 바울과 바울을 죽이려는 유대인들과의 분쟁에도 연루된 다. 3차전도 여행을 마친 바울은 예루살렘에서 바울을 죽이기 전에는 아 무것도 먹지 않기로 맹세한 과격 유대인 무리들과 부딪친다. 바울은 그의 기지로 예루살렘의 치안을 맡고 있던 천부장을 통하여 가이샤라에 있던 벨릭스 총독에게 갈 수가 있었다. 아마도 로마인이라는 바울의 신분이 그 가 가이샤라로 가는데 470명의 군사가 호송하게 만들었을 것이다 (행 23).

벨릭스 총독은 유대 지도자들이 실시한 바울에 대한 심문을 들었으나 죄를 찾지 못하였고 오히려 그는 유대인 아내 드루실라와 함께 바울의 예 수 그리스도에 대한 가르침을 들었다. 하지만 총독이 바울의 도를 받아들 였는지는 확실치 않다. 오히려 총독은 바울로부터 뇌물을 받을까 하여 그 를 수차례 불렀으나 바울이 이에 응하였다는 기록은 없다. 아마도 총독이 기대한 바가 있었다면 바울이 지니고 있었던 기부금이나 그의 로마인 신 분으로 인하여 쉽게 탈출할 수 있는 뇌물을 은근히 기대하였을 것이다. 하지만 총독이 유대인들로부터 호의를 얻고자 바울을 감옥에 계속 가둔 사실은 바울이 뇌물을 건네지 않았음을 의미한다.

다음 총독은 베스도(AD 60-62)였다. 유대 과격파들은 베스도 총독으로 하여금 바울을 가이샤라에서 예루살렘으로 옮기게 하여 그 운송 도중에 바울을 죽이려는 계획을 세웠으나, 베스도는 가이샤라로 직접 가서 그를 심문하였기에 바울을 노상에서 죽이려는 과격파의 계획은 수포로 돌아가고 만다.

베스도는 바울의 죄를 찾지 못하자 이번에는 유대 과격파의 의중을 알고 그들의 선심을 사고자 바울에게 예루살렘에 가서 총독의 재판소에서 판결 받을지 여부를 묻는다. 이에 바울은 예루살렘으로 간다면 그 노상에서 자신이 살해되거나 도착하더라도 결국 유대인의 손에 넘기어질 것을 예상하고는 가이사(황제)에게 호소한다고 말한다.

며칠 후 분봉왕 아그립바 2세가 베스도 총독을 만나러 오니 베스도는 전 총독인 벨릭스가 옥에 가둔 바울에 관한 이야기를 하였고, 이에 아그립바는 바울의 말을 듣고 싶어 하였다. 다음날 총독과 분봉왕 그리고 고위 관직자들이 모인 자리에서 바울은 자신의 회심과 그리스도의 도를 설법하였다. 바울이 높은 학문을 쌓았음을 아는 총독은 바울에게 그의 많은 학문이 바울을 미치게 하였다고 말하였고 이에 바울은 아그립바 분봉왕에게 그가 유대인임으로 선지자를 믿지 않느냐 하니 왕은 자신을 크리스천으로 만들려는 것이냐 라며 바울을 나무란다. 이러한 심문 과정을 통하여 그들 역시 바울에게서 죄를 찾지 못하니 아그립바는 말하길, 만일 바울이 황제에게 호소하지 아니하였다면 자유롭게 풀려날 수도 있었으리라라는 의견을 말하였다.

이상 성경 상의 언급 이외에도 베스도 총독은 유대 땅에 활개를 치고 다니던 강도떼들을 체포하여 당면한 문제들을 해결하였다. 그러나 베스도를 이어 총독직은 알비누스와 플로루스로 이어지는데 이들은 정말로 악한 자들이었다. 이들의 악함에 의해서인지 아니면 유대인들이 그리스도를 믿지 않은 사유에서인지 유대 사회는 영원한 나락으로 떨어져만 가고 있었다.

　강의 요점 : 예수 그리스도의 부활 승천 이후 그를 구세주로 믿지 아니하는 유대 사회는 어떠한 모습으로 점차 변화되었을까? 크리스천들을 더욱 미워한 그들은 사회 자체가 점차 혼란에 빠짐으로 그 미래를 기약할 수 없었다.

37.

유대전쟁사
예루살렘 멸망의 길을 주도한 유대 총독들

총독 베스도가 사망하자 네로 황제는 알비누스(AD 62-64)를 유대 총독으로 임명한다. 당시 대제사장인 아나누스는 총독이 없는 틈을 이용하여 산헤드린(유대 자치 공동체) 회의를 열고 예수의 형제 야고보를 율법을 어겼다는 죄목으로 돌팔매질 사형을 집행하였다.

이 소식을 유대 도착하기 전에 접한 알비누스는 대제사장에게 편지하여 총독이 없는 상태에서 산헤드린 회의를 여는 것은 불법이며 죄로 다스릴 거라 경고하였다. 대제사장은 결국 신임 총독이 도착하기 전 분봉왕 아그립바 2세에 의하여 퇴출되었다.

막상 예루살렘에 알비누스 총독이 도착하자 그는 그 자신이 강도와 같은 행위를 보여주었다. 요세푸스에 의하면, 총독이 저지르지 않은 극악한 행위는 하나도 없었다고 기록하고 있다. 공권력을 남용하여 사유재산을 약탈하고 무거운 세금을 부과하였으며, 옥에 간힌 범죄자들을 풀어주는 명목으로 보석금을 뜯어내었다. 그래서 옥에 여전히 간힌 자들은 보석금을 지불하지 못한 자들뿐이었다. 극단파 열성단원들은 알비누스에게 뇌물을 주고 그들의 선동적 행위를 보장받았으며 떼강도로 변하여 시민들을 약탈하고 상해를 입혔으나 선량한 시민들은 어디 호소할 곳도 없이 불평도 못하였고 또 다른 피해를 당하지 않기 위하여 이들에게 굽실거릴 정도였다. 성은 점차 몰락의 길을 가고 있었다.

야고보의 순교

다음 총독인 게시우스 플로루스(AD 64-66)는 전 총독 알비누스를 '구관이 명관'이라 할 만큼 악랄하고 포악한 총독으로 유대 전쟁을 발발하게 한 주 인물이라 할 수 있다. 사실 플로루스의 총독직은 그의 아내 클레오파트라(당시엔 동명이인이 많음)와 네로 황제의 아내 포페아와의 친분으로 인하여 알비누스를 대체하고 임명되었다. 그는 가이사랴에서 주로 총독 업무를 봄으로서 헬라인들을 유대인들보다 우대하였다.

플로루스의 잔인성은 점차 노골적으로 드러났다. 과중한 세금을 부과하는 것에 그치지 아니하고 개인 재산을 착취하여 국민들은 점차 알거지가 되어 갔다. 강도들에게 뇌물을 받고 약탈할 수 있는 권리를 줌으로 유대는 황폐하여졌고 많은 사람들이 고향을 떠났다. 당시 원로원 의원이며 장군인 케스티우스 갈루스가 시리아 총재로 있었는데 무교절을 맞이하여 예루살렘을 방문하자 수많은 군중들이(요세푸스는 300만 명이라 하나 이는 당시 불가능한 숫자) 그에게 몰려들어 재앙의 원흉이 바로 총독임을 고하며 사태 해결을 호소하였다.

하지만 갈루스의 자리에 동석하였던 총독 플로루스는 그들을 조롱하였고 혹 잘못이 있었다면 모두 개선해 나아가겠다는 공수표를 남발하였다. 쉽게 믿는 유대인의 성격을 이용한 그는 총재가 돌아간 후 유대인들과의 전쟁을 궁리하였다. 만일 평화가 지속된다면 그들이 자신을 황제에게 상소할 것이 염려되었고 이에 자신의 죄를 덮기 위해서는 예루살렘을 혼란의 소용돌이에 빠트려 그러한 여유가 없게 만들려는 계획이었다.

이런 기회는 우연히 가이샤라의 유대인 회당 옆에서 시작되었다. 회당 입구 땅 일부를 헬라인이 소유하고 있었는데, 이에 유대인들이 이 땅을 사들이길 원하였다. 이를 알아챈 헬라인 땅 주인은 가격만 높여 놓고는 팔지 않았고 또 길을 좁히는 바람에 유대인들은 좁은 길목으로 불편하게 회당을 출입할 수밖에 없었다.

또한 유대인들이 회당에서 예배를 드리는 동안 헬라인들이 회당 입구에서 새를 태우는 희생 제사를 드렸고, 이는 회당을 의식적으로 더럽히는 행위였기에 유대인들은 플로루스 총독을 찾아가 하소연해 보려 하였지만 총독은 그들에게서 돈만 받고는 감옥에 가두었다. 그리고는 이곳이 마치 분쟁 지역인 양 총독은 떠나 버렸다.

그의 의도는 유대민족이 반란을 일으키도록 조장하는 것으로 그들의 고통을 가중시켰다. 심지어 예루살렘 성전 창고에서 성전 자금 17달란트를 약탈하기까지 하여 민중의 분노는 극에 달하였다. 이에 불만을 가진 자들이 돈을 밝히는 가난한(?) 총독을 위하여 양동이를 들고 다니며 총독을 위하여 동전을 구걸함으로 그에게 모욕을 주기도 하였으나 이는 더욱 총독의 심기를 건드릴 뿐이었다. 또한 연이은 수많은 살육의 피해를 당하였지만, 유대인들은 로마와 전쟁을 해봐야 상처뿐일 것이므로 스스로 전쟁을 하지 말자고 자제하였다.

분봉왕 아그립바의 부재 중 그의 여동생 버니게는 예루살렘에 제사를 드리러 와 있었으나 그 자신의 안전도 보장 못할 정도였다. 매일 벌어지는 로마 군인들의 불법에 버니게 여왕은 플로루스에게 맨발로 뛰어가 자제를 간청하였지만, 플로루스는 이를 듣지 않았고 여왕을 존중하는 태도도 보이지 않았다. 총독은 더욱 큰 소요가 나기를 바라는 의도로 가이샤라에서 군대를 더 불러들였고 유대인들은 침착하게 대응하자고 하였지만 결국 로마 군인들의 무참한 진압봉에 그들은 살해당하고 또 도망가다 깔려 죽기도 하였다. 이 틈을 타 로마군인들이 성전을 공략할 사태에 대비하여 유대인들은 성전 입구를 봉쇄하였다.

분봉왕은 돌아와 성전과 연결된 실내 경기장에서 유대인들을 모으고 그들에게 절대로 전쟁만큼은 일으키지 말라고 연설하였다. 한 사람의 총독 때문에 로마에 대항하는 것은 정당하지 않으며 세계 모든 나라가 로마에 속해 있다며 성전으로 통하는 회랑을 재건하자고 제안하였다. 일부 사람들이 이에 따랐고 또 세금 40달란트를 모아 로마에 보내므로 전쟁은 당장 피할 수가 있었다.

그러나 혼란과 폭력은 이번에는 유대 과격파들에 의하여 계속되었다. 시카리파와 열성당원들이 연합하여 예루살렘을 습격하였고 맛사다 요새를 습격하여 무기를 탈취하였다. 열심당원들은 자신들의 편에 서지 않으면 살인을 자행하였는데, 영향력 있는 자들을 죽여야 자신들이 안전하다고 생각하였기 때문이다. 그러는 사이 가이사랴와 알렉산드리아에서 수천 명의 유대인들이 학살당하는 일도 벌어졌다.

　유대 사회는 내란으로 3개 당파로 나뉘었고, 여기에는 요한파, 시몬파, 그리고 후에 맛사다에서 항전을 하는 주역인 엘르아자르를 중심으로 따르는 자들이 있었다. 예루살렘 성전에 제사 드리러 온 자들은 제대로 제물을 바치지도 못한 채 내란의 소용돌이에서 강도들에게 목숨을 잃기도 하였다. 가장 사악한 도시가 된 예루살렘, 그리고 그 주변 유대 사회는 로마와의 전쟁 내지는 그보다 더 큰 재앙을 모두가 예견하는 상황이 되었다.

　이러한 상황들은 로마 황제 네로에게 보고되고 있었다. 그는 유대의 이러한 혼란과 무질서의 사태가 적(유대)이 강해서가 아니라 지휘관의 태만 때문이라고 생각하였다. 그래서 네로는 유대 평정에 적절한 인물로 게르만족의 반란을 평정하고 브리튼 정복에 혁혁한 공을 세운 베스파시아누스 장군을 선택하였다. 네로는 베스파시아누스에게 시리아 군대의 지휘권을 주었고, 베스파시아누스는 그의 아들 티투스에게 알렉산드리아로 가서 15군단을 소집하여 오게 함으로 협공하여 유대 땅 진군에 들어갔다. 시리아에서 유대를 가려면 먼저 갈릴리를 거쳐야 하였고 갈릴리에는 유대 장군 요세푸스가 진을 치고 이들을 기다리고 있었다.

　강의 요점 : 유대 땅은 가장 포악한 두 명의 총독을 서기 62년부터 맞이하여 고통이 심화되었다. 이들은 스스로 강도떼와 같은 행위를 하였으며 수많은 세금을 걷고 심지어 성전 자금을 약탈하였으며 일부러 예루살렘에 소요와 혼란이 일어나도록 조장하기도 하였다. 동족을 향한 유대 과격파의 만행은 입에 담지도 못할 정도였다. 이에 황제 네로는 유대 평정을 위하여 결심한다.

AD 66년 네로 황제는 베스파시아누스 장군을 보내 유대반란을 진압하게 하였다.
국립 웨일즈도서관 자료.

38.

요세푸스와 베스파시아누스

(적에서 동지로. 하지만 유대인에게 민족의 반역자가 된 역사가)

네로에 의하여 유대 문제를 해결하라는 명을 받고 파견된 베스파시아누스 장군은 서기 67년 6만 병력을 이끌고 갈릴리로 향하였다. 1년 전 즉 66년 11월 케스티우스 장군이 이끄는 로마 12군단은 유대인들에게 쫓기다 벧호른 좁은 골짜기에 갇히게 되었다. 유대 반란군 본대는 고지를 점령하고 기다렸다가 로마 군대를 무참히 살해하였으며 이곳에서 로마 군대는 간신히 빠져나왔지만, 유대인들은 이들을 추격하여 로마군의 상징인 독수리상을 빼앗고 6천여 명의 로마 군대가 희생된 적이 있었다. 이러한 일련의 유대인 반란은 로마 제국 군대의 4분의 1 병력을 유대로 집결하게 만들었다.

제사장 가문의 아들 요세푸스(Flavius Josephus, 37-100)는 유대의 지도자 하난 벤 하난에 의하여 갈릴리의 통치자로 임명된 이래 지역 사법 조직을 만들었고 요타파타, 디베랴 등 여러 곳에 성벽을 구축하여 요새화함으로서 로마군의 침입에 대비하였다. 그러나 요세푸스를 중심으로 하는 갈릴리성 수비대는 굳건히 지켜내겠다는 의지만 있을 뿐 몰려오는 6만 대군에 대하여 사실 별 대책이 없어 보였다.

베스파시아누스 장군의 아들 티투스는 이집트에서 15군단을 이끌고 부친의 2개 군단과 갈릴리 서부 톨레마이스에서 합류하였다. 이들은 가바라를 장악하고는 수많은 유대인을 학살 또는 노예로 삼아 마치 케스티우스가 당한 모욕을 앙갚음하는 듯하였다. 요세푸스가 요타파타 요새로 들어갔다는 소식에 로마군은 그를 생포하면 유대와의 전쟁에서 쉽게 우위를 점하리라는 생각에 이곳을 향하였다.

로마군은 요타파타를 3중으로 둘러쌈으로 도망갈 길이 전혀 없음을 유대인들이 깨닫게 하여 그들을 심리적 위협에 빠트렸다. 하지만 이러한 전술은 오히려 도망갈 길이 없기에 사지에서의 죽기를 각오하는 유대의 사기를 올일 뿐이었다. 잘 훈련된 로마 군대였지만 사력을 다해 성을 지키는 유대군을 쉽게 뚫을 수가 없었으며 이는 유대인들에게는 자신감을 더해 주었지만, 로마군에게는 반대로 치욕감을 안겨주었다.

베스파시아누스는 많은 공격무기를 동원하였고 요세푸스는 성벽을 더높이 올려 로마의 무기를 무색하게 하였다. 유대인들이 기근으로 굶어 죽게 하는 작전도 구상하였으나 유대인들은 성벽에 물을 흐르게 하여 양식이 풍부하다는 표시를 보임으로 로마군을 좌절시켰다. 그러나 이런 전쟁이 오래 가지 못할 것은 빤하였다. 요세푸스는 최대한 47일은 버틸 수 있다고 예측하였고 불행히도 이 예측은 맞아떨어졌다.

47일이 되던 날 티투스와 수명이 병사가 성벽을 타고 몰래 잠입하였다. 이들은 유대 보초를 처리하고 성 내부로 들어와 잠자고 있던 유대 군인들과 주민들을 무자비하게 학살하자 성의 함락이 임박함을 깨달은 일부 유대인들은 스스로 목숨을 끊기도 하였다. 4만 명의 생명을 앗아간 급습 상황에서 요세푸스는 적진을 빠져나가 동굴에 일부 동료들과 함께 숨게 되었다. 하지만 삼일 후 한 여인이 장소를 누설하는 바람에 로마 군대가 이곳으로 몰려왔다.

그들의 투항하라는 설득에 요세푸스는 처음에는 반응하지 않았으나 그의 친구였던 니카노르 로마군 사령관이 안전을 보장한다는 말에 요세푸스의 마음이 동요되었다. 요세푸스가 항복의 뜻을 비치자 동료들은 자살로 명예롭게 죽자고 외쳤고, 이에 요세푸스는 자살은 신이 주신 생명을 함부로 버리는 것으로 하나님의 뜻과 맞지 않는다고 설득하였으나 합의는 이루어지기 어려웠다. 결국 제비를 뽑아(또는 3의 배수에 해당하는 차례의 사람) 옆 사람이 죽이기로 하고 실행에 들어갔으며 마지막에 친구 야코프와 요세푸스 자신만 남게 되었다. 니카노르와의 친구를 풀어준다는 약속조건으로 인하여 야코프는 탈주하였고 요세푸스는 드디어 베스파시아누스 앞에 서게 되었다.

로마 장군은 포로를 간단히 취조한 후 네로 황제에게 보내려 하였다. 그런데 이 순간 요세푸스는 이상한 발언을 하는 것이었다. "당신은 곧 로마의 황제가 될 것이오. 로마는 강력한 지도자가 필요합니다." 이 엉뚱한 발언에 베스파시아누스는 어이가 없었다. 로마의 황제는 황제 가문 출신이어야 하는데 핏줄로 아무런 연관이 없는 자신을 미래의 황제라 하니 그 말은 궁지에서 빠져나가려는 포로의 술수에 불과하다고 생각하였다.

하지만 요세푸스를 가두려는 순간 아들 티투스가 말하였다. "저가 자신의 성이 47일간 버틸 거라는 예언이 맞았으니 이번 예언도 맞을지 모르는 일이 아닙니까. 혹 모를 일이니 그를 살려두어 유용하게 이용함이 좋을 것 같아요." 그러자 요세푸스는 자신이 하늘의 뜻을 전달하러 온 자라고 하며 베스파시아누스 부자를 설득하였다. 베스파시아누스는 요세푸스를 완전히 믿지는 않았지만 결국 그를 구금된 상태에서 다른 포로보다는 좋은 대우를 해주었다.

갈릴리 요타파타 요새가 로마 군인들에 의하여 함락되었다는 소식이

요세푸스(AD 37-100) 흉상, 글립토테크 미술관, 코펜하겐

예루살렘에 전해지자 처음에는 이를 쉽게 믿지 못하였지만 사실을 확인하고는 곧 비탄에 빠져 슬퍼하였다. 하지만 요세푸스가 죽지 않고 로마인들과 같이 있으며 일반 죄수들 이상으로 대우를 받고 있다는 소식에 유대의 분노는 요세푸스를 향하였다. 유대인들은 변절자 요세푸스에 대한 저주를 하였으며 로마인들보다 요세푸스에게 복수를 해야겠다는 결심을 하였다.

예루살렘은 또한 내부적으로 큰 혼란에 빠지게 되었다. 강도떼들이 판을 치고 저명한 시민들은 살해당하였으며 대제사장을 아무나 갖다 세우는 일도 발생하였다. 기스칼라의 요하난(요한)이라는 광신도 지도자는 유대인들을 이끌었던 하난 대제사장을 간교하게 위협하였고 어떻게든 예루살렘의 주도권을 차지하려 하였다. 이두매인들까지 끌어들인 그는 열심당원들을 이끌고 마침내 지도자 하난을 살해하였다. 요세푸스는 하난이

살해됨으로 이때부터 사실상 예루살렘은 멸망하였다고 그의 '유대전쟁사'
에서 기록하고 있다.

  이 시기에 멀리 로마에서는 커다란 격변이 일어나고 있었다. 네로 황
제의 폭정에 원로원과 시민들이 들고 일어났고 네로는 쫓기다가 스스로
목숨을 끊고 말았다(AD 68년 6월). 하지만 네로를 이어 황제에 오를 핏줄의
자식이 없었다. 이렇게 하여 로마제국은 아우구스투스 황제로부터 시작
하여 그 혈통으로 내려오던 율리우스-클라우디우스 왕조가 네로에 의하
여 막을 내리게 되었다. 로마는 혼란에 빠졌다. 장군들이 황제를 차지하
였지만 곧 서로 죽고 죽이는 불투명한 상황이었다.

유대인 반란을 진압하기 위하여 진군하는 베스파시아누스. 요세푸스 역사 세밀화. 1470.

이를 멀리서 지켜본 자는 다름 아닌 유대에 와 있던 베스파시아누스 장군이었다. 동방의 병력을 장악한 그는 시리아와 유대에 머물던 병력을 이끌고 로마로 향하였고 69년 7월 로마제국의 황제로 선포되었다. 이집트를 거쳐 로마에 도착한 그해 12월 베스파시아누스는 원로원에 의하여 황제로 공인되었고 이리하여 플라비안 왕조가 시작되었다. 유대인 요세푸스가 말한 예언이 그대로 적중한 것이다. 요세푸스가 말한 '하늘의 뜻'이 실현된 것이었든 아니면 요세푸스의 예언에 베스파시아누스가 용기와 꿈을 키워 이를 현실화한 것이든 그 결과는 세상이 바뀌었고 요세푸스는 출세가도의 길이 활짝 열려 있었다. 그렇다면 요세푸스의 유대는 과연 어떠한 변화를 기다리고 있었을까?

강의 요점 : 로마의 수만 대군 앞에서 유대는 전혀 승리의 가망이 없었고 적절한 협상을 원한 유대 지도자는 과격파에 의하여 살해된다. 갈릴리를 지키던 유대 장군 요세푸스는 성이 함락되었으나 목숨을 보전하고 로마 장군과의 이상한 동행을 시작한다.

39.

예루살렘의 끔찍한 최후
(두 번째 성전이 허물어지다)

황제에 오른 베스파시아누스는 로마 제국 전체의 안정과 번영을 계획
하였다. 그러기 위하여서는 아직 혼란 중에 있는 유대 땅을 완전히 로마
의 통치하에 넣어야 했다. 이에 황제는 유대에 남아 있는 아들 티투스에
게 연락하여 하루빨리 예루살렘을 장악하라 명하였다.

당시 예루살렘의 상황은 엘르아살파, 요한파, 시몬파 이렇게 3개 파당
으로 나뉘어 이들은 서로 간 싸움이 끊이질 않았고 서민들의 생활은 나락
으로 떨어져 갔다. 조금이라도 로마군에 동조해 보이는 시민이 있으면 이
들을 공동의 적으로 살해하였으며 시체가 성에 쌓이도록 끔찍한 일들이
계속 일어났다. 어쩌면 일부 선량한 시민들은 로마군인들이 하루빨리 들
어와 자신들을 이러한 고통에서 해방시켜 주었으면 하고 고대할 지경이
었다.

티투스 장군은 한 번도 패한 적이 없다는 12군단을 포함한 총 4개의
군단을 이끌고 유대 땅을 점차 평정해 가며 예루살렘으로 향하였다. 70
년 4월 약 8만여 군사가 집결하여 3개의 성벽으로 요새화된 예루살렘을
에워 쌌으며 공략을 준비하였다. 아버지 베스파시아누스가 2년간이나 직

접적 공격을 기피하였던 예루살렘을 아들 티투스가 부친의 명령을 따라 자신의 손에 피를 묻힐 각오로 공격에 나선 것이다.

요세푸스는 티투스와 동행하였으며, 예루살렘 성전의 중요성과 그 의미를 티투스에게 설명함으로써 로마 군인은 마지막 단계에 가더라도 성전만큼은 절대로 무너뜨리지 않겠다는 약속을 받아내기도 하였다. 예루살렘의 저항군은 그들을 설득하려는 요세푸스를 '로마의 노예'라고 야유와 비난을 퍼부었고, 이에 요세푸스는 무모하게 로마에 대항함으로 도시를 파괴하지 말자고 외치며 티투스의 평화조약을 제시하였으나 요세푸스의 옛 동료들은 배반자의 설득에 귀를 기울이지 않았다.

포위한 지 15일째 되던 날(70년 5월 25일) 바깥 성벽인 제1 성벽을 장악할 수 있었다. 또한 5일 후에 제2 성벽을 점령하였고 티투스는 체포하는 유대인들을 함부로 죽이지 말라 하였다. 주민들은 로마군에 투항하여 자신들이 살고 싶은 곳에 거주하였고, 이에 요한과 시몬 일당들을 로마군의 성 진입방어보다도 도망자들이 빠져나가지 못하도록 더 철저히 감시하였다. 예루살렘 내부는 거짓 고소에 의하여 무고한 시민들을 저항군들이 그들 재산을 탈취하고 처형을 하였다. 식량 부족으로 집집마다 기근이 심하여 식솔들을 잡아먹고 심지어 가축의 똥을 먹기도 하였다.

한 처참한 예로, 요단강 지역에 거주하던 마리아라는 여인은 예루살렘에 와 있다가 갇히게 되었고 강도떼들에게 자신이 지니고 있던 모든 것을 빼앗기고 말았다. 그녀는 자기가 낳은 아기에게 "오! 불쌍한 아가야…! 네가 음식이 되어 세상 사람들에게 유대의 재난이 얼마나 극심하였는지 이야깃거리가 되어다오"라고 하고는 아이를 죽여 불에 구운 후 그 반 토막을 먹었다. 그러자 강도들이 음식 냄새를 맡고 먹을 것을 내놓지 않는다면 그녀를 죽이겠다고 위협하자 마리아는 남은 아기의 몸을 그들에게

내던지며 소리치자, 강도들은 겁에 질려 떠났다. 이런 소식은 곧 성안에 퍼졌으며 기아에 허덕이던 자들은 이런 일이 벌어지기 전에 먼저 죽은 자들을 부러워할 정도였다. 그야말로 창세 이후 이처럼 죄악이 만연한 세대가 없는 현실이 예루살렘 내부에서 로마군인들이 성을 에워싸고 있는 사이에 발생하였다.

티투스의 세 번째 성벽 공략은 쉽지 않았다. 성벽은 높을 뿐만 아니라 지하로 4.5미터나 깊숙이 박혀 있었다. 티투스는 반대편에 토성을 쌓는가 하면 목재를 구해 공중에서 공격할 수 있는 높이 23미터의 공성탑을 만들어 오히려 로마군이 높은 위치를 차지하게 되었다.

그러나 정작 성벽은 공성탑을 부수려고 유대인들이 땅굴을 파는 바람에 성벽 일부가 무너지고 이에 따라 로마군이 성내로 기습 진입하였다. 유대인들을 따라 로마군인들은 성전 본당까지 도착하였다. 신성한 성전 구역만큼은 해하지 말라는 티투스의 명령이 있었음에도 불구하고 누군가 성전 안이 궁금하여 불타는 나무토막을 던졌고 불길이 치솟자 비명소리가 터졌다. 유대인들은 자신들의 목숨은 돌볼 생각도 잊은 채 성전의 불을 끄려 우르르 몰려들었다.

티투스와 사령관들도 성전에 불이 붙었다는 소식에 달려가 불을 끄려 하였고 유대군과 섞여 누가 누구인지 모를 정도의 상황에서 불은 더욱 번졌다. 성전 안을 처음 보는 로마군인들의 눈은 휘둥그레졌다. 사방이 금으로 장식되어 있었고 그 어떤 이방 신들을 섬기는 장소보다 화려해 보였다. 로마 군인들은 성전 기물을 약탈하려 하였고 또 일부는 불을 끄려 하였으며 질서를 잡으려는 티투스 장군의 고함도 전혀 통하지 않은 혼란의 극치였다.

결국 불에 의해 허물어져 가는 성전에서 일부는 죽고 일부는 철수하였다. 이렇게 예루살렘 2차 성전 즉 스룹바벨에 의하여 재건되고 헤롯대왕에 의하여 증축된 하나님의 성소는 무너져 버린 것이다. 그날은 공교롭게도 솔로몬의 성전이 바벨론 느브갓네살 왕에 의하여 무너진 바로 같은 날(BC 586)인 AD 70년 8월 30일에 발생하였다.

성전이 파괴되고 로마군인들의 약탈은 계속되었으며 유대인들을 눈에 띄는 대로 살해하였다. 약탈이 얼마나 심하였던지 군인들의 약탈품 소유로 인하여 당시 시리아에서는 금값이 반으로 하락할 정도였다. 데부티의 아들 예수라는 제사장은 자신의 목숨 보전을 조건으로 성소 촛대를 비롯한 성물들을 티투스에게 바쳤다. 티투스는 남아 있는 유대 폭도들에게 외쳤다.

"폼페이 장군 이래로 로마는 당신들을 보호하러 왔는데 무모하게 대항하였고 결과적으로 성전이 불탔으며 처참한 최후를 맞게 되었다!"

폭도들은 순수한 항복을 하기보다는 조건을 내걸고 거래를 하고자 하였으나 잘 이루어지지 않자 지하 동굴 등을 통하여 탈출을 시도하였다.

로마군인들은 각 집안에 들어가 기근으로 모두 굶어 죽은 사람들을 보았고, 그 끔찍함에 뒷걸음질치고 나왔으며 혹 살아 있는 자들은 닥치는 대로 모두 살해하였다. 9월 26일 예루살렘은 완전히 불에 타 황폐케 되었고 성전 건물은 사라졌으며 서쪽벽(통곡의 벽)만 남게 되었다. 예루살렘 함락으로 희생된 유대인의 숫자는 사망이 일백십만여 명 그리고 포로로 잡힌 자가 구만 칠천 명에 달하였고 17세 이하는 대부분 노예로 팔려갔다. 당시 예루살렘에는 약 260만 유대인이 거주하였던 것으로 추정하고, 무교절을 맞아 예루살렘을 방문한 이방인 방문자들까지 포함하여 전쟁에 휘말리며 희생을 당하였다(숫자는 자료마다 상이하기에 이는 추정 수치임). 급진파 지도자였던 시몬은 탈출을 시도하다 사로잡힌 후 처형을 당하였으며 요한은 종신형으로 남은 평생을 감옥에 수감되었다.

티투스는 모든 상황을 정리하였다. 안디옥에서는 주민들이 유대인들과 같이 거주하기를 거부하며 그들을 추방해 달라고 탄원하기도 하였으나 티투스는 더 이상 돌아갈 곳이 없는 유대인에게 그럴 수 없으며 안디옥에서 전과 같은 지위로 살도록 하였다.

티투스는 알렉산드리아로 돌아가는 길에 다시 한 번 예루살렘을 거치며 과거 영광스러운 도시에 비하여 폐허만 남은 상태에 비록 자신이 그 파괴의 주역이었으나 매우 안타까운 마음을 숨기지 못하였다. 티투스는 로마에 입성하여 개선장군으로 엄청난 환영 행사를 받았으며 얼마 후 부친에 이어 황제가 되었다(AD 79)

티투스개선문에 묘사된 황제와 전리품(성전의 촛대 메노라)을 들고 가는 로마군 행렬.

유대의 과격파는 티투스에 의하여 모두 청소가 된 듯하였으나 아직 한 군데 문제의 지역이 있었으니 시카리파의 지도자 엘르아살이 최후의 일전을 대기하고 있었던 맛사다 요새가 바로 그곳이다.

〈예루살렘의 멸망〉 1504, 국립웨일즈도서관 자료

강의 요점 : 스룹바벨에 의하여 재건되고 헤롯대왕에 의하여 화려하게 증축된 예루살렘 제2성전은 드디어 또 다시 허물어진다. 그 과정에서 비기독교 유대 사회는 최악의 지옥을 현실에서 경험하며 유대인의 정체성인 성전 파괴를 지켜보아야만 하였다. 그들은 이 역사적 현실을 예수 그리스도의 예언이 적중한 사실로 깨닫기는 하는 것일까?

40.

최후의 항쟁 맛사다 요새
(불투명한 비기독교 유대 민족의 장래)

맛사다 요새는 BC 160년경 마카비 전쟁 시 최초로 세워졌고 건축을 좋아하는 헤롯대왕에 의하여 자신의 피란처 용도로 확대 건축되었다. 로마 안토니 장군과 클레오파트라 사이는 그들 사이 각별한 애정과 함께 정치적 주요 현안들을 공유하여 클레오파트라의 요구를 안토니는 대부분 들어주었다고 한다. 하지만 클레오파트라의 유대에 대한 지속된 통치권 요구에 대하여 만큼은 안토니가 수락하지 않았으며, 이런 유대를 둘러싼 정치적 욕망은 당시 헤롯대왕을 매우 긴장하게 만들었다.

더구나 헤롯은 유대 사회내 자신의 불안한 위상과 정신병적 피해망상으로 언제든 클레오파트라나 또는 유대 내부에서 자신이 쫓기는 위험에 빠진다면 피신할 공간이 필요하였기에 유대 광야 동편 끝 맛사다에 왕궁을 건축하고 수년간 버틸 수 있는 곡식을 저장하였던 것이다. 바로 이곳에 예루살렘의 골칫덩어리였던 시카리파의 두목 엘르아살 지휘로 유대 잔당의 무리가 모여들었다.

유대 총독에는 유대인들을 극도로 자극하였던 플로루스에 이어 줄리아누스(AD 66-70), 세리아리스(AD 70-71), 바수스(AD 71-72)를 이어 플라비우스 실바가 임명되었다. 실바는 유대 전 지역이 로마군에 의하여 정복되었지만 맛사다 요새만이 계속 반란을 일으키는 것을 주지하고는 병력을 총동원하여 요새로 집결시켰다. 이에는 66년부터 있었던 유대인 반란을 뿌리 뽑고자 하는 강력한 의지가 있었다.

맛사다 공격 시 로마 군인이 사용한 공성장비

로마군의 규모는 15군단의 약 5천 명에 반하여 맛사다 요새에 자리 잡고 있던 무리는 약 960명이었으므로 이들 진압이 시간문제로 보였다. 지휘를 맡은 실바는 요새를 둘러 벽을 쌓음으로써 안에 있는 자들이 도망가기 어렵게 만들었다. 사실 요새는 우뚝 솟은 원주의 형태로 사방이 급경사를 이루어 어느 방향에서도 걸어 올라가기조차 힘든 요새 중의 요새였다. 헤롯은 이곳에 화려한 왕궁과 물을 잘 저장할 수 있는 저수 용기를 설치하였고 정상의 평지에서는 경작을 할 수 있게 하여 식량 부족의 경우에도 대비하였던 것이다. 성벽 위에는 37개의 망대를 세워 침입하는 자들을 감시하였다.

실바는 유대인 포로들을 이용하여 토성을 견고히 쌓아 공성 장비들이

제 기능을 발휘하게 하였고 망대를 세워 이곳에서 속사포와 투석기로 유대인들을 무력하게 만들었다. 공성 기구로 성벽이 일부 무너지자 유대 시카리파 사람들은 안쪽으로 다른 성벽을 쌓았는데 나무 사이에 흙으로 메꾸어 성벽을 쌓음으로 공성 장비를 무력하게 만들었다. 이에 실바는 나무로 된 토성 벽에 불을 질러 무너뜨리는 작전을 펼쳤다. 하지만 처음에는 북풍이 불어 로마군 방향으로 불길이 치솟아 병사와 장비의 손실로 절망 상태였으나, 요세푸스의 표현에 의하면 '마치 신의 섭리인 양' 바람이 방향을 바꾸어 남쪽으로 불면서 성벽이 불길에 휩싸이게 되었다. 성벽은 모두 불에 타버렸고 로마군은 다음날 마무리 공격을 하기로 하며 일단 퇴각하였다.

로마군이 내일 공격을 위해 잠시 물러간 맛사다 요새는 유대 항전사들

하늘에서 바라 본 맛사다 요새와 접근로

이 다가올 비참한 미래를 모두 아는 듯 적막감이 흘렀다. 이때 지도자 엘르아자르(Eleazar ben Ya'ir)가 입을 열었다. "우리는 제일 처음으로 로마에 반역을 일으킨 자들이고 결국 제일 나중까지 로마군과 싸우게 된 자들이요. 이제 우리는 새벽이 되면 체포될 운명에 놓여 있소. 하지만 아직도 우리에게는 사랑하는 가족들과 함께 영광스러운 죽음을 선택할 시간이 있소. 우리는 하나님의 뜻이 무엇이었는지를 외면하였소. 유대 민족은 멸망할 운명에 처했다는 것을 일찍이 깨달아야 했었단 말이오…. 맛사다 요새와 같은 난공불락의 요새조차도 우리를 구원해 줄 수 없었으며, 식량이 충분히 비축되어 있고 무기들과 그밖에 다른 각종 필수품들이 넘치도록 쌓여 있음에도 불구하고 하나님께서는 의도적으로 우리의 모든 구원의 희망을 앗아가 버리셨소. 무엇보다 불길이 우리가 세운 성벽 쪽으로 바

요새에서 서쪽을 내려다 본 전경. 로마군단이 맛사다 공격을 위하여 진을 친 흔적이 지금도 남아있다. (사진: 필자)

뀐 것은 저절로 된 일이 아니오. 이 모든 일은 우리가 동족들에게 저지른 수많은 죄악에 대한 하나님의 분노를 나타내신 것이오. 이러한 죄악들에 대한 처벌을 적군인 로마군이 심판하게 하지 말고 우리 스스로 심판하도록 합시다. 우리의 부녀자들이 더럽혀지지 않고 우리의 자녀들이 노예가 되지 않게 합시다. 부녀자들과 자식들을 죽인 후에 우리도 서로 영광스럽게 죽도록 하여 우리의 자유를 간직하도록 합시다. 우리의 식량은 그대로 놔둡시다, 왜냐하면 로마군들은 우리가 죽은 것을 보고 식량이 부족해서가 아니라 노예가 되느니 차라리 죽음을 택하겠다는 우리의 결심을 지키기 위해 자결했다는 것을 알게 될 것이기 때문이오."(요세푸스, 유대전 쟁사 7권 8: 320-388)

이상과 같은 엘르아살의 긴 연설은 머뭇거리던 모든 저항군들의 마음을 움직였고 그들은 각자 가족에게로 돌아가 힘껏 가족들을 포옹한 후에 모두 죽이고, 또 최후 10명이 아직 죽지 않은 동포를 죽이고 마지막 1명이 9명 모두 죽임으로 저항군의 운명은 끝이 났다.(AD 72년 5월 2일경)

다음 날 아침 로마군은 요새에 올라와 보니 모두 죽어 있는 처참한 현장만 목격할 뿐이었다. 그러나 지하 동굴에 몸을 숨겼던 2명의 여인과 5명 아이들만이 목숨을 유지할 수 있었기에 이들이 로마군인들에게 발견됨으로 지금까지 발생하였던 모든 일을 말해주어 맛사다 요새의 최후 모습이 역사의 기록으로 남게 되었다.

이후로도 유대 저항 세력은 비록 그 세력에 한계가 있었으나 미미하게 계속되었다. 130년대에 있었던 바르 코크바 중심의 제2차 유대전쟁(132-135)으로 인하여 유대인 추방 이후 향후 예루살렘에는 모든 유대인이 다시는 들어오지 못하게 되었으며, 지역 이름도 유다에서 팔레스타인으로 변경되었다. 이는 유대인이 가장 싫어하는 블레셋의 이름에서 가져온 명칭이

다.(바르 코크바 반란에 대하여는 기독교와 관련하여 추후 다시 설명 예정)

맛사다 요새. 헤롯의 궁궐과 곡식저장고 등이 보인다.

이후로는 유대인 전체가 디아스포라 신세가 되었으며 예루살렘을 중심으로 하는 팔레스타인 땅은 638년 이슬람에 의하여 정복된 이후 이슬람 지역으로 남게 된다. 제1차 십자군 운동 시 잠시 유럽 기독교 세력은 예루살렘을 회복하였으나 50년 만에 이슬람에게 다시 빼앗기고 이슬람의 오스만제국이 장기간 지배하다가 제1차 세계대전 이후 영국이 위임 통치하게 된다. 제2차 세계대전 시 히틀러의 유태인 학살 정책에 대한 반동으로 더욱 심화된 시오니즘으로 인하여 유대인들이 세계 각지에서 팔레스타인으로 몰려오고 기존 거주민과의 분쟁이 격화되자 UN의 중재로 1948년 유대 민족에 의한 이스라엘 국가가 건국되었다. 유대인들은 2천여 년의 기간을 유랑생활 하였고 지금은 팔레스타인에 국가를 형성하고 있지만 분쟁은 여전하다.

지금도 이스라엘 군인의 임관식 일부는 바로 그들 최후의 항전의 장소였던 맛사다 요새에서 이루어지고 있다. 죽음으로라도 나라와 명예를 지키려고 했던 맛사다 요새의 마지막 저항군이 현재의 이스라엘 군인에게 의미하는 바가 무엇일까? 유대인 중 예수 그리스도를 믿지 않았던 유대 사회는 버려진 것일까? 아니면 나름대로의 그 의미와 역할이 아직 남아 있는 것일까? 다음 회부터는 기독교의 역사적 전개에 대하여 집중적으로 알아보도록 하자.

강의 요점 : 유대인 최후의 항전인 맛사다 전투는 열심당원 잔당 모두 스스로 목숨을 버림으로 끝이 난다. 이후 예루살렘에는 한 차례의 항전이 더 있은 후 유대 민족은 전 세계로 뿔뿔이 흩어지는 신세가 되는데, 그리스도를 믿지 아니하는 유대 사회는 그 후 인류 역사에서 어떤 의미를 가지는 것인가?

41.

속사도 기록과 행적
(클레멘트와 이그나티우스)

예수 그리스도의 제자인 12사도들에 의하여 그리스도의 정신과 가르침은 이어져 왔고 또한 사도들의 제자, 즉 사도의 사도인 속사도들은 사도에 이어 시대적으로 그리스도의 가르침에 대한 전통을 이어 갔다. 이들은 선배들로부터 이어 받은 가르침을 주로 기록물로 남김으로써 그 귀중한 자료가 역사적으로 이어 오게 되었다. 따라서 이들의 기록물들은 신약성서와 다음 세대인 변증가들 사이에 교량 역할을 하였다고 할 수 있다. 이들 중 클레멘트(Clement, 35-99)와 이그나티우스(Ignatius,?-108?)에 대하여 알아보기로 한다.

로마의 클레멘트로 알려진 클레멘트는 로마의 주교직을 서기 88년부터 그가 순교한 99년까지 감당한 것으로 이레니우스와 터툴리안에 의하여 알려졌으며, 교회의 첫 번째 사도적 교부(Apostolic Father)로 간주되고 있다. 하지만 그의 어린 시절에 대하여는 전혀 기록이 없다. 그는 베드로에 의하여 성직 임명을 받은 것으로 알려져 있기에 로마 교회 초기 지도자임은 틀림이 없다. 클레멘트는 그의 이름으로 보낸 서신서로 유명하다. 클레멘트 제1서신은 고린도 교회에 보낸 서신으로 고고학적으로 서기 70년에서 140년 사이에 작성되었다고 믿어지며 신약성서 이외의 아주 오래된 문서 중 하나이다. 1세기의 작품으로 확증되는 디다케(12사도의 교훈)에 결코 뒤지지 않는 최고의 문서로 간주되고 있다.

고린도전서에 나와 있듯이 약 95년경 고린도 교회 안에서 분쟁이 발생하였다. 고린도 신도들은 당파로 나뉘어 '나는 바울에게, 나는 아볼로에게, 나는 게바에게, 나는 그리스도에게 속한 자라'하며 교회의 지도자인 장로들에게 대적하는 소요가 발생하였다. 이에 클레멘트는 제1서신에서 소요를 중지하고 장로들에게 복종하라고 권면하며 교회 내의 합당한 질서의 중요성을 강조하고 있다.

이 서신서에서 '사도적 계승의 교리 (the doctrine of apostolic succession)가 나온다. 그리스도께서 자신의 권위를 사도들에게 위임하였고 사도들이 모든 교회에 감독(장로)과 집사를 임명함으로써 기독교 신앙의 통일성을 유지할 수 있다는 내용이다. 고린도 교회의 분열이 일어난 이유로는 "영예롭지 못한 자들이 영예스러운 자들에 반대하며, 유명치 않은 자들이 유명한 자들을 반대하여, 어리석은 자들이 현명한 자들에 반대하여, 젊은이들이 나이 든 자들에게 반대하였기 때문"이라고 지적하며, 이런 자들이 스스로 자제력이 강한 자라 자랑하고 타인을 판단할 수 있고 선행을 행할 수 있는 영지(gnosis)를 가졌다고 주장한다고 클레멘트는 설명한다.

시기적으로 96년에 작성되었을 것이라 추측되는 이 문서에서 그는 사도 계승적 권위를 주장하였지만, 결코 지도자들의 권위만을 위해 목소리를 내지 않았다. 모든 사람이 하나님께서 주신 은사에 따라 서로 복종하고 겸손하며 자신의 행위에 대하여 절대 자랑하지 말 것을 당부하였다. 사람들이 자신들의 임무를 다하면 하나님 앞에서 작은 자들이 큰 자라고 그는 말한다. 목회자들은 겸손과 두려움으로 임하며 권위를 자랑하지 말고 항상 하나님을 두려워하라 라고 그는 말하고 있다.

클레멘트에 관한 전승(legend)에 의하면 그는 그리스 케르소네수스로 유배를 가서 채석장에서 노역하게 되었다. 마침 이곳 죄수들이 물이 부족하여 고통 가운데 있는 상황에서 클레멘트는 기도 후 멀리 언덕 위에 양 한마리가 서 있는 것을 보고 그곳을 파니 맑은 물이 솟아 가뭄을 해소하게 되었으며 이로 인하여 많은 자들이 기독교인이 되었다고 한다. 클레멘트는 배의 닻에 목이 묶인 채 흑해에 수장되어 순교하였고, 신비한 썰물 현상으로 그의 시신이 발견되었다. 하지만 이 순교사화는 그리 신비성이 있다고 보기는 어렵다.

〈클레멘트의 순교〉 베르나르디노 푼가, 15세기 작품

안디옥의 이그나티우스 역시 그의 생애에 대하여 알려진 것은 별로 없다. 그가 예수께서 직접 손에 안고 축복하셨던 어린아이들 중 하나라는 전설이 있기는 하다. 어린 나이에 기독교인 되었다고 믿어지며 그의 친구

폴리캅과 함께 사도 요한의 제자로 알려져 있다. 스스로를 '하나님을 모신 자(Theophrus; God Bearer)라고 불렀듯이 이그나티우스는 소명의식이 투철하였던 것 같다. 5세기 안디옥 감독 데오도렛에 의하면, 안디옥의 초기 기독교 공동체를 이끌었던 베드로가 이그나티우스에게 직접 안디옥을 부탁하였다고 한다. 크리스천에 대한 박해로 당국에 의하여 그가 로마로 가는 길에 소아시아의 여러 교회를 방문하였고, 이때 교회에 6통의 편지를 보냈고 그중 동료인 서머나의 폴리캅에게도 썼다. 서기 108년경에 사자

〈이그나티우스의 순교〉 서기 1000년 작품

의 밥이 되는 순교를 당하였다.

　이그나티우스는 초기 교회 지도자로서 여러 면에서 교회사에 중요성을 띠고 있다. 이그나티우스는 최초로 기독교는 유대교의 안식일에 대체하여 주의 날(the Lord's Day)을 기념하라고 문서에 남겼다. 그의 마그네시안에게 보내는 편지에서 "그리스도의 친구들은 축제로 부활의 날이며 모든

날의 최고인 주의 날을 지키시오"라고 기록하고 있다.

무엇보다 교회사에서 이그나티우스의 역할로 손꼽을 수 있는 것은 그가 '가톨릭'이란 단어를 최초로 사용하였다는 사실이다. 당시 그가 사용한 그리스어 katholikos(καθολικός, 카토리코스)는 '우주적', '전체의', '보편적', '온전한'이라는 뜻으로 넓은 의미의 교회를 표현하는 수식어로 사용하였다. "주교가 나타나는 곳에 회중이 모입니다. 이는 마치 그리스도가 있는 곳에 가톨릭(모든, 보편적인) 교회가 있는 것과 마찬가지 입니다.(서머나에게 보내는 편지 8)"

그러면서 이그나티우스는 주교(감독)에 대한 순종을 강조하였다. 각 도시나 지역에는 장로와 집사들이 보좌하는 주교(bishop)가 있는데 기독교 교회는 주교에 충성과 순종(loyalty)함으로써 하나님 안에서 조화롭게 일을 이루라고 말한다. 여기에는 직분의 삼중적 방식이 최초로 나타나며 각 교회에 군주적 감독을 통한 분열과 이단에 대항하는 통일성을 요구하고 있다.

아직 신학적 조성이 시대적으로 이루어지지는 않았으나 이그나티우스는 그리스도론과 성찬론에 주목할 만한 발언을 하고 있다. 그리스도는 우리의 유일한 치료자(Physician)이며 살(flesh)과 영(spirit)을 가지신 분으로, 만들어졌으나 동시에 만들어지지 않았고, 육체 속에 거하시는 하나님이시며, 사망 속의 참 생명이며, 마리아와 하나님 동시에 속하시고, 처음엔 고통을 받으시다가 후에 받지 아니하시는 분으로 표현한다. 그는 요한의 제자답게 요한복음을 인용하며 시간이 있기 전부터 계신 유일하신 독생자이며 후에 마리아로부터 말씀으로 태어나신 분이라 설명한다(에베소에 보내는 편지 7).

그는 또한 성만찬의 중요성을 강조하며 이를 '불멸의 약(medicine of

immortality)'이라 하고 있다. '성찬의 요소를 주님의 몸으로 여기지 않음'을 주님의 은혜를 부인하는 이단적 견해로 간주한다. 이그나티우스에게 있어서 주님의 몸은 우리를 위하여 고통 받으시고 성부께서 살리셨으며, 이는 성찬에 나타나기에 주님의 몸이라 부인함은 멸망을 의미하였다고 볼 수 있다는 것이다. 이는 당시 가혹한 핍박에 따르는 순교의 시대적 열정을 나타낸다고 볼 수 있다. 당연히 기독론과 성찬론은 그 정통이 형성되기에는 수많은 세월과 험난한 과정이 기다리고 있었다.

강의 요점 : 예수 그리스도의 가르침은 열두 사도를 거쳐 그들의 제자인 속사도로 이어진다. 기독교의 모양이 막 형성되어 가는 시점에 클레멘트, 이그나티우스 등 교부들의 역할은 너무나 중요하며 차후 기독교회 모습의 표본을 제시한다.

42.

네로 황제
(그의 생애와 크리스천 박해)

네로라는 인물은 대략 그 성품이 포악하고 괴상한 행위들로 기억이 되는 로마 황제이다. 특히 기독교인들에게는 박해의 시작과 연루된 원흉으로 알려져 있기에 그에게서 좋은 이미지란 찾아보기 힘들다. 하지만 자세히 그의 생애를 살펴보면 그를 조금은 이해할 수가 있다.

네로는 그의 어머니 아그리피나에 의하여 16살의 다소 어린 나이에 황제 직에 올랐다. 어머니 아그리피나는 카리굴라 황제의 여동생이었고 아버지 도미티우스 역시 황실 가문 출신으로, 네로는 이들 사이에서 태어난 유일한 자식이었다. 도미티우스가 죽자, 어머니 아그리피나는 삼촌이자 황제인 클라우디우스의 네 번째 부인이 된다. 결혼 후 아그리파나의 계속된 설득에 의하여 황제는 네로를 양아들로 맞아들였고, 네로는 장래를 위한 공인의 삶을 살아간다. 5년 후 클라우디우스 황제가 사망을 하는데 이를 네로의 어머니 아그리피나가 아들의 조속한 황제 즉위를 위하여 살해한 것으로 보는 견해도 있다. 황제가 최근 자신의 친아들 브리타니쿠스를 각별히 여기었기에 네로의 어머니가 황제를 독살했다는 설이 매우 설득력을 갖는다.

네로는 54년에 황제 직에 올랐다. 네로의 초기 집권은 그의 스승 철학자 세네카와 부루스의 많은 도움으로 비교적 평화롭게 잘 이루어졌다. 하지만 정치적 욕심이 있었던 어머니 아그리피나는 아들을 통하여 자신이 통치하듯 정치 라이벌들을 모두 살해하였다. 당시 주화에 황제 대신 아그리피나 자신의 모습이 나오는 것이 이를 시사하고 있다.

하지만 어머니와의 관계는 노예 출신 여인 크라우디아와 네로가 가까워지자 네로의 본처 옥타비아를 아끼는 어머니 아그리피나가 이 여인을 반대하며 틈이 벌어지기 시작한다. 어머니는 자식의 사생활에 대하여 심하게 꾸중을 하기까지 한다. 심지어 자식 네로가 자신의 말에 더 이상 고분고분하지 않자 그 누구를 통해서라도 정치력을 발휘하고 싶은 욕심에 아그리피나는 전 황제 클라우디우스의 친아들인 브리타니쿠스를 네로 대신 황제에 올리려는 음모를 시도한다. 그러나 이를 알아챈 아들 네로는 브리타니쿠스를 살해하여 불씨를 없애버리고, 이어서 어머니를 궁에서 내어 쫓고 강가에서 살게 하지만 아직 그녀의 인기나 정치적 영향력은 무시하지 못할 정도였다.

네로는 이어서 친구 오토의 아내 포페아와 사랑에 빠진다. 어머니 아그리피나는 아들이 동료의 아내와 바람이 나고 이를 결혼으로 합법화 하는 행태에 적극 반대하였다. 네로에게는 아내 옥타비아와 이혼하고 포페아와 결혼하기에는 어머니가 살아 있는 한 정치적으로 또 현실적으로도 쉽게 이루어지기 어려워 보였다. 이에 네로는 다시 좋아질 수 없는 모자지간의 관계를 잔인하게 정리하기로 결심한다. 59년에 네로는 어머니를 살해하기로 작정하고 그녀를 배에 태워 파선시켜 수장하려 하나 아그리피나가 살아서 육지로 올라오자 그녀를 살해하고 마는 패륜을 저지른다.

어머니의 죽음(사실상 살해) 이후 네로는 판단력에 문제가 생기기 시작한

〈아들 네로에게 황제의 관을 씌우는 어머니 아그리피나〉
제관식(54년)과 모후의 살해(59년) 사이의 작품. 튀르키예. 아프로디시아스 박물관.

다. 포페아와 62년 결혼을 하였고 정치적 조언자 부루스는 세상을 떠났
고 세네카는 외압에 의하여 공직을 그만두었다. 로마 원로원과 네로의 관
계는 점차 매우 악화되었다. 하지만 네로는 포페아와의 열애에 빠져 행복

하기만 하였다. 네로는 천성적으로 아버지의 급한 성격과 어머니의 다소 교활함 그리고 자신의 예술적 천재성을 가지고 태어났다고 보아야 할 것이다. 그는 예술에 많은 흥미와 사랑을 보여 왔으며 황제가 된 후에는 자신의 재능을 적극적으로 대중 앞에서 자랑하였다. 노래를 하거나 시를 읊는 경연대회에 나아가 1등을 휩쓸었으며 – 심사위원들은 이 황제 참가자에게 별 고민 없이 1등을 주었을 것이다 – 심지어 연극에 직접 출연하기도 하였다. 이에 원로원과 고관들은 네로의 등장에 엄청난 박수를 보내야 하는 노역은 당연한 일이었다.

네로는 특히 1인극을 좋아하여 혼자 줄거리를 말하며 주인공 역할을 하는 모노드라마에 자주 출연하였다. 자신의 어느 정도 재능과 주위 사람들의 칭찬에 네로는 더욱 기세등등해지고 점차 자신을 황제라기보다 참다운 예술가로 생각하기에 이르렀다. 점차 네로는 청중의 박수에 중독되어 자신의 출연에 자주 나타나지 않거나 조는 사람은 고관이라 하여도 귀양을 보냈다고 한다. 유대를 평정할 베스파시아누스 장군도 네로의 연극 중에 졸았기 때문에 그리스로 귀양을 갔었고 후에 유대 평정의 중책이 주어진다. 또한 네로는 로마의 아직 좁은 골목을 넓혀 웅장하고 아름다운 궁궐과 건물로 바꿀 도시건축에도 심도 있게 관심을 두고 있었다.

이러한 시기에 로마에 대화재가 발생한다. 64년 7월 몹시 더운 이탈리아 날씨에 로마는 갑자기 화염에 싸이게 되고 도시의 상당 부분, 로마시의 13개 구역 중 3구역이 전소하고 7구역이 추가로 엄청난 화재의 타격으로 소실되었다. 일부 사람들은 이 화제가 네로황제에 의하여 자신의 시성을 돋우기 위하여 일부러 도시를 불 지른 것이라 주장하지만 일부 역사가들은 그리 보지 않는다. 당시 네로는 로마에서 50km 이상 떨어진 안티움에 있었고 화재 발생 소식을 듣자마자 황제는 로마로 급히 돌아와 직접회생자 구출에 나섰으며 경호원도 없이 화제 현장을 수습하기 위하여 뛰어 다녔다. 화재 재난을 수습하기 위하여 네로는 자신의 궁전과 공공건물들을 이재민들에게 개방하였고 곡물을 1/4 값으로 판매하는 등 공적 구제와 함께 사비를 털어 위문을 하였다고 역사가 타키투스는 말하고 있다.

하지만 이러한 노력에도 불구하고 당시 네로를 의심하는 시민들이 많았다. 그의 예술에 대한 기이한 편력 때문에 그가 화재 시 트로이의 노래를 피들을 켜며 감상하였다는 소문이 돌기도 하였는데, 사실 이런 소문은 조작된 것이다. 피들은 시기적으로 아직 나오지도 않은 후대의 악기였으며, 후대의 역사가들에 의하여 네로의 단점을 부각시키려 기록이 왜곡되었을 가능성이 높다.

네로는 화재를 수습하면서 그가 평소에 생각하고 계획한 도시 재건 사업에 착수한다. 당시 로마는 아직 옛 도로나 낡은 건물들로 지금의 현란한 모습이 아니었다. 그는 이제 예술에서 건축까지 손을 대며 신 황궁 골든 하우스를 비롯한 막대한 토목사업을 시작한다. 이런 대형 건설 사업은 시민들로 하여금 네로의 화재연루설에 더욱 기름을 붓는 결과를 초래하였다. 또한 대형 토목사업은 막대한 자금을 필요로 하는 바 당시 로마제국으로 들어오는 속주에서 거두어들인 세금을 더욱 압박하여 더 많은 세금을 거두어들이도록 압력을 넣었다. 심지어 고관들로 하여금 그들의 재산에 대한 유산증여 증서를 쓰게 하고는 그들이 일찍 죽게 하여 돈을 거두어들이기도 하였다고 한다.

이 시기 사랑하는 아내 포페아와 문제가 생기더니 급기야 65년 태아를 품고 있던 포페아를 발로 차 그녀를 죽게 한다. 하지만 이 부분은 역사가에 따라 진위 여부에 대한 의견이 다르다. 포페아의 죽음에 놀란 네로는 그녀를 이집트 식으로 장례를 지내며 1년간이나 아리비아의 향을 피우고 슬픔에 잠겼다. 네로의 포페아에 대한 사랑은 최초의 대중을 위한 오페라인 몬테베르디의 '포페아 대관식'을 통하여 짐작할 수도 있다. 네로와 포페아의 사랑을 17세기 이탈리아 작곡가 몬테베르디가 오페라 속에서 애절하고도 아름답게 그리고 있다. 그 후 포페아를 환영 속에서도 찾던 네로는 스포루스라는 전 남자 노예가 포페아를 닮았다는 연유로 그를 거세하고는 결혼을 하는 기이한 행동까지 한다.

이러한 수많은 일련의 사건들은 네로로 하여금 누군가 대화재에 대한 죄를 뒤집어씌우고 경기장에서 오락의 대용물로 동물들에게 먹히는 희생양이 필요해졌다. 저 멀리 혼란의 땅 유대에서 발생하여 유대 사회 자체 내에서도 환영을 받지 못하고 이상한 소문이 흉흉한 기독교인들이 네로의 제물로 떠올랐다.

강의 요점 : 기독교에 대한 로마 정부의 탄압은 네로황제에 의하여 시작되었다. 괴팍하고 기이한 행동으로 유명한 네로황제였지만 그의 배경에는 항상 어머니 아그리피나가 그를 사로잡고 있었고, 모친 살해 후 친구의 아내 포페아와의 관계에서 스스로 자신을 '예술가'라고 불렀던 황제는 타락의 나락으로 떨어지고 만다. 네로의 정책은 직간접으로 유대에 많은 영향을 미치었다.

43.

기독교의 시련
(박해 또 박해)

유대의 전통 속에서 자라난 기독교는 그 시작부터 어느 누구로부터도 환영을 받지 못하였다. 유대인들의 독특한 신분과 한 분 하나님의 신앙, 그리고 타민족과 어울리지 못하는 그들의 특성은 팍스로마나의 시기에 유대를 매우 독특하고 주목해야만 하는 민족 집단으로 간주하게 만들었다. 여기에서 자라난 기독교는 메시아로 오신 예수가 그들의 기대와 전혀 맞아떨어지지 않자, 유대사회에서 심한 배척을 당하였다. 예수 자신 역시 유대인의 지도 계층인 사두개인과 바리새인들에 의하여 로마의 정치범으로 빌라도를 통하여 십자가형을 당하였다.

스데반 집사의 순교에서 보듯 기독교는 유대 사회에서 자리 잡을 여유가 없어 보였다. 그렇다면 유대를 넘어 로마제국의 눈에 기독교는 어떻게 비추어졌을까? 사실 로마 정부는 유대 내부에서 아주 극소수 당파로 시작된 기독교에 대하여 그리 큰 관심을 두지 않았다. 그들의 눈에는 유대교나 기독교나 말썽을 피우는 유대 무리의 같은 종파로 보였고 이에 특별한 관심을 끌지는 못하였다.

그러나 오순절 이후 성령이 각자의 영혼에 내려와 심령을 뜨겁게 하며 전도의 바람이 거세게 불면서 차츰 로마도 기독교를 주목하기 시작하였다. 기독교는 유대 땅뿐만이 아닌 이집트와 시리아 그리고 소아시아를 거쳐 마침내 이탈리아 반도까지 그 복음이 전파되었으며 기독교의 지도자들뿐만이 아닌 일반 평신도들에 의하여 점차 로마제국 곳곳에 자리를 잡게 되었다. 하지만 세상은 기독교가 그리 쉽게 뻗어 나가도록 내어 두지 않았다.

기독교를 핍박하는 이상한 풍조가 성행하게 되었는데 그 이유로는 몇 가지를 들 수 있다. 먼저 기독교는 외부의 눈에는 유대교와 크게 달라 보이지 않았기에 그들이 생각하는 별난 민족의 종교였고 따라서 환영을 받을 이유가 없었다. 로마 정부와는 너무나 이질적 집단으로 보였다. 황제를 신으로 숭배하는 황제숭배에 기독교인들은 전혀 따르지 않았으며 오히려 나사렛 사람이었던 예수를 신으로 숭배하였다. 군대나 공직에 나아가게 되면 국가종교 행사에 참여해야 했기에 기독교인들은 군복무를 거부하고 공직에 나가지도 않았다. 무기를 드는 것은 그리스도의 사랑의 계명과 어울리지 않기에 당연히 군대와 거리를 두었으며 또한 만민평등을 주장하는 이상한 집단으로 사회 반란의 가능성이 있는 위험한 집단으로 간주되었다.

또한 성만찬과 관련된 오해가 발생하였다. 그리스도의 몸과 피를 기념하는 성찬식에 '주님의 몸과 피'를 먹고 마시는 행사는 오해를 불러와 심지어 어린아이를 제물로 바치고 그 살을 먹는다는 소문까지 나게 되었다. 로마 시대에는 미드라교와 같은 신비 종교가 유행하였는데 이는 피가 관련된 비밀 입문식을 거행한다. 로마인들의 눈에 기독교인들이 숨어서 하는 이런 행사는 상당히 무언가 숨기는 것이 있을 거로 의심하였다.

여기에다 근친상간을 하는 부도덕한 집단으로 보기도 하였다. 애찬이라는 식사를 거룩한 키스와 함께 행하며 기독교인들은 '형제'와 '자매'라는 용어를 배우자에게 사용하는가 하면 신도들 사이에 서로를 그렇게 부르기도 하였기에 로마인들은 기독교인들의 혼외관계가 무분별하다고 판단하였기 때문이다. 하지만 이러한 편견 및 오해에 의한 박해가 본격적으로 시작된 것은 네로라는 로마 황제에 의하여 시작되었다.

전편에서 네로의 인생에 대하여 살펴보았듯이 네로는 총명하게 태어나 어머니의 후광으로 황제의 자리에까지 오르나 그리 행복한 인생을 영위하지 못하였다. 어머니 살해 이후 네로 황제의 행태는 더욱 괴이해졌으며 도시의 대화재 사건과 관련하여 시중에서는 황제를 방화범으로 의심하는 시각이 많아졌다. 네로에게 기독교인들은 유대 땅에서도 동족들에게 핍박을 당하지만 끈질긴 생명력으로 제국 곳곳을 침투하고 있는 백해무익한 신흥집단으로 보였다. 이런 십자가에서 죽은 인간 예수를 따르는 어이없는 신흥 사교는 황제를 대신하여 희생되어도 별 상관없어 보이는 존재들이었다. 네로는 크리스천들을 향하여 본격적 핍박의 채찍을 휘두르기 시작하였다.

로마 역사가 타키투스에 의하면 황제는 자신을 향한 소문을 없애기 위하여 기독교인들에게 혐의를 씌우고 잔인하게 박해하였다고 기록하고 있다. 타키투스의 기독교에 대한 표현은 당시 로마 사회가 기독교를 어떻게 보는가를 대변한다고 볼 수 있는데 그의 표현에 의하면 기독교를 '악한 미신'으로 묘사하며 이들의 증언과 고소에 의하여 더 많은 기독교인들이 처형되었다고 한다. 네로의 잔혹성은 크리스천들을 향하여 악을 발하는 듯하였다. 기독교인들에게 짐승의 털을 입혀서 개에게 물려 죽게 하는가 하면 밤에 높은 기둥에 묶어 산 채로 불에 태워 주위를 밝히기도 하였으며 이런 잔혹한 장면을 사람들을 초청하여 마치 잔혹의 축제를 베풀 듯 함께 구경하였다. 원래 연극이나 전차 경주자 역할을 좋아하던 그는 전차를 타고 원형경기장을 빙빙 돌며 기독교인들의 잔혹한 죽음을 즐기는 듯하였다. 또 단체로 십자가형에 처하기도 하였는데, 이는 역사가의 설명대로 네로 한 사람의 잔인성을 만족시키는 이벤트일 뿐이었다.

이렇게 처참한 모습으로 기독교인들을 박해하면 네로 자신에 대한 책임이 사그라지고 민중들에 의하여 그 비난의 화살이 완전히 크리스천에게로 돌아갈 줄 알았지만 결과는 꼭 그렇지만은 않았다. 오히려 이를 구경하던 시민들은 네로의 잔혹성에 무참히 당하기만 하는 기독교인들에게 자비심을 느끼기도 하였다고 한다. 또한 이러한 고통의 박해를 당하면서도 온유한 태도를 견지하는 기독교인들에 대하여 일부 우호적 감정까지 느끼게 될 정도였다.

얼마나 많은 기독교인들이 네로의 잔인성에 의하여 희생당하였는지는 알 수 없으나 역사가 타키투스의 표현대로 '헤아릴 수 없이 많은 수'가 고통을 당하여야만 하였다.

이 시기에 베드로와 바울이 로마에서 순교하였으며 대부분 크리스천들이 로마를 떠나거나 지하 묘소인 카타콤에 숨어 들어가 생활을 하여야만 하였다. 베드로와 바울의 묘소로 여겨지는 곳이 이런 지하 카타콤인 로마 아피안 웨이에서 발견되었다.

카타콤은 대부분 토양이 석회질로 되어 있어 쉽게 지하로 파 내려갈 수가 있었고 또한 조성한 형태는 그대로 굳어져 지하지만 무너져 내리지 않았기에 신자들이 로마 당국의 감시를 피하여 피난 생활을 하기에 적당하였다. 이들은 이곳에서 당시 초대교회의 기독교 상징인 벽화나 조형물들을 남김으로써 후대에 초대교회의 모습이나 신학적 개념 그리고 생활상 등을 짐작하게 하고 있다.

벽화로 자주 발견되는 그림으로는 예수님과 제자들, 양 치는 목자, 그리고 성찬의 모습과 치로 심벌(☧) 등 후대의 기독교 상징

로마 카타콤에서 발견된 〈선한 목자〉

들과 그다지 큰 차이를 보이고 있지 않다. 네로에 의하여 시작된 로마 당국의 기독교에 대한 공적인 박해는 313년 밀란 칙령 발표 시까지 지속되었으며 기독교 시련의 기간이었다.

한편 네로 황제는 그의 포악한 행실과 기괴함으로 정치적으로 공공의 적이 되어 피난의 길을 떠난다. 그의 주위에는 자신을 죽여 달라고도 할 만한 사람이 없어 그야말로 네로 자신의 말대로 '친구도 적도 없었다.' 원로원은 황실에 충성하였기에 일부는 네로를 살려서 최소한 그 후손이라도 보려는 의도도 있었다. 네로는 당시 도시에서 4마일 밖의 별장에 있었고 스포루스(거세당한 후 네로와 결혼한 전 노예) 와 4명의 자유화된 전 노예와 같이 있었으며 "예술가는 죽어간다"라고 외치며 자살을 시도하였고 수행원으로 하여금 자신의 목숨을 끊게 하였다. 이로서 69년 로마의 아우구스투스로부터 혈통으로 내려온 율리오 - 클라우디안 왕조가 끝이 나고 4명의 황제가 각축을 벌이는 혼란기를 지나 베스파시아누스가 황제로 등극하였다.

로마 카타콤에서 발견된 〈성찬 하는 모습〉

강의 요점 : 기독교는 출발에서부터 수많은 고난과 핍박을 견디어 내야만 했다. 그리스와 로마 정부로부터 유대 민족은 남들과 어울리지 못하는 독특한 민족 집단으로 간주되었던 그런 유대 민족으로부터조차 핍박을 당하는 기독교 공동체는 초기 많은 오해와 편견 속에 네로 황제의 난국 타개용 희생 제물로 떠올랐다.

44.

초기 기독교인들의 생활과 예배
(서로 돕는 공동체로 시작)

오늘날 교회는 가끔 '초대교회로 돌아가자'라는 구호를 사용하곤 한다. 이는 기독교의 대부분 종파들이 애용하는 말이며 이런 '초대교회'라는 단어를 들으면 어쩐지 매우 신령하고 예수님을 만나러 가는 느낌조차 들 정도로 새로운 각오를 하게 하기도 한다. 그렇다면 '초대교회'란 정확히 언제를 뜻하는가?

일반 성도들에게 '초대교회'란 언제를 일컫는 단어인 것 같으냐는 질문을 하면 많은 사람들이 예수님 부활 승천 이후 열두 제자들에 의하여 교회가 이끌어지는 시대가 아닌가 하고 답변을 한다. 그러나 필자가 신학생들에게 똑같은 질문을 던지면 좀 주저하고 답을 하는 자가 많지 않으며 고급 학위를 공부하는 학생일수록 잘 모르겠다는 반응을 한다. 그렇다면 '초대교회'란 정말로 언제를 의미하는가? 이에 대한 대답을 필자에게 강요한다면 그건 '초대교회'라는 단어를 사용하는 사람의 머릿속에 상상하고 있는 모습 내지 시기라고 말할 수밖에 없다.

소위 '교회'라는 조직 내지 기구(이렇게 칭하는 게 맞는다면)가 존재하려면 최소한 기본적 교리와 예식의 형태가 있어야 한다. '성도들의 모임'을 교회라고 하지만 '초대'라는 수식어를 붙이려면 그 개념이 필요한 상황이다. 더구나 교회의 형성 과정을 살펴보면 언제부터 현재 우리가 이해하는 교회가 형성되는지의 판단이 결코 쉽지 않다는 것을 알 수가 있다.

초대교회의 형성은 유대교로부터의 탈피로 시작되었다고 말할 수 있으나 그 초기에 유대교와 기독교와의 확연한 구분이 있었다고 말하기 어렵다. 사실 유대교조차도 그 형성을 보자면 이야기는 매우 복잡해진다. 바빌론 포로시기 이후 형성된 유대인의 선민사상은 유대 반란 이후 흩어진 민족을 통하여 바리새파 중심의 생활 규범 중심의 유대교가 주후 6세기경에나 형성한 사실을 고려할 때 진정 기독교가 유대교에서 나온 것이라고 말하기 어렵다. 초기 원시교회가 형성될 시 이를 유대교와의 다른 개념으로 보기보다는 유대민족 내에서 예수를 그리스도로 믿는 기독교 집단의 형성 과정을 살펴봄이 더 타당할 수도 있다.

초기 교회의 형성을 오순절 성령강림부터 생각한다면 사도행전의 기록과 같이 당시 무리가 모여 있는 상황에서 성령이 각자에게 내려와 성령의 충만함을 입으며 사역이 시작된다. 베드로의 사역에 의하여 하루에 수천 명이 침례를 받으며 크리스천이 되었다.

사도행전은 베드로와 바울의 행적을 중심으로 초대교회가 그려지고 있다. 그러면 실상 당시 신자들의 믿음 생활은 어떠하였을까? 그들에게는 지금의 교회당처럼 교회라는 건물이 따로 있었던 것이 아니라 어디가 되었든 간에 신자들이 모인 장소에서 예배를 드렸으리라 생각되며 이는 주로 각 가정을 중심으로 이루어졌다. 교회당이라는 건물의 개념이 정식으로 등장한 것은 기독교가 공인이 된 4세기 이후이다. 그러니까 교인들은 별도의 교회 건물이 아닌 가정과 피신처에서 모여 예배를 드린 것이다.

초기 교회의 형성 과정에서 신앙 이외에 그 내부적 결속 요인이 있었다면 이웃 간의 도움과 사랑이었다. 어려운 이웃을 돕고 신자들 간에 서로를 위한 격려와 배려의 사랑은 초기 기독교 시기 윤활유와 같은 역할을 하였다.

디아스포라 유대인들의 예루살렘 방문으로 예루살렘은 손님을 대접하는 문화가 빈번하였으며 또한 우리가 살펴본 바와 같이 정치적 탄압의 어려움 속에서 유대민족 내부의 결속이 서로를 위한 배려로 많이 다져졌고, 더 나아가 유대 사회에서조차 환영을 받지 못한 기독교 공동체는 자신들 간의 모임 내지 사회로의 결속을 보여 주었다.

그리하여 아주 초기라 할 수 있는 원시 기독교 사회에서는 재산을 서로 통용하여 공동체 생활을 하였음이 사도행전 5장에 등장하는 아나니아와 삽비라의 일화에서 나타나고 있다. 원시 기독교의 정황에서 재산의 사적 소유보다는 공동체적 생존의 길이 더 급박하였을 것으로 추정된다. 하지만 이러한 재산 공유의 사회적 현상이 보편적 그리고 장기간 지속되었다고는 보기는 어렵다.

교회의 지원 중 고아와 과부에 대한 구제는 매우 적극적이었다. 당시 격변적 시대상을 반영해서인지 특히 과부에 대한 재정적 구제는 구체적으로 명시되기도 하였다. 디모데전서에 보면 모든 과부가 구별 없이 구제의 대상이 된 것은 아니었고 과부의 명부에 올릴 수 있는 자로는 부양할 가족이나 친지가 없어야 하고 60세 이상이며 선한 행실의 증거가 있고, 또 한 번만 결혼하였던 자로 한정하였다. 그리고 고아 또는 유아에 대한 보살핌도 교회에서 많이 행하여졌다.

그리스 시기부터 유아 유기의 현상이 많이 발생하였고 로마 시기에도 유아들을 노예나 창기로 상인들에 의하여 거래되는 경우도 있었기 때문이다. 또한 빈민 구제와 병자를 보살핌에 있어서도 교회의 역할은 매우 컸었다고 볼 수 있다. 유세비우스의 기록에 의하면 로마에 전염병이 창궐하였을 때 일반인들은 출입을 꺼리던 발병지역을 크리스천들은 들어가 지극히 환자들을 돌보았으며 심지어 크리스천 자신들도 병에 걸리는 수가 있었다. 이러한 크리스천들의 헌신적인 모습들이 일부 로마인들에게 기독교에 대한 보다 긍정적인 시야를 제공함으로 결국 기독교 포교에 도움이 되었음이 분명하다.

〈일곱 집사를 세우는 베드로〉 프라 안젤리코. 니콜라인 채플. 바티칸.

사도행전에는 이와 같은 이웃을 돌보거나 어려운 지역의 교회에 성금을 모아 보냈다는 기록이 나타나며 초대 교부 이그나티우스는 특히 로마 교회가 이러한 면에서 모범을 보이고 있다고 그의 서신서에서 칭찬하고 있다.

예루살렘에 초기 헬라파 유대인들이 많이 모였을 때 일부 헬라인들이 자신들의 과부들이 구제 명단에서 빠진다고 불평을 하자 교회는 집사 7명을 선출하여 이러한 구제의 일에 전념하도록 한 사실이 기록되어 있다.

이는 언뜻 보아서는 당시 교회 초기시기에 교회의 임무가 이러한 약자

나 어려운 자들을 돕는 구제에 주로 집중한 것으로 생각할 수가 있다.

하지만 자세히 성경 구절을 살펴보면 집사를 선별하여 구제에 힘쓰게 함으로써 교회는 말씀과 기도에 전념할 수가 있었다고 기록하고 있다. 이는 분명 교회 본래의 당시 주된 기능은 말씀을 읽고 상고하는 일과 기도에 전념하는 것이었음을 나타내고 있다.

교회의 어려운 자들을 돌보던 구제의 행위는 당시 이러한 도움을 받아야만 되는 자들이 많았던 상황에서 자연스레 이루어진 일들이었으며 이것이 교회의 주된 목적 내지 기능은 아니었던 것이다. 하지만 주님의 말씀처럼 '왼손이 하는 일을 오른손이 모르게 하라'라는 교훈 아래 교회가 어려운 자들을 돕는 것은 내놓고 자랑할 일은 아니며 이를 상업적 또는 정치적인 도구로 사용하여 교회를 홍보하는 일은 초대교회와 닮은 모습이 결코 아니다.

크리스천들은 손님 대접하는 일을 즐거이 할 것이며 선한 사마리아인들처럼 남을 돕는 일에 주님의 사랑이 이 땅에 비추어 우리에게 빛을 발하듯 그들에게 그리스도의 사랑의 빛을 비추어 모두가 그리스도의 품인 교회로 모일 수 있도록 하여야 할 것이다.

강의 요점 : 초기 기독교 사회는 어려운 가운데 서로 돕는 풍조가 그 특색이었다. 멀리서 온 자들, 난리로 가장을 잃은 과부와 고아 등 돌볼 자들이 많았던 가운데 이들은 외부적 핍박으로부터 자신들을 지키며 이런 어려움에 빠진 자들을 돕고 살았으며 이는 기독교의 전통이 되었다. 하지만 분명한 것은 교회의 주된 기능을 구제가 아닌 말씀 상고와 기도였음을 기억해야 한다.

〈선한 사마리아인〉 빈센트 반 고흐, 1890

45.

교회 예배와 초기 성례
(침례와 성찬)

기독교 초기 모습은 유대인들의 생활상 속에서 형성되었기에 유대 사회의 모습이 자연스레 기독교 사회의 모습으로 들어오게 되었다. 초기의 모습은 12사도에 의한 카리스마적 지도력에 의한다기보다는 장로 중심 공동체 내지는 집단지도 체제가 형성되었는데 이는 우리가 읽는 사도 중심의 사도행전에 나타난 모습이 극히 일부 지역에 해당하고 일반적 기독교회의 모습은 아니기 때문이다. 서로를 형제자매라고 부르며 지금까지 지켜오던 유대적 관습 안에서 예수를 그리스도로 인정하고 자주 모여 그리스도에게 예배를 드리게 되었다. 유대적 관습인 '장로'직은 그야말로 나이가 많고 지식과 경험에서 우등한 자였기에 초기 교회를 이끌어가는 직분 중 하나였다. 그러므로 초기 교회의 모습은 모일 수 있는 어떠한 곳이든 공간에서 유대인 중 예수를 그리스도로 인정하는 사람들이 모여 이중 연장자인 장로나 형제자매 중 누군가가 예배를 하는 모습이었음이 틀림없다.

이처럼 지역 신도들의 생활 속에서 다양하고 미숙한 교회가 존재하였고 각 모임에 대하여 '교회'라는 명칭을 사용하였다. 이런 개별성 속에서도 이그나티우스의 서신에서 나타나듯 교회가 그리스도의 몸이며 예수가 교회의 머리라는 개념이 통용되었음을 알 수 있다.

예배를 위하여 정기적으로 모이는 날은 안식일에서 점차 매주 첫째 날인 주일로 바뀌어 갔다. 주님의 부활을 기념하며 동시에 신자들의 부활에 대한 약속을 되새기었으며 모여 떡을 나누기도 하였다. 예배는 하루 2차례 이루어지고 아침 예배에는 주로 성경 강독과 장로들의 권면, 기도, 찬송 등이 포함되었고, 저녁 예배에는 애찬과 성만찬 의식을 행하였다. 법률가 플리니가 트라얀 황제(재위 98-117)에게 보낸 편지에 의하면 기독교인들은 새벽에 모여 찬송을 부르고 윤리적인 생활을 하도록 서원한다고 증

〈최후의 만찬〉 이탈리아 시실리 몬레알레교회 모자이크화. 1180년경 작품.

언하고 있다.

지금과 같이 예배와 성찬을 한꺼번에 하는 방식은 2세기에 들어와 정착되었다. 1부 예배 시 성경 봉독, 설교, 기도와 찬송으로 성경적 지식을

공유하고 이후 평화의 입맞춤으로 그리스도의 사랑을 나누며 성만찬을 시작하였다. 떡과 포도즙을 위하여 기도하며 하나님의 구속 사역이 기억되고 성령이 임할 것을 간구한다. 떡을 잘라 나누어 먹으며 포도즙은 공동의 잔으로 돌려 마신 후 축도로 모임을 끝낸다. 물론 이러한 형식이 모든 교회에 획일적으로 발생된 것은 아니며 장소와 주변 요소에 따라 변화되었다. 초기부터 성찬식에는 침례를 받은 자들만이 참석할 수 있었다.

침례는 기독교 시작 시기부터 기독교에 입교하는 의식으로 인정이 되었다. 침례가 죄를 사한다는 신학적 의미는 오랜 세월 동안 - 종교개혁 이후까지 - 지속되는 사안이지만 초기에는 주로 성령을 매개하는 의식으로 간주되었다. 침례로 인하여 옛사람이 장사 되고 새로운 피조물로 올라옴은 많은 교부들이 공동으로 인정하는 신학적 의미이다.

초기 유대기독교 사회에서는 기독교로 개종하자마자 침례를 받았음이 사도행전에 나타나 있다. 이는 기독교는 역사적 인식에 기반을 둔 종교(믿음 체계)이기에 이런 배경을 충분히 이해하고 있는 유대인 출신들이 예수를 그리스도로 인정하게 되면 즉시 침례를 받음이 마땅하였다. 그러나 점차 그리스도의 오심에 대한 구약적 배경을 가지고 있지 않은 이방인들이 기독교로 들어옴에 따라 이들에게 기독교의 이해에 대한 철저한 교육과 예식에 대한 준비가 필요하여졌고 이런 사유로 3세기 초부터는 3년간의 교육과 준비 기간을 거친 후 침례를 받게 된다.

이들 침례 준비자는 교육과 자신의 삶을 통하여 기독교적 신앙을 증언하여야 하였고 마지막으로 문답 시험에 통과하여야만 하였다. 이들은 주로 금요일과 토요일에 금식하다가 주일 아침에 온전히 맨몸으로 침례를 받았으며, 물에서 올라오며 새로운 삶을 상징하는 흰옷을 입었다. 또한 물을 받아 마심으로 이는 수침 자가 내·외부적으로 모두 깨끗하여졌음을 의미한다. 기름을 발라 개인의 제사장 신분이 되었음을 나타내기도 하였으며 마지막으로 우유와 꿀을 발라 마무리하였는데, 이는 미래의 '젖과 꿀이 흐르는 약속의 땅'을 상징한다.

약 100년경의 문서로 당시 교회의 모습을 생생하게 보여주는 '12사도의 교훈'이라는 디다케(Didache)라는 문서에는 침례는 살아 있는(흐르는) 차가운 물에 하라고 함으로 강에서 주로 하였음을 나타낸다. 그러나 그럴 환경이 되지 못하는 사정 하에서는 성부와 성자와 성령의 이름으로 물을 이마에 3번 부으라고 함으로 예외적 관수(affusion)를 허용하고 있다. 예수님의 침례가 물에 완전히 잠기는 형태의 침례(immersion)였듯 초대교회의 침례는 물에 잠기는 침례가 일반적이었다.

성찬의 의미에 관하여 속사도와 교부들의 의견은 예수님의 말씀을 그대로 따라 주님의 몸과 피를 먹고 마시는 것으로 이해하곤 하였다. 일반 신자들은 모여 떡을 떼며 잔을 나누고 주님의 명령을 단순히 시행하였지만, 이 성찬에 관하여 신학적 의미는 그리 간단하지 않았다. 1세기 말경부터 성찬에 관하여 기독교의 희생 제의적 개념으로 이해하였는데, 이는 말라기 1장에서 예언하듯 하나님이 유대적 희생제물을 더 이상 받지 아니하시고 이방인들에 의한 각처에서 '깨끗한 제물'을 받을 것이라 함을 성찬의 예언으로 받아들였기 때문이다. 디다케에서도 성찬을 희생제사(sacrifice)의 개념으로 기록하고 있으며, 저스틴 또한 '크리스천에 의하여 모든 곳에서 기념되는 빵과 잔이 예수의 명령에 의하여 이루어지는 제사'라고 기록하여 이런 의미를 사용하고 있다. 이레니우스 역시 성만찬은 '새 언약의 새 계명'으로 교회가 사도들에 의하여 주로부터 받아 온 땅에서 하나님께 드린다고 이해하고 있다.

유대적 전통 하의 초기 기독교에서 성찬은 하나의 제사로 생각되기 쉬

웠으며 주님께서 '이것을 행하라'라고 하신 명령어는 수 세기 동안 (희생) 제사적 느낌을 주었을 것이다. 저스틴은 말라기에서 예언한 깨끗한 제물은 바로 빵과 포도주라고 밝힌다. 또한 성찬은 주님의 몸과 관련하여 우리의 죄를 대속하기 위한 고난(passion)에 대한 기념으로 연결하여 이해되었다.

필자가 방문하여 찍은 사진. 우측 중간 그림이 최후의 만찬

마지막 만찬에서 주님의 '새 언약의 새 계명'은 주님의 희생으로 연결되어 이해되었고 이를 성부께 드림은 그리스도가 우리에게 드리라고 한 첫 열매로서 이해되었으며, 이를 드리라고 한 것은 성부께서 이를 필요함이 아니라 우리 신자들 자신이 드릴 열매가 없지 않기 위해서이며 교회의

신실함의 표현으로 하나님을 기쁘시게 하는 것이다.

이런 빵과 포도주를 성스러운 것으로 표현함은 영생을 추구함과도 연결이 된다. 이그나티우스는 성찬의 요소로서 주님의 몸과 피는 우리의 죄를 위하여 드려진 제물로 성부께서 살리심을 언급한다. 이는 당시 이단적 사상이 팽배한 영지주의의 가현설을 반박하는 의도가 많으며 성찬을 통하여 성도는 주님과의 연합을 이루고 주안에서 영생의 약속을 추구하는 하나의 치료제적 역할을 하는 것이다. 이러한 면에서 침례와 성찬 모두 주님의 부활과 우리의 부활 그리고 영생의 신학을 말하고 있으며 그 기대감이 부활을 기념하는 주일을 지키는 신앙생활로 연결된다.

기독교 초기 성찬의 요소에 대하여 주님의 몸과 피로 이해 또는 받아들임과 관련하여 이를 화체설의 근거로 삼는 것은 성급한 판단이다. 성찬을 비롯한 성례에 대한 더 깊은 이해 및 논쟁은 이후 지속되었으며, 상기 언급한 사항은 기독교 초기의 단순한 이해로 보아야 할 것이다.

강의 요점 : 교회의 성례 중 침례와 성찬은 초대교회부터 중요하게 간주되었고 또 지켜져 왔고, 주님이 직접 명하신 계명으로 받아들였다. 예배일은 안식일에서 부활을 기념하는 주일로 바뀌고 침례는 이방인들의 입교에 따라 교육을 철저히 받은 후 시행되었다. 성찬에 관한 신학적 이해는 주님의 몸과 피로 받아들이며 구원론적 배경으로 이해하였고 주일 성수와 마찬가지로 신자들의 부활에 대한 소망을 초기부터 담고 있었다.

46.
기독교 핍박 속 참 생명의 선택

로마에는 수많은 종교가 있었고 정부는 큰 문제가 없는 한 이를 대부분 허용하였다. 로마는 종교를 피에타스(pietas)라고 불렀다. 이는 종교에 적용되는 '경건'이라는 의미 외에도 '충성'이란 뜻을 포함하는 단어로, 로마인들에게 종교는 제국에 충성하는 제국 시민의 의미가 기본적으로 포함된다고 보아야 한다.

이런 의미에서 로마인에게 종교란 개인적 신앙 체제가 아닌 대 로마제국의 일체성과 제국 정책에 부합되는 종교 체제를 원하였던 것 같다. 제국의 유지를 위하여 황제와 군대 편제의 유기성은 질서를 한 차원 높인 황제의 신격화를 불러오기도 하였다.

로마인들이 기독교를 미신(superstitio)이라 부른 사실은 로마의 일체성을 해치는 사교로 보였기에 당시 이런 시각을 반영하는 것이며 일반인은 물론 역사가도 기독교를 미신 내지 사교로 묘사하고 있다. 로마인들의 기독교에 대한 이러한 시각은 네로황제에 의하여 본격적으로 박해가 시작된 이후로 정부에 의한 공식 박해가 이어졌다. 하지만 로마 정부의 기독교에 대한 박해는 늘 일정한 정책으로 끊임없는 핍박을 지속한 것은 아니었다. 이는 다분히 집정 황제의 기독교에 대한 태도에 의존하고 있었고 이런 박해의 유동성으로 실제로 그 사이 기독교가 로마 사회 전체로 꾸준히 파고들 수가 있었다.

네로 황제 이후로 도미티안 황제 시 크리스천에 대한 심한 박해가 발생하였다. 예루살렘 2차 성전의 멸망과 연루된 베스파시아누스 황제와 그의 아들 티투스 황제 시기에는 잠시나마 기독교가 평화를 맞볼 수 있었다. 그러나 티투스의 동생 도미티안은 아버지와 형에 대한 황제숭배와 고대 로마 신들의 숭배를 제기하였고 일부 외부 종교, 예를 들어 이집트의 신들에 대한 제례를 허락하기도 하였다. 그러나 유대교와 기독교에 대해서는 엄하게 금지 정책을 취하여 유대교인들에게는 무거운 세금을 부과하는가 하면 기독교인들에게는 로마와 소아시아 지역을 중심으로 재산몰수와 순교의 박해를 시행하였다. 이 시기에 사도 요한은 밧모섬에 유배되었으며 요한계시록을 기록하게 된다.

그러나 아직 조직적으로 박해를 하지는 않았으며 그 정책 또한 일관성을 보이지 않는다. 트라얀 황제(재위 98-117)는 기독교를 최초로 공적으로 금지된 종교로 공포하였으나 이에 대한 상세한 지침이 없었다. 이에 플리니라는 인물이 소아시아 북부 비티니아의 총독으로 있는 동안 크리스천에 대한 정책에 관하여 황제에게 문의하게 된다. 즉 그리스도인이라는 신분만으로 처벌할 수 있는지 아니면 범법적 사실이 드러날 때만 처벌하라는 것인지 구체적 지침을 요하는데 황제의 답변은 매우 모호하다.

"기독교인들을 색출할 필요는 없다. 고소와 유죄 판결을 받은 자는 처벌을 받아야 할 것이다. 그러나 과거가 아무리 의심스러울지라도 기독교인임을 부인하고 신들에게 제사를 드리는 자는 용서해야 할 것이다. 익명의 투서는 받지 말라. 이런 일은 오늘날 가장 악한 행위이기 때문이다." (플리니의 편지 X. 97)

이상 살펴본 황제의 답변은 매우 모호하며 정확한 원칙이 없어 보인다. 일반적 규칙이 없는 상태로 융통성 있게 취급하라는 것이 황제의 지시 사

항이었다. 그는 단순히 기독교인이라는 이유만으로 국가나 사회적 범죄
자로 취급하지 않았으며 그러하기에 색출할 필요는 없었던 것이다. 하지
만 일단 체포되어 끌려온다면 로마의 신들에게 절을 해야 했고 이를 거부
시 처벌을 받아야 했다. 또한 황제의 답변에서 알 수 있는 사항은 당시
기독교인들을 당국에 보고한다고 투서를 하였으며 일부 시민들은 평소
사이가 좋지 않은 이웃에 대하여 '기독교인'이라고 익명으로 혹 거짓 투서
를 하여 해코지하는 경우도 발생한 것으로도 짐작된다.

3세기 스페인 지역은 로마의 속주였고 기독교의 전파와 그 핍박이 다
른 곳과 다름없었다. 이곳 세빌에서 발생한 후스타와 루피나 자매의 순교
일화는 기억할 만하며 이 지방에서는 매우 유명한 이야기이다.

이 자매에게 어느 날 그리스 신화의 비너스와 관련된 사람들이 찾아와
모금 활동을 하였고 후스타와 루피나는 참신에 대한 그들과의 언쟁 끝에
비너스 형상을 부수어 고소를 당하게 되었다. 이에 로마 장군 디오게니아
누스는 이 자매가 어리고 가냘픈 소녀인 것을 보고는 지하 감방에 가두고
이들이 신앙을 포기하기를 기다렸다.

하지만 두 자매가 믿음을 버리지 않자, 이들을 손과 발을 묶어 세워 두
는 처벌을 내림으로 빨리 신앙을 포기하기를 기다렸다. 하지만 많은 시간
이 지나도 이 자매가 동요하지 않자, 이번에는 빛이 들지 않는 어두운 감
방에 소량의 음식만을 넣어주었다. 장군 디오게니아누스는 이들이 거짓
이라도 잘못했다며 용서를 구한다면 당장이라도 풀어주고 싶었으나 자매
는 그러지 아니하자 그는 오기가 발동하여 두 자매를 맨발로 150킬로미
터나 떨어진 모레나 라는 장소까지 걸어가라고 명령하였다. 이들은 허약
해진 상황에서 곧 죽을지도 모르는 상태였으나 후스타와 루피나는 기적
적으로 모레나까지 걸어 도착하였고, 이에 화가 난 장군은 자매를 감옥에

죽을 때까지 가두어 두었다. 얼마 후 후스타는 후유증으로 사망하였고 그녀의 시신을 로마군인은 우물에 던져 버렸다. 이제 루피나가 죽기만을 기다렸으나 디오게니아누스에게는 그녀에게서 기독교의 하나님을 뺏는 것이 자존심 싸움이 되어 버렸으며 이에 그는 인내심을 참지 못하고 그녀를 원형경기장에서 사자의 먹이로 주어 잔인하게 죽는 모습을 보고 싶었다.

많은 구경꾼들이 루피나라는 작은 소녀가 자신을 제대로 지켜주지도 못하는 기독교 신앙으로 말미암아 처참하게 죽어가는 광경을 지켜보려 하였다. 하지만 무슨 일인지 사자는 루피나의 주위를 어슬렁거리기만 하였고 마침내 루피나는 사자를 귀엽다는 듯이 털을 어루만져 주는 것이 아닌가. 군중들은 이를 보며 루피나의 종교를 잘 알지는 못하지만 그녀의 신이 지켜주는 것이라고 수군거리기 시작하였다.

이에 자존심이 무너지고 수많은 군중 앞에서 창피를 당하게 된 장군 디오게니아누스는 결국 칼을 들고 경기장 안으로 뛰어 내려가 루피나의 목을 참혹히 베어 버렸다. 이렇게 로마의 변방 스페인 지역 세빌에서 후스타와 루피나는 서기 287년 순교하였다.

그 후로 16세기 초 세빌 근교에서 강진이 발생하여 수많은 건물이 무너지고 사람이 다치게 되었다. 그러나 일백 미터 높이의 세빌 히랄라탑 (La Giralda)은 무너지지 않았다. 주변 건물들이 훼손되었으나 히랄라탑은 벽돌 몇 개만 빠져나갔을 뿐 멀쩡하게 유지되는 어찌 보면 기이한 현상이었다. 이를 두고 일부 사람들은 후스타와 루피나가 탑이 넘어지지 않도록 양옆에서 붙잡아 지켜주는 모습을 보았다고 하며 많은 사람들이 이를 믿게 되었다. 아마도 이들은 환상을 보았겠지만 이런 이야기는 당시 예술가들에게 영감을 불러일으키기도 하였다.

실제로 그 후 몇 차례 더 발생한 지진에도 자매가 지킨다고 믿는 탑은

견디어 냈다. 두 자매가 성녀가 되어 탑을 지키는 이야기는 분명 개신교
도들의 입장에서 낯선 일화이다. 하지만 분명한 것은 후스타와 루피나와
같은 어린 소녀들도 당시 기독교의 핍박에 당당히 맞서 자신의 신앙을 죽

〈후스타와 루피나〉 17세기, 무릴로, 세빌 카푸치노교회, 스페인

음으로 지켰고 이런 믿음의 선조들 때문에 우리에게 기독교가 내려오게
된 것이란 사실이다. (순교한 자들을 성인으로 모시고 그들로부터 특별한 효염의 발생을 이론
화한 것은 중세 시기부터이며 이에 대하여는 후에 상술하기로 한다).

강의 요점 : 네로 황제로부터 시작된 기독교인들에 대한 핍박은 AD 313년까지 지속되었다. 하지만 황제의 정책에 따라 핍박은 유동적인 것으로, 즉 항시 핍박이 지속되지는 않았다. 기독교인들에 대한 정책이 애매한 가운데 기독교는 세계로 퍼져 나갔다. 스페인 세빌에서 일어난 후스타와 루피나 자매의 순교 사화는 믿음의 선진들에 대한 가슴 뭉클한 일화 중 하나이다.

47.

변증가
(박해는 교회에 필요한 요소인가?)

사람을 대상으로 범죄에 대한 유·무성을 가리는 재판제도는 인류 역사와 함께 아주 오래된 제도 중 하나이다. 재판에 대한 기록은 고대로부터 내려오며 그리스 헬라 문명 시대부터 제판의 요소에는 고소자와 피고자 그리고 변호인이 있어 그 판결을 신중하고 균형을 이루도록 노력을 해왔다. 하지만 로마 정부가 기독교인들에 대하여 판결할 시에는 변호인 선임을 하지 않고 일방적으로 진행함으로 기독교인들은 변명의 기회조차 주어지지 않았고 가혹한 처벌을 받아야만 했다. 이에 일련의 사람들이 기독교에 대하여 결코 미신적인 행위나 주술적 행사를 하지 않으며 정부에 해를 끼치지 아니하는 건전한 종교임을 밝히면서 크리스천이라는 이유로 잡혀와 재판을 받는 자들도 변호인이 선임되어야 함을 주장하였고, 이들을 교회사에서 변증가라 일컫는다.

이들은 희랍 철학의 용어와 사상을 빌려와 기독교 신앙을 설명하면서 기독교가 정상적 종교로서의 정당성과 나아가 탁월성을 이론적으로 변증하기도 하였기에 신학의 발전에 자극제가 되었을 뿐만 아니라 이들 변증가들에 의한 신학 체계화가 시작되었다. 그야말로 변증을 하다 보니 기독교에 대한 합리적 즉 학문적 설명이 필요해지기에 신학이 이러한 변증가로부터 시작되었다는 말도 틀리지 않는다. 이번 호에서는 변증가들에 대한 변증에만 주로 초점을 맞추어 이야기를 풀어 보도록 하며 이들의 신학 사상은 후에 다루기로 한다.

첫 번째 변증가로 알려진 콰드라투스는 로마 황제 하드리안이 AD 124년 아테네를 방문하였을 때 기독교 신앙을 옹호하는 변증 담화를 올렸다. 그는 그리스도의 사역이 현재진행형임을 강조하며 다른 신들과의 차별성을 강조하였다. 그리스도로 인하여 병 고침을 받고 죽음에서 살아난 자들이 주님이 계실 때는 물론 당시까지 살아 있음을 말하며 주님의 사역에 대한 증거를 제시하고 있다. 콰드라투스에 관한 사항은 유세비우스의 교회사에서 언급될 뿐이나 그의 사역은 확실하다.

순교자 저스틴은 팔레스타인 출신 이방인으로 평생 대화와 설득의 방법을 통하여 기독교를 변증하였다. 그는 다양한 철학 학파를 따라다니며 공부하였고 후에 플라톤학파에 심취해 있을 당시 기독교인이 되었다. 어느 한 노인을 통하여 진리는 예수 안에 있다는 사실을 확인한 후에는 기독교를 '참된 철학'이라 이해하고 자신이 가지고 있던 철학적 지식, 그 중 특히 로고스 이론으로 그리스도를 설명하였다.

그는 크리스천들의 신앙과 생활이 바르고 진실함을 변호하였으며 나아가 그들의 삶 자체가 기독교를 변증한다고도 보았다. 즉, 크리스천들의 삶에서 우러나오는 그리스도의 정신과 이로 인한 수준 높은 삶 자체가 기독교 신앙을 변증하기 때문이다.

저스틴의 로고스 사상은 신학의 출발점이 되었는데(이에 관한 상세한 내용은 후술) 로고스를 그리스도로 보았으며 로고스의 존재가 예수그리스도가 이 땅에 오시기 전부터 존재하였듯이 그리스도의 선재설을 설명하였다. '합리적 원칙' 정도로 이해한 로고스는 철학자들에게 지식을 주었으나 그 로고스가 성육신하여 예수 그리스도로 오셨기에, 진리를 추구하는 철학이 로고스를 일부만 소유하였다면 기독교인들은 로고스 자체를 소유하였다고 저스틴은 설명한다. 또한 이러한 합리적 원칙을 부분적으로나마 소유하였던 철학자들은 고대 문서 즉 모세오경으로부터 그들이 배워 왔으리라 주장하며 모세오경이 철학자(예를 들어 소크라테스)보다 시기적으로 먼저이기에 그들이 고대 문서의 사상을 빌려 왔으며 그 반대로 고대 문서가 철학가들로부터 사상을 빌려올 수는 없기에 고대 문서가 지식과 지혜의 원천인 것이다. 이러한 논리는 지금의 기준으로 본다면 약간 단순한 측면이 있지만 이러한 '오래된 것이 원천이다'라는 논리는 기독교 초기 기독교를 변증하는 방법론 중의 하나가 되었다.

터툴리안(Tertullian, 155-220?, 라틴명: 터툴리아누스)은 북아프리카 출신의 기독교인으로서 법률을 공부한 지식인이었다. 그는 197년 총독에게 변증문을 통하여 재판에 관하여 기독교인들만이 불공평한 대우를 받고 있음에 항변하였다. 그 이유는 터툴리안의 눈에 재판 과정에서 유독 기독교인들에게는 자신의 입장을 밝힐 수 있는 어떠한 형태의 변론이나 변호 행위가 이루어지지 않음을 파악하고 법률가의 입장에서 이를 반박한 내용이었다. 또한 기독교인들에 대한 로마 당국이 씌운 혐의가 오해이며 이들이야말로 제국의 충성스러운 시민임을 주장하였다.

물론 터툴리안의 이러한 노력은 기독교인들에게 각박한 입장을 취한 로마 당국에 효과를 거두지는 못하였다. 오히려 당국에서 핍박이 심해질수록 기독교인들은 증가하였다. 이를 두고 터툴리안은 언급하기를, 로마 정부의 박해 정책은 실패하였으며 "크리스천들의 피는 교회의 씨앗이 되었다"라고 말하며 핍박의 어려움 속에서도 무섭게 생존할 뿐만 아니라 급

법률가로서 기독교인들에 대한 재판의 부당함을 호소한
터툴리아누스

속도로 퍼져 나가는 크리스천의 전도력을 인정하였다.

사실 박해는 어떤 면에서 교회를 청소하는 역할을 하기도 하였다. 박해가 없던 평화 시기에 그렇다면 기독교인들은 화목하며 서로를 돕고 미래를 위한 교회의 건설에 매진하였을까? 이 우문 같은 질문에 그 답은 우리의 기대와는 정반대의 결과를 가져온다. 로마 황제 갈리에누스(재위 260-268)로부터 디오클레티안 황제 재위 중반(AD 303)까지 교회는 평화의 시기를 맛본다. 각처에 교회가 건설되었으며 전국적으로 교인의 숫자가 급속히 증가하여, 아프리카에서만도 교회의 수가 배가하여 250여 감독이 활동하게 되었다.

그러나 교회 내부는 기강이 이완되고 싸움과 파당이 증가하여 내분의 부끄러운 면을 보여주었다. 교회사가 유세비우스는 이렇게 증거하고 있다: "자유가 신장되자 우리 크리스천들의 자세가 바뀌어 오만해지고 나태해졌다. 우리는 서로서로 질투하여 욕하기 시작했고……. 지도자는 지도자들대로, 평신도들은 평신도들대로 서로 욕하며 파당 싸움을 하였고 말할 수 없는 위선과 가장이 넘쳐 악의 한계점에 도달했다."

나지안주스의 그레고리 설교집(Paris Gregory)에 나타난 12사도의 순교

실로 로마제국의 핍박 시기 중에 잠시 기독교인들에게 평화가 왔을 때 그들의 태도는 놀라운 것이었다. 이 비유가 적절할지는 모르겠으나 이는 젊은이들의 사랑에 비하곤 한다. 즉, 두 남녀가 서로 사랑을 하는데 이들은 서로를 너무나 사랑을 한다. 그런데 여기에 서로를 반대하는 요인이 발생한다면 그들은 서로 간의 사랑으로 더욱 애달파할 것이고 못 만나게 한다면 서로에 대한 그리움으로 그 사랑은 더욱 불붙을 것이다. 서로에 대한 사랑은 방해 요소가 있다면 그래서 훨씬 더 성사될 가능성이 큰 것이다. 로미오와 줄리엣의 사랑이 양가의 극심한 반대가 없었다면 극히 평범한 선남선녀의 이야기로 끝날 것이다. 이처럼 인간의 사랑이 이러할진대, 하나님에 대한 사랑 역시 마찬가지의 결과를 가져오는 것을 볼 수 있다. 크리스천에 대한 핍박이 심하면 심할수록 하나님에 대한 사랑은 더욱 간절해져서 그 어떤 두려움 심지어 순교를 무릅쓰고서라도 자신의 하나님에 대한 신앙을 지켜가기 마련이다.

하지만 마지막 핍박은 너무나 거세게 도래하였다. 303년, 기독교의 해방이 있기 정확히 10년 전 너무나 혹독한 핍박이 로마의 황제 디오클레티안에 의하여 발생되었다. 서기 250년 로마 건국 일천 주년 이후 더욱 거세진 핍박의 물결은 아폴로 신으로부터 계시 받았다며 칙령을 내려 핍박하는 디오클레티안 황제 시 피크를 이루었다.

강의 요점 : 로마는 질서와 문화의 제국이었다. 이런 로마가 기독교인들을 단지 예수를 따른다는 이유로 핍박한다는 것은 로마 자체로도 납득하기 어려운 상황이었다. 재판제도에서 변호인이 없이 법정 최고형을 받는 기독교인들을 위하여 일련의 변증가들은 기독교의 정당한 종교적 위치와 그 건전성을 주장하였고 이런 합리적 논술의 과정에서 신학도 함께 발전하게 되었다.

48.
유대 사회로부터 기독교가 독립하면서 그 주변에서 발생한 사건들

　서기 70년 유대주의의 상징인 제2차 성전이 파괴되고 난 뒤 랍비 요하난 벤 자카이를 중심으로 유대교의 정체성 확립과 갱신을 모색하기 위하여 서기 90년에 얌니아, 현 야브네에서 회의가 열렸는데 이를 얌니아 회의라고 한다. 이 회의는 유대인 회당에 기독교인들의 출입을 금하고 기독교인들이 경전으로 사용하던 70인역을 배제하며 히브리역 정경 24권을 확정하였다. 유대인들은 기독교인들을 저주하였고 유대 회당 출입을 금한 사항은(요. 9:22) 확연한 유대 사회로부터 기독교의 분리를 의미했다. 또한 70인역에 포함되어 있는 외경을 제외하고 히브리어로 구약성경을 정경화하는 것은 향후 천주교와 개신교의 성경 구성의 차이에 직접적 영향을 주고 있다. 하지만 일부 학자들은 이 얌니아회의의 구약성서 정경화 사실의 역사성에 대하여는 의구심을 품고 있다.

　유대 사회로부터 기독교의 분리 과정에서 어려움을 시사하는 초기 기독교 이단의 그룹이 있었다. 크리스천의 시작은 유대 사회에서 발생하였음이 분명하다. 예수그리스도는 어린 시절을 나사렛에서 주로 보냈기에 예수그리스도를 나사렛 사람으로 부르며, 또 그를 따르는 사람들을 한때 '나사렛파(Nazarenes)'라고 부르기도 하였다. 그렇듯 유대에서 출발한 기독교가 로마제국을 배경으로 세계로 퍼져 나가는 과정을 살펴보았다. 안디옥에서 크리스천이란 명칭이 최초로 사용되었고(행. 11:26) 그 후로 이렇게 불려온 것으로 알고 있으나, 초기 유대 출신 기독교인들을 '나사렛파'로 부르기도 하였다고 터툴리안은 기록하고 있다. 비기독교 유대인들은 유대인이면서 예수를 그리스도로 믿는 그야말로 그들의 눈에 어이없는 자들을 '나사렛파'로 부른 것이다.

이들은 모세 율법을 의식법으로 중시하였으며 신약성서의 가르침 중 산상수훈을 특히 따르도록 노력하였다. 도덕적 절제된 삶을 강조하였고 폭력으로부터 해방, 선서와 병역의 거부, 나아가 국가 제도의 불필요성을 인식하여 이는 결국 지상의 모든 자들이 예수그리스도로 인한 회심할 것이고 이 땅에서의 천년 통치의 믿음으로 이끌었다. 이는 초대교회 모습에 많은 영향을 주었고, 이런 나사렛파가 유대 역사에 잠시 떠오르는 것은 2세기 초에 발생한 바코흐바 반란 시기이다.

로마 하드리안 황제(재위 117-138)는 지속적 문젯거리인 유대교를 뿌리 뽑으려는 일환으로 토라와 히브리 연도 사용을 금하고 일부 유대 학자들을 사형했다. 아에리아 카피토리나(Aelia Capitolina)라는 이름으로 예루살렘에 신도시를 건설하였으며 70년 파괴된 성전 자리에는 주피터 신상과 하드리안 황제 자신의 상을 세워 유대인들을 농락하였다.

이에 유대인 바코흐바(Simon bar Kokhba, ?-135)는 132년 군사를 일으켜 로마 정부에 대항하였으며, 이를 진압하려고 로마는 시리아, 이집트, 아라비아 등으로부터 병력이 모아졌으나 유대군은 승리를 거둠으로써 유대 지방에 2년간 자치적 독립을 가져오는가 하였다. 바코흐바는 나시(왕자)라는 칭호를 사용하며 이름대로 '산헤드린의 왕자'로 최고 지도자의 존경을 받으며 나아가 이스라엘의 국가적 독립을 쟁취하는 메시아로 많은 유대

Fig. 357.—Expulsion of the Jews in the Reign of the Emperor Hadrian (A.D. 135): "How Heraclius turned the Jews out of Jerusalem."—Fac-simile of a Miniature in the "Histoire des Empereurs," Manuscript of the Fifteenth Century, in the Library of the Arsenal, Paris.

〈하드리안 황제 재위 시 예루살렘에서 추방되는 유대인〉 제국의 역사, 파리 아스날 도서관

인들에 의하여 간주되었다. 그뿐만 아니라 바코흐바는 아람어로 '별의 아들'을 뜻하는 바 이는 민수기 24:17 '한 별이 야곱에게서 나오며'라는 구절과 관련 유대인들은 그를 메시아로 여기었고 랍비 아키바 벤 요셉이 이

를 확인해 주었다.

우리는 과거 이스라엘의 민족사에서 메시아란 일부 유대인들에 의하면 이스라엘 나라의 독립을 이루고 이 땅에 축복의 시대를 가져오는 역할을 기대하였다는 것을 기억할 것이다. 바코흐바의 연전연승 전투에 의하여 잠시나마 유대의 이스라엘 자치시대를 가져오자, 사람들은 바코흐바를 진정 메시아로 간주하였다. 하지만 바코흐바를 따르던 유대 항쟁 군사 내에서 문제가 발생하였다. 이곳에 예수그리스도를 따르는 유대적 기독교의 무리인 나사렛파가 섞여 있었던 것이다. 나사렛파는 폭력을 멀리하였으나 일부는 애국적 차원에서 바코흐바의 군대에 포함이 되어 있었다. 유대인들이 이제 바코흐바를 메시아로 부르자 이는 나사렛파 참가인들에게 그들의 신앙과 상충함으로 매우 곤란한 입장에 서게 되었으며 이에 나사렛파는 서서히 독립군에서 빠져나오게 되었다.

그 사이 하드리안 황제는 6개 군단을 모아 마침내 반란군을 평정하였다. 이 과정에서 58만 유대인이 목숨을 잃었으며 추가적 숫자가 기아와 질병으로 죽어 갔다. 바코흐바는 베르타에서 완강히 저항하였으나 끝내 자결하였고 이 반란의 주도자 격인 아키바 벤 요셉은 고문 끝에 숨을 거두었다.

포로로 살아남은 유대인들은 노예로 팔려갔으며 바코흐바 반란으로 인한 유대 사회의 피해는 이뿐만이 아니었다. 로마 하드리안 황제는 과거 유대와 이스라엘의 모든 기억을 지우고자 이들 지명의 이름을 없애고 '시리아 – 팔레스타인'으로 개명하였으며 후에 '팔레스타인'으로 명명하여 지금도 이렇게 불리게 되었다. 팔레스타인이란 명칭은 가나안 정복 이전부터 약속의 땅에 존재하던 비이스라엘 민족들 중 일부를 일컫는 말로 성경에서 블레셋으로 등장하고 있다. 유대민족을 영원히 이 지역에서 추방한

로마 당국이 역사적으로 유대의 원수였던 블레셋(팔레스타인)을 이곳의 명
칭으로 바꾸어 버린 것이다.

유대인의 예루살렘 거주가 불허되었으며 성전이 허물어짐을 애도하는
티샤베아브(Tisha Be'Av. 성전 파괴일) 이외에는 예루살렘에 들어오지도 못하
게 하였다. 이 땅에서 나라의 회복이 점차 불가능해짐을 느낀 유대 지도
자들에 의하여 유대의 메시아사상은 점차 영적 성향으로 기울어져 갔으
며 바코흐바에 대하여 탈무드에서는 그를 거짓 메시아로 기록하고 있다.

이러한 일련의 폭력 사태는 결국 2세기 초 기독교인과 유대교인들 간
차별화의 요인이 되었으며, 유대 크리스천들은 비록 바코흐바를 메시아
로 간주하지 않았으나 다른 유대인들과 함께 예루살렘 접근이 불허되었
다.

나사렛파와 비슷한 시기에 출현한 사상집단으로는 에비온파를 들 수
있다. 모세의 율법을 중시한 것은 나사렛파와 같으며 율법의 보편적 항구
적 유효성을 강조한다. 이들은 예수의 동정녀 탄생을 부인하며 신성이 없
는 예수가 율법을 잘 지켰기에 메시아가 되었다고 믿는다. 그러하기에 선
교 초기 율법에 대하여 탄력적 태도를 취한 바울을 배교자로 인식하는 반
면 유대 전통의 율법을 중시하고 의식을 지킨 예루살렘 교회의 지도자 야
고보를 존경한다. 이들은 유대인과 이방인 모두 의롭게 되고 하나님과의
교통을 위해서는 모세의 계명을 공통으로 지켜야 한다고 주장한다. '에비
온'이란 이름이 '가난한 자'를 의미하듯 이들은 가난한 예수의 개념과 이
에 따르는 가난한 제자들이 참된 추종자라는 생각에 에비온파 자신들에
게만 '심령이 가난한 자에게 약속된 복'이 있다는 말씀이 적용된다고 주장
하였다. 신약성경으로는 산상수훈이 잘 기록된 마태복음서만을 사용하였
는데 이도 만족스럽지 못하여 자체적으로 복음서를 작성하였다. 이는 마

태복음 3장으로 시작되는 히브리어판으로 현존하지는 않는다. 예수의 신성을 부인하기에 에비온파에게는 침례가 큰 의미를 차지하고 있다.

에비온파는 바코흐바의 난으로 예루살렘교회가 완전히 소멸되면서 점차 추종자들을 잃어갔으며 이후 유대교와 기독교 모두로부터 핍박을 받았다. 페라(Pella) 지역에 거하던 기독교인들 대부분은 이 시기를 전후로 율법 준수를 포기하였으며 율법을 계속 지키려던 에비온주의자들은 정통 기독교로부터 이단으로 간주되었고 5세기경 자취를 감추었다. 유세비우스에 의하면 예루살렘이 '아에리아 카피토리나'로 이름이 바뀐 후에 일부 기독교회가 이곳에 남아 있는 것을 허용 받았으며 이후 예루살렘 교회의 주교는 헬라식 이름을 사용하거나 헬라인 이방인이 주교를 감당하였다고 한다.

강의 요점 : 기독교의 정통성 확립은 신학의 역사뿐만 아니라 교회사적 관점에서 매우 중요한 이슈이다. 기독교가 유대교라는 환경 속에서 태어나다 보니 기존 율법적 전통과 부딪치는 면이 종종 발생하였고 이는 초기 유대인들에 의한 기독교 핍박의 현상과 나아가 기독교 내부로도 이단적 측면이 발생하여 초기에 어려움이 증가하였다.

49.

데키우스 황제 박해와 기독교회에 남긴 상처
(배교자가 교회에 재입교할 수 있는가?)

서기 250년 로마제국은 축제로 온 거리가 들뜬 분위기였다. 이는 로마 건국 일천 년이 되는 해로 그야말로 건국 천 주년 기념행사로 말미암아 지중해 대부분과 잉글랜드 아라비아 지역까지 확장된 영토 전국을 통하여 로마제국의 위대함과 그 영원성을 기념하며 온갖 행사와 기념식으로 꽃을 피우고 있었다. 당시 기독교는 이미 로마제국 전역에 퍼져 있는 상황이었고 기독교에 대한 제국의 핍박은 황제들의 정책에 따라 변화하고 있었다. 하지만 로마 건국 일천 주년 기념행사는 기독교인들에게 호의적 상황으로 돌아가지 아니하였다.

실로 로마가 BC 750년경 로물루스 형제에 의하여 건국 후 일천 년이 지나 세계에서 그 누구도 대항할 수 없는 최고의 국가로 확고히 섰기에 로마를 세운 라틴 민족의 자부심은 하늘을 찌르는 듯하였다. 지금도 건국을 기념하는 축제에는 건국 신화가 어느 나라나 꼭 따라오기 마련이다. 로마의 건국은 로물루스 형제의 신화적 이야기가 중요 위치를 차지하지만 그리스 문명을 그대로 받아들인 로마의 문명은 그 명칭 자체를 '그레코-로마 문명'이라 일컫는 사실이 말해주듯 그리스의 헬라적 요소가 그대로 들어와 있었고 그리스의 수많은 신들을 숭배하고 있었다. 그렇기에 건국 일천 년 기념 해에는 당연히 수많은 신들이 마치 부활이나 한 듯이 더욱 성대하게 신들을 추앙하는 행사나 제사가 전국적으로 시행되었다. 이러한 분위기에서 기독교는 결코 환영받지 못하였으며 그 핍박이 전보다 매우 거세져만 갔다.

이러한 이유로 서기 250년을 기준으로 하여, 그 이전을 전기박해, 이후를 후기 박해라 부르며 후기 박해 시기에는 전기에 비하지 못할 정도의 극심한 핍박을 기독교인은 당하여야 하였다. 로마 제국을 통틀어 최고의 기독교 박해를 한 황제를 들으라 하면 2명의 황제로, 데키우스와 디오클레티안 황제를 손꼽을 수 있다.

데키우스 황제(재위 249 - 251)는 칙령을 내려 모든 로마 시민들은 신전에서 제사를 드릴 것을 명하였으며 이를 수행한 자들에게는 리베루스(libellus)라는 증표를 주어 국가의 명령에 순종함을 확증케 하였다. 이는 기독교 신자들과 주교들에게도 동일하게 적용됨에 따라 매우 처참한 결과를 초래하였다. 행정관들이 지켜보는 가운데 희생 제사를 이방신에게 드려야 하였고 그 자리에서 증서를 발행하였기에 기독교인들에게는 신앙을 포기하고 목숨을 연장하는 배교를 택하든지 아니면 순교의 길을 가든지 두 가지 중 하나를 선택해야 하는 상황에 직면하였다.

데키우스 황제의 칙령은 원래 과거 신 숭배 사상을 부활시켜 시민들에게 나라에 대한 충성심을 확인하려는 것이었고 크리스천 박해를 목표로 시행된 것은 아니라고 하나 그 결과는 많은 기독교인들이 배교의 길을 선택하게 만들었다. 하지만 유대교인에게는 놀랍게도 이를 하지 않아도 되는 관용이 베풀어졌다. 이는 로마 초기부터 유대의 특수성과 종교로 인정하여 그들 조상의 관습대로 행하도록 허락하였기 때문이다. 그렇다면 로

데키우스 황제 박해시기 발행한 리베루스

마 정부의 눈에 유대교와 비슷하게 비추어질 듯한 기독교는 왜 주피터 신전에 제물을 꼭 드려야만 하는 고초를 겪은 것일까? 그 해답은 로마인들의 눈에 기독교는 자신들 조상으로부터 내려오는 전통을 뒤집고 신흥종교를 창시한 자들로 고운 시선을 받지 못한 것이다. 그야말로 기존 전통을 무시하였듯이 사회적으로도 전복을 이끌 수 있는 위험한 집단으로 보았기에 로마제국의 질서와 안녕에 결코 도움을 주지 못하는 집단으로 간주한 것이다.

많은 기독교인들과 주교들이 데키우스 칙령에 굴복하여 로마 신전에 줄을 섰으며, 심지어 너무 많은 크리스천들이 몰려와 다음날 다시 오라고 할 정도라는 기록이 남아 있다. 서머나의 감독 육테몬이 배교하는 일도 발생하였으나, 로마 감독 파비안, 안디옥 감독 바빌라스, 그리고 예루살렘 감독 알렉산더가 제사 거부로 처형을 당하였고 신학자 오리겐은 당시 심한 고문을 받아 그 후유증으로 목숨을 잃기도 하였다. 또한 일부 성직자는 몸을 숨겨 이교도 제사와 순교 두 가지로부터 동시에 피할 수 있었는데 이들은 기독교인들에게 배교자와 거의 마찬가지로 비난을 받기도 하였다. 당시 피신한 인물들 중 하나가 카르타고의 키프리안이다.

북아프리카 카르타고에서 태어난 베르베르인 키프리안(Cyprian, 210-258, 라틴명: 키푸리아누스)은 245년 좀 늦은 나이인 35세에 침례를 받고 248년경 선임 주교의 타계로 급격히 카르타고의 주교가 되었다. 그는 대부분의 초기 기독교 지도자들이 그랬던 것처럼 재산의 대부분을 가난한 자들을 위하여 나누어주었다. 그는 카르타고에 핍박이 심하게 다가오자 몸을 피하여 이교도 신전에 제사를 드리지 않고 또 목숨도 간직할 수 있었다.

하지만 이에 대하여 일부 성직자들이 비겁한 행동이라고 비난하게 되었고, 이에 대하여 키프리안은 비록 멀리서라도 회중들을 돌보는 것이 그들을 완전히 어려움에 방치하는 것보다 나은 처사라고 변명하기도 하였다. 그런데 문제는 데키우스 황제의 핍박이 끝이 나고 교회를 떠난 자들이 교회에 다시 돌아오는 문제에 대한 논쟁으로 불거졌다. 배교한 자들은 공개 참회를 거쳐 다시 교회로 돌아와 재입교하면 될 것이라고 키프리안은 자신의 견해를 밝혔다.

하지만 키프리안이 없는 사이 그를 무시한 성직자들은 배교자들을 아무런 참회도 없이 다시 받아들였으며, 일부 고위 성직자들을 포함한 배교자들은 자신들의 신앙을 보증하는 듯한 순교자 사인이 들어간 문서를 가지고 들어옴으로 교회는 그 권위에 있어 혼란에 빠지게 되었다. 14개월 만에 돌아온 키프리안은 '배교자에 관하여'라는 소논문을 작성 후 배교자는 별다른 참회 없이도 돌아올 수 있다는 온건파와 배교자는 절대로 교회에 다시 돌아올 수 없다는 강경파와의 대결 문제를 해결하려 노력하였다.

카르타고 강경파들은 키프리안에 대항하여 자신들의 주교를 선출하였으나 키프리안의 온건 정책은 많은 지지를 불러왔으며, 특히 흑사병이 발생하였을 때 키프리안이 보여준 희생에 많은 자들이 감동하여 카르타고의 주교 위치를 공고히 하였다.

키프리안의 모습(부분), 남쪽 벽 모자이크화, 세인트 이폴리나레 누보 교회, 라벤나, 이탈리아

키프리안이 배교자들에게 교회에 재입교할 수 있도록 배려 차원 문을
열어 놓은 이유는 그의 교회 관에서 나온 것으로, 교회 밖에는 침례도 구
원도 없다는 보편교회의 입장이었다.

문제는 로마에서도 발생하였다. 배교자의 교회 재입교를 절대로 반대한 강경파는 당시 코넬리우스(Cornelius, ?-253) 로마 감독이 있음에도 불구하고 그들 지도자인 노바티안(Novatian, 200-258, 로마명: 노바티아누스)을 로마 감독이라 주장하였다. 이는 파비안 로마 감독 순교 후 251년 3월 비교적 온건한 코넬리우스가 후임 감독으로 선출된 것에 대한 반항이었다.

코넬리우스는 키프리안을 포함한 대부분 주교들의 지원을 얻은 반면, 3명의 주교 지지로 로마 감독을 선언한 노바티안은 각 도시에 새로운 자신의 주교들로 대체하려는 시도도 하였다. 251년 10월 노바티안은 코넬리우스와 30명의 주교에 의하여 출교 당하였고, 키프리안은 노바티안을 분열자 내지 이단이라 불렀다. 노바티안은 258년 공교롭게도 키프리안과 같은 해에 사망하였고 그의 추종자들은 배교자들에 대한 강경 의견과 함께 그 세력이 한동안 지속되었다.

그러나 문제는 이렇게 단순히 끝이 나는 것이 아니었다. 배교자들이 교회에 재입교하는 길을 키프리안은 참 회계를 통하여 열어 놓았으나 성직자들의 재입교에는 더 복잡한 문제가 기다리고 있었다. 그것은 성례의 효과에 대한 논쟁으로 배교에서 돌아온 성직자가 베푸는 성례가 그 효용이 있는지 없는지에 대한 커다란 주제가 하나의 통일된 교회를 추구하는 보편교회를 가로막고 있었다.

강의 요점 : 데키우스 황제 박해 시 기독교인들은 우상 앞에 제물을 드리느냐 아니면 순교를 해야 하느냐를 선택하여야 했다. 많은 배교자와 순교자를 낳은 박해가 끝나자 배교자의 교회 재입교 여부 문제를 가지고 교회는 내분을 앓게 된다. 당신은 배교자가 교회에 돌아올 수 있다고 생각하나요?

50.

크리스마스 특집
(성탄절의 기원과 유래)

크리스마스라는 성탄절은 전 세계적으로 매우 성대히 기념되고 있는 그리스도의 탄생일이다. 유럽에서는 일부 TV 채널 미디어 및 상점에서는 조금 빠른 면이 있지만 9월 중순경부터 크리스마스 행사를 시작하고 11월경에는 그 절정에 이르며 12월 말경 정작 크리스마스가 다가올 때는 다운타운에 물건들이 매진되어 사고 싶어도 구할 수 없는 이상한 사태가 발생하기도 한다. 지극히 상업적으로 흐르고 있는 성탄절의 유래와 산타클로스 등 크리스마스를 크리스마스답게 만드는 요소들은 언제부터 도입된 것일까?

하나님의 의도라는 커다란 그림 아래 말씀이 성육신하여 예수라는 인자로 이 땅에 오신 사실은 복음서에 자세히 기록되어 있다. 비교적 상세히 역사성에 의하여 기록된 누가복음의 경우 그리스도의 탄생을 황제 아우구스투스가 영을 내려 전국에 인구조사를 하던 해(눅 2:1-3)로 기록하고 있다. 하지만 일부 학자는 해당 인구조사 실시여부를 역사적 고증 문제로 의문을 품고 있기도 하다.

그리스도의 탄생일에 대하여 초대 교부들은 어떠한 언급을 하지 않았고 이는 당시 탄생일보다는 그리스도의 수난과 구원 등에 관한 신학적 조명이 집중되었기 때문이었던 같다. 누군가의 탄생일을 기념하는 것이 당시 초대 교인들에게는 이방인들이나 하는 행위로 간주되었고, 그리스도의 탄생일은 하나님으로의 탄생이라기보다 인간으로의 탄생을 의미하기에 성탄일이 초기에 주목을 받지 못하였다.

처음으로 성탄 축하일 기록은 336년 로마제국 시기였다. 그런데 중세 시기에는 성탄절보다는 주현절(Epiphany)을 더 기념하기도 하였다. 참고로 주현절은 전통적으로 1월 6일로 동방박사가 예수를 방문한 때를 기념한다.

성탄일이 언제인가에 대하여는 여러 날짜가 다분히 제시되었다. 그들 중 낮이 가장 짧은 날인 동지(12월 25일)에 예수가 태어났다는 설이 주목을 받게 되었다. 이는 주가 세상의 빛으로 오셨다는 사실에서(말 4:2. 요 8:12) 영향을 받은 듯하며, 초대교회 교부로 신학의 정립에 매우 큰 공헌을 한 히포의 어거스틴(354-430)은 예수 탄생 이후 낮의 시간과 동시에 빛이 증가하기에 가장 짧은 날에 그리스도가 오셨다고 설교하였음이 기록에 남아 있다. 이는 당시 절기를 계산한 문서에서도 춘분(3월 25일)에 창세기에서 말하는 태양이 만들어진 날이며 동시에 그리스도가 수태되었다는 주장과도 연결되어 수태 후 9개월 후인 12월 25일이 성탄일과 맞아떨어지는 셈이다.

이 날은 당시 로마인들이 태양신의 탄생일로 기념하던 12월 25일을 교회에서 이를 차용하였다는 주장이 있다. 불확실한 이 가설에 의하면 동지를 태양이 소생하는 날이라 하여 농사 풍년을 기원하며 로마인들은 제사를 지냈고 군인들은 태양신을 불패의 태양으로 숭배하기도 하였다. 또한 이 날은 미트라 신의 탄생일이기도 하였는데 당시 이 이교도는 로마

군인들에게 미트라교로 널리 퍼져 있었다. 기독교를 공인하고 장려한 로마제국이 이 날을 성탄일로 한 이유는 아마도 12월 25일을 기독교 축제일로 삼으며 이방 축제일이 점차 잊혀가기를 바랐던 의도가 아니었을까 추측하여 본다.

교회사에서 중세 시기 크리스마스에 가끔 중요한 일들이 발생함을 주목할 수 있다. 프랑크 왕국을 일으킨 부르봉 왕가의 클로비스 1세가 496년 크리스마스 날 침례를 받으므로 기독교인이 되었고 이에 왕을 따라 신하들과 모든 백성들이 정통 신앙을 가지게 된다. 또한 같은 프랑크왕국의 사를마뉴 대제는 800년 크리스마스 날 교황 레오 3세로부터 신성로마제국 황제의 왕관을 받게 되어 아주 중요한 역사적 분기점을 기록하기도 한다. 800년 이후 크리스마스는 주현절보다 더 주목을 받으며 기독교 축일로 기념되고 있다.

성탄일을 뜻하는 크리스마스라는 용어는 그리스도(Christus)와 모임(massa)의 합성어로 중세 영어에서 나왔으며 1038년경 처음 기록되었다. '그리스도 모임' 즉 '그리스도의 탄생을 기념하는 모임'으로 당연히 종교적 예식을 의미한다. X-MAS의 경우 X는 그리스도 헬라어 첫 자를 뜻하며, 노엘(Noel)은 프랑스어 표현이다.

오늘날 젊은이들이 크리스마스에 도가 넘치게 술을 마시고 방탕한 행동을 하는 행위가 간혹 발생하듯 17세기에도 비슷한 일들이 발생하였다. 국가교회였으나 술을 금지하고 무례한 행동을 삼가하며 철저한 실천적 신앙생활을 강조하였던 청교도들은 이런 이유로 크리스마스를 한때 금지하기도 하였다.

19세기 초 영국 성공회 내에서 발생한 옥스퍼드 운동에서는 예배를 더욱 풍성하고 상징적으로 만들며 크리스마스 자체를 중요한 기독교 축일로 지킬 것과 이 날 특별예배 및 음악 이벤트는 물론 가난한 자들을 위한 자선행사를 함께 도입하였다. 이후로 크리스마스는 유럽과 신대륙에서 성대한 축일로 지켜지게 되었다.

잡힌 아이들을 구하는 선행 중의 성 니콜라스가 묘사된 14세기 〈경건의 책〉, 국립웨일즈박물관

크리스마스 이브에 착한 아이들에게 선물을 나누어 주는 산타클로스는 이 기독교 최고 축일의 상징이기도 하다. 산타클로스는 여러 인물에서 유래한다고 볼 수 있는데 이중 소아시아 성 니콜라스(St Nicholas, 270-343)를 대표적으로 들 수 있다. 니콜라스는 부모가 돌아가시자 재물을 가난한 자들에게 나누어 주었다. 하루는 어느 한 경건한 사람이 사탄의 궤계로 재산을 모두 잃어 세 딸의 지참금을 주지 못하게 되어 창녀로 팔려갈 것이라는 안타까운 소식을 접한다. 도와주는 사실이 공공연히 나타나는 것을

꺼린 니콜라스는 금화가 가 득 찬 자루를 세 자매의 집에 몰래 하룻밤에 한 자루씩 삼 일간 던져주어 딸들을 구하 게 되는 선행을 베푼다. 삼 일째 되던 날 밤 딸의 아버지 가 몸을 숨기고 있다가 금전 자루를 던지는 니콜라스를 잡지만 니콜라스는 이를 절 대로 비밀로 해달라고 부탁 한다.

이런 니콜라스의 선행 설 화는 계속 전달되어 마침내 12세기 프랑스 수녀들이 성

니콜라스 축일 하루 전인 12월 5일에 가난한 아이들에게 선물을 주기 시 작하였고 이런 풍습이 점차 퍼지게 되었다. 신대륙으로 이주한 네덜란드 인들이 자선을 베푸는 사람을 신테클라스라 부르게 되었고 이는 영어로 산타클로스가 되었다. 하지만 지금의 산타클로스의 모습은 유럽에서 여 러 모양을 거쳐 미국 상업주의에서 탄생하였다. 1931년 미국 코카콜라 회사가 겨울철 음료수의 매출이 부진해지자 판매촉진 홍보 전략으로 코 카콜라 회사의 상징인 붉은 색으로 산타클로스에게 옷과 모자를 입히면 서 백화점 홍보를 하여 겨울철 콜라의 판매도 성장하고 더불어 산타클로 스의 모습도 널리 알리는 일종의 히트를 치게 되었고, 이는 산타클로스의 모습으로 굳어졌다.

지금도 전 세계에서는 크리스마스 시즌을 맞이하여 구유에서 태어난 아기 예수를 요셉과 마리아 그리고 동방박사들이 지켜보는 성극을 하며 구세주의 오심을 기념하고 있다. 그리고 아이들은 크리스마스이브에 성 니콜라스의 풍습에 따라 빨간 양말을 걸어놓고 지붕을 통해 산타클로스가 자신에게 선물을 줄 것이라는 꿈을 꾸며 잠자리에 든다.

구세주의 탄생일은 그 정확한 날짜나 그 기원이 중요한 것이 아닌 어린아이가 산타클로스의 선물을 기다리듯 온 인류는 순수한 마음으로 그가 우리를 구원하러 오신 예수 그리스도임을 평생 신앙으로 간직하며 하늘나라의 소망을 다시 한 번 꿈꾸어 보아야 함이 마땅할 것이다.

독자 여러분 즐거운 성탄 맞이하세요!

기쁘다 구주 오셨네!

지극히 높은 곳에서는 하나님께 영광이요

땅에서는 기뻐하심을 입은 사람들 중에 평화로다. (눅 2:14)

찾아보기(INDEX)

크리스천 인문학

2024년 3월 15일 1판 1쇄 인쇄
2024년 3월 20일 1판 1쇄 발행
저　자 이병선
발행자 심혁창
마케팅 정기영
디자인 박성덕
교　열 송재덕
인　쇄 김영배
펴낸곳 도서출판 한글

우편 04116
서울특별시 마포구 신촌로 270(아현동)
수창빌딩 903호

☎ 02-363-0301 / FAX 362-8635
E-mail : simsazang@daum.net
창　　업 1980. 2. 20.
이전신고 제2018-000182

* 파본은 교환해 드립니다
* 정가 25,000원
*

ISBN 97889-7073-633-4-93230